Induktive Statistik

Lehr- und Arbeitsbuch

Von
Professor
Dr. Georg Bol

3., bearbeitete Auflage

R. Oldenbourg Verlag München Wien

Die Deutsche Bibliothek - CIP-Einheitsaufnahme

Bol, Georg:
Induktive Statistik : Lehr- und Arbeitsbuch / von Georg Bol. – 3., bearb.
Aufl.. – München ; Wien : Oldenbourg, 2003
  ISBN 3-486-27276-4

© 2003 Oldenbourg Wissenschaftsverlag GmbH
Rosenheimer Straße 145, D-81671 München
Telefon: (089) 45051-0
www.oldenbourg-verlag.de

Gedruckt auf säure- und chlorfreiem Papier
Gesamtherstellung: Huber KG, Dießen

ISBN 3-486-27276-4

Vorwort

Mit der „Induktiven Statistik" liegt jetzt auch der dritte Abschnitt einer zweisemestrigen Vorlesung in schriftlicher Form vor, wie wir sie mehrfach an der Fakultät für Wirtschaftswissenschaften in Karlsruhe gehalten haben. Naturgemäß baut damit dieser Band auf den beiden vorangegangenen, nämlich der „Deskriptiven Statistik" und der „Wahrscheinlichkeitstheorie" [1] auf. Unter diesen Bezeichnungen werden sie auch im Text zitiert. Gerade bei der induktiven Statistik ist die Festlegung einer Konzeption und die Stoffauswahl besonders schwierig. Für Studenten der Wirtschaftswissenschaften ist es sicherlich durchaus sinnvoll, nicht so sehr die theoretischen Grundlagen kennenzulernen, als vielmehr einen Einblick in die wesentlichen Punkte statistischer Denkweise und einen Überblick über die diversen Anwendungsgebiete zu erhalten. Interessenten daran seien z.B. an das bewährte Lehrbuch von G. Bamberg und F. Baur verwiesen. Statistische Methoden werden unseres Erachtens in den kommenden Jahren mehr und mehr Einzug in die industrielle Praxis - und dort vor allem in den Bereichen der Materialdisposition und Logistik sowie der Qualitätssicherung - nehmen. Da diese Gebiete neben anderen wie beispielsweise der Banken- und Versicherungsbereich, in dem statistische Methoden ohnehin unverzichtbar sind, wichtige Einsatzgebiete Karlsruher Absolventen sind, scheint es mir wichtig, ein solides Fundament zu legen, von dem aus dann weitere Bereiche der Statistik erarbeitet werden können. Aus diesem Grund konzentriert sich das Buch auf die Kerngebiete der induktiven Statistik, nämlich Parameterpunkt-, Parameterbereichsschätzung und Hypothesentests. Vorbereitet wird darauf durch zwei Paragraphen über entscheidungstheoretische Grundlagen, einen Abschnitt über die Grundannahmen der Statistik und einen Paragraphen über Stichprobenfunktionen. Daran schließen sich dann die genannten Gebiete an. Der letzte Paragraph weist auf auf die Beziehungen zwischen Tests und Konfidenzintervallen hin. Zur Überprüfung des erarbeiteten Wissens sind die einzelnen Paragraphen durch Übungsaufgaben ergänzt. Die benötigten Wahrscheinlichkeitsverteilungen, die Lösungen der Übungsaufgaben und einige Tabellen bilden den Anhang. Das Buch ist so konzipiert, daß es als begleitende Lektüre zu einer Vorlesung, aber auch zum Selbststudium geeignet ist. In hohem Maße profitiert bei dem Aufbau der Vorlesung und beim Schreiben dieses Buches hat der Autor von einem vorzüglichen, leider bislang nicht veröffentlichten Manuskript der (ehemaligen Karlsruher) Kollegen Bernd Goldstein und Volker Steinmetz über Schätztheorie. Zur Ergänzung des Stoffes kann neben dem oben erwähnten Buch vom G. Bamberg und F. Baur als Nachschlagewerk das „Statistik-Taschenbuch" von K. Bosch und für konkrete Anwendungsmöglichkeiten der „Klassiker" von J. Hartung („Statistik") empfohlen werden. Daneben gibt es im Oldenbourg-Verlag, aber auch in anderen Verlagen eine Vielzahl von Büchern zur Statistik, so daß

---

[1] Beide sind in demselben Verlag inzwischen in 2.Auflage erschienen.

es jedem möglich sein sollte, „seine" Auswahl an Büchern zu treffen.

Auch diesmal habe ich zahlreichen Helfern für das Zustandekommen des Buches zu danken: Den Hörern meiner Vorlesungen für zahlreiche Hinweise, wo
Ergänzungen hilfreich und Verbesserungen möglich sind, Frau cand. Wi-Ing. Mo-
nika Kansy und Herrn Dipl. Ing. Jörn Basaczek für die mühevolle Schreibarbeit,
Herrn cand. Wi-Ing. Edgar Hotz für das Erstellen der Abbildungen. Besonders
danke ich aber Herrn Dr. Johannes Wallacher, der mit nie versiegender Geduld
bei allen Problemen geholfen hat. Außerdem hat er den Großteil der Übungsaufgaben mit ihren Lösungen erstellt. Herrn Weigert und seinen Mitarbeitern
im Oldenbourg-Verlag danke ich für die gewohnt gute und freundschaftliche
Zusammenarbeit.

Georg Bol

Vorwort zur 2. Auflage

Gegenüber der 1. Auflage wurden „nur" die bekanntgewordenen Fehler besei-
tigt. Dies betrifft insbesondere die Achsenbeschriftungen in den Abbildungen
A.3 und B.1 - B.6, aber auch eine Reihe von Schreibfehlern. Die Änderungen
wurden in zuverlässiger Weise von Frau cand. Wi.-Ing. Petra Weth vorgenom-
men, wofür ich Ihr herzlich danke. Herr Dipl. Wi.-Ing. Wolfganz Weitz danken
wir für wertvolle Hinweise bei der Formatierung in LaTeX. Herrn Weigert und
dem Oldenbourg Verlag gilt wie immer mein Dank für die gute Zusammenarbeit.

Georg Bol

Vorwort zur 3. Auflage

Auch die dritte Auflage unterscheidet sich bis auf eine ergänzende Bemerkung in
Kapitel 4 nur durch die beseitigten Fehler von den vorangegangenen Auflagen.
Hier bin ich meinem Freund und Kollegen Hartmut Kogelschatz aus Heidelberg
für Hinweise sehr zu Dank verpflichtet. Auch dem Verlag und insbesondere Herrn
Weigert danke ich für die Untersttzung.

Georg Bol

Inhaltsverzeichnis

Einführung

Aufgabe der schließenden Statistik ist es, Schlußfolgerungen aus dem mit statistischen Erhebungen (meist Stichproben) gewonnenen Datenmaterial zu ziehen. Ein typisches Beispiel einer solchen Aufgabenstellung haben wir im Rahmen der Wahrscheinlichkeitstheorie (s. Wahrscheinlichkeitstheorie S. 1) schon erwähnt, nämlich die Beurteilung einer Warenpartie, genauer ihres Ausschußanteils, aufgrund von Stichprobenergebnissen. Dabei kann die Fragestellung sein, einen Wert für den unbekannten Ausschußanteil anzugeben. Da dieser höchstens zufällig ganz genau mit dem wahren Wert übereinstimmt, sprechen wir von einem „Schätzwert" des Ausschußanteils. Will man die Genauigkeit der Schätzung deutlich machen, wird man nicht einen „Punktwert", also **eine** reelle Zahl als Schätzwert, sondern einen Wert mit der möglichen Abweichung nach oben und unten angeben, also ein Schätzintervall, in dem der wahre Wert nach dieser Schätzung liegt. Eine andere Aufgabenstellung ist es, anhand des Stichprobenergebnisses eine Entscheidung darüber zu treffen, ob die Warenpartie akzeptiert werden soll oder nicht. Man hat also zwei Möglichkeiten, zwischen denen man sich entscheiden muß. Da dies implizit von der Beurteilung des wahren Ausschußanteils p abhängt, kann man zwei Hypothesen aufstellen:

Hypothese 1: p ist gut (z.B. $p \leq p_0$ zu vorgegebenem p_0),

Hypothese 2: p ist schlecht $(p > p_0)$.

Mit der Stichprobe testet man damit, welche der Hypothesen vermutlich richtig ist, wobei wir das Entscheidungskriterium so festlegen, daß mit möglichst niedriger Wahrscheinlichkeit Fehlentscheidungen getroffen werden.

Mit den drei erwähnten Aufgabenstellungen in diesem Anwendungsbeispiel haben wir die drei wichtigsten Gebiete der schließenden Statistik angesprochen:

- Parameterpunktschätzungen,
- Parameterbereichsschätzungen,
- Testverfahren.

Bei den Parameterpunktschätzungen geht es wie in dem Beispiel darum, für einen unbekannten Parameter, meist eine der Kennzahlen der Verteilung wie Erwartungswert oder Varianz, eine reelle Zahl als Schätzwert anzugeben.

Entsprechend soll bei Parameterbereichsschätzungen ein Bereich, also eine Teilmenge, in den reellen Zahlen für den gesuchten Parameter benannt werden, wobei hier meist an ein – möglichst kleines – Intervall[1] gedacht ist, derart daß die

---

[1] Daher auch die Bezeichnung Parameterintervallschätzungen.

Wahrscheinlichkeit, daß der wahre Wert nicht getroffen ist, einen vorgegebenen Wert nicht überschreitet.

Bei den Testverfahren ist zwischen zwei sich gegenseitig ausschließenden Hypothesen eine Entscheidung zu treffen. Die beiden Hypothesen müssen dabei aber auch alle Fälle abdecken. Es muß sich also um echte Alternativen handeln.

Fragestellungen aus diesen drei Aufgabengebieten treten in vielen Bereichen der Wirtschaftswissenschaften auf. Vor allem auch im Bereich der Betriebswirtschaftslehre sind die Anwendungsmöglichkeiten vielfältig. Hier nur einige Beispiele:

- Bei Einführung eines neuen Produkts werden die Absatzchancen auf einem Teilmarkt geprüft, in der Erwartung, daß man die Ergebnisse auf den gesamten Markt übertragen kann.

- In der Materialwirtschaft schätzt man die Bedarfsstruktur eines Produkts, um die zukünftige Bedarfsentwicklung beurteilen zu können. Dies dient dann als Grundlage für die Disposition und Lagerhaltung.

- In der Qualitätssicherung liegt das Problem vor, auf der Grundlage von Stichprobenergebnissen zu erkennen, ob sich die Produktqualität gegenüber bisher so verschlechtert hat, daß Maßnahmen erforderlich sind.

Die Zahl dieser Beispiele läßt sich beliebig fortsetzen.

Gemeinsam ist bei allen drei genannten Aufgabengebieten, daß aus Stichprobenergebnissen Schlußfolgerungen auf eine Grundgesamtheit durchgeführt werden[2]. Aufgrund dieser Schlußfolgerungen wird dann letztlich eine Entscheidung getroffen. Daher werden wir zunächst einige elementare entscheidungstheoretische Grundlagen behandeln.

---

[2] Man spricht auch von statistischer Inferenz.

1 Das klassische Entscheidungsmodell

Ziel einer entscheidungstheoretischen Betrachtung ist zum einen, eine formale Beschreibung einer Entscheidungssituation zu geben. Es geht also darum, das Wesentliche und allen Entscheidungssituationen Gemeinsame herauszufiltern. Zum anderen besteht die Aufgabe darin, allgemeine Prinzipien einer rationalen Entscheidungsfindung herauszuarbeiten. Man spricht daher auch von normativer Entscheidungstheorie[1]. Einige der Grundlagen dieser Theorie werden im folgenden behandelt, da es bei der schließenden Statistik letztlich darum geht, eine Entscheidung zu treffen[2].

Betrachtet man das in der Einführung erwähnte Beispiel aus der Qualitätskontrolle, so läßt sich jede der Entscheidungssituationen im Rahmen des folgenden abstrakten Modells formulieren.

Zunächst noch einmal die vorgegebene Situation:

Eine Warenpartie mit einem unbekannten Ausschußanteil liegt vor. Sie kann entweder angenommen oder abgelehnt werden[3]. Die Entscheidung trifft eine Person oder Gruppe mit den entsprechenden Befugnissen. Je nachdem welche Entscheidung mit dem tatsächlichen – nicht also dem vermuteten – Ausschußanteil zusammentrifft, ist das Ergebnis oder die Konsequenz der Entscheidung unterschiedlich.

Gegeben ist also:

- eine Menge von *Zuständen* Z (im Beispiel: die Menge der möglichen oder denkbaren Ausschußanteile: $Z = \mathbf{M}_N = \{ \frac{k}{N} \mid k = 0, 1, \ldots, N \}$ bzw. $Z = [0, 1]$),

- eine Menge von möglichen *Aktionen* A (im Beispiel: $A = \{$annehmen, ablehnen$\}$),

- eine Menge von möglichen *Ergebnissen* E, die bei den möglichen Kombinationen von Zuständen und Aktionen eintreten können (im Beispiel kann man etwa davon ausgehen, daß sich das Ergebnis in Geld messen läßt: $E = \mathbf{R}$),

---

[1]Im Unterschied dazu versucht die beschreibende Entscheidungstheorie, den Entscheidungsprozeß zu analysieren, wie er tatsächlich abläuft. Die Maxime der Rationalität wird dabei nicht immer eingehalten.

[2]Eine ausführliche Darstellung der Entscheidungstheorie findet man z.B. in Bamberg/Coenenburg (1992) und Pfohl/Braun (1981). Eine strukturtheoretische Darstellung gibt Egle (1975).

[3]bzw. es soll eine Entscheidung in Form eines Schätzwertes oder Schätzbereichs über den Ausschußanteil getroffen werden.

- eine Funktion $f : A \times Z \to E$, die zu jeder Kombination aus einem Zustand $z \in Z$ und einer Aktion $a \in A$ das resultierende Ergebnis $e \in E$ angibt:

$$e = f(a, z). \tag{1}$$

1.1 Bezeichnungen

Z (A, E) heißt *Zustandsraum (Aktionenraum, Ergebnisraum)*, f heißt *Ergebnisfunktion.*

Der *Entscheidende*, also die Person oder Gruppe mit den entsprechenden Befugnissen, hat nun die Aufgabe, eine „optimale" Aktion zu wählen. Die Beurteilung, ob eine Aktion optimal ist oder nicht, ist nur anhand eines Vergleichskriteriums möglich, das bei zwei vorliegenden Aktionen erkennen läßt, ob eine dieser Aktionen der anderen vorzuziehen ist. Ein solches Vergleichskriterium wird abstrakt durch eine Präferenzrelation beschrieben.

1.2 Definition

Sei M eine Menge. Eine Teilmenge $R \subset M \times M$ heißt *Präferenzrelation auf* M, wenn R transitiv und reflexiv ist:

- $(x, y) \in R$ und $(y, z) \in R \Rightarrow (x, z) \in R$ (Transitivität),

- $(x, x) \in R$ für alle $x \in M$ (Reflexivität).

$(x, y) \in R$ wird dabei wie folgt interpretiert:

x „ist besser oder (zumindest) gleich gut wie" y.

Die Transitivität entspricht also der Forderung nach Konsistenz, d.h. wenn x besser oder zumindest gleich gut ist wie y und y besser oder zumindest gleich gut ist wie z, dann ist auch x besser oder zumindest gleich gut wie z.

Man schreibt für $(x, y) \in R$ auch $x \succeq y$ oder $y \preceq x$. Gilt weiter – neben $x \succeq y$ – $(y, x) \notin R$ oder anders geschrieben $y \not\succeq x$, so sagt man

„x wird y strikt vorgezogen"

und schreibt $x \succ y$.

Gilt neben $x \succeq y$ auch $y \succeq x$, so sagt man, x und y sind *gleich gut* oder *äquivalent* und schreibt $x \sim y$.

Bei einer Präferenzrelation R fordert man nicht, daß je zwei Elemente vergleichbar sind. Dennoch kann man *Optimalität* bzgl. einer Präferenzrelation in sinnvoller Weise charakterisieren. Es bieten sich zwei Möglichkeiten an:

1. Es gibt kein besseres Element in M,

2. Das Element wird allen anderen vorgezogen.

Mit Hilfe der Präferenzrelation R läßt sich dies bzgl. einem Element $m^* \in M$ wie folgt formulieren:

Eigenschaft 1:
Es gibt kein $x \in M$ mit $x \succ m^*$.

Eigenschaft 2:
$m^* \succeq x$ für alle $x \in M$.

1.3 Definition

$m^* \in M$ mit Eigenschaft 1 bzgl. R (bzw. $\preceq$) heißt *maximal*, m^* mit Eigenschaft 2 heißt *bestes* oder *größtes* Element.

1.4 Beispiel

Es sei M die Menge der Bundesligamannschaften der laufenden Saison, es gelte $x \succeq y$, wenn x in der laufenden Saison nicht gegen y verloren hat. (Handelt es sich hierbei um eine Präferenzrelation?) Ein Verein ist in diesem Sinn der beste, wenn er gegen jeden anderen nicht verloren hat, er ist maximal, wenn es keine Mannschaft gibt, gegen die er beide Spiele, bzw. das Spiel, falls nur ein Spiel ausgetragen ist, verloren hat.

Übungsaufgabe 1.1:

Zu Ende der Saison wird zum Vergleich zweier Mannschaften die Europapokalregelung herangezogen (Zwei Mannschaften gelten als gleich gut („äquivalent"), wenn nach der Europapokalregelung eine Verlängerung notwendig geworden

wäre) [4]. Gibt es einen Unterschied zwischen maximaler und bester Mannschaft?
Gibt es auf jeden Fall eine maximale (beste) Mannschaft?

Übungsaufgabe 1.2:

Sei $\preceq$ Präferenzrelation auf M. Man zeige:

Jedes beste Element auf M bzgl. $\preceq$ ist auch maximal bzgl. $\preceq$.

Übungsaufgabe 1.3:

Man definiere analog: minimales Element, schlechtestes (kleinstes) Element.

1.5   Definition

Eine Präferenzrelation $\preceq$ auf M heißt *vollständig* oder *Präferenzordnung*, wenn
für alle $x, y \in M$ $x \preceq y$ oder $y \preceq x$ gilt.

Bei einer vollständigen Präferenzrelation sind je zwei Elemente stets vergleichbar.

Übungsaufgabe 1.4:

Welche der bislang angegebenen Präferenzrelationen sind vollständig?

Übungsaufgabe 1.5:

Man zeige: Jedes maximale Element bzgl. einer Präferenzordnung ist auch größtes
Element.

Durch die Einführung einer Präferenzrelation auf A verwandelt sich die ursprüngliche Aufgabe, eine möglichst gute Aktion auszuwählen, in ein *abstraktes
Optimierungsproblem*. Die Bestimmung einer maximalen bzw. besten Aktion erscheint nur noch als rechentechnisches Problem, dessen Lösung vielfach einfach
sein dürfte oder mit Hilfe eines Rechners erledigt werden kann.

Der wesentliche Punkt bei einem Entscheidungsproblem ist danach die Festlegung einer Präferenzrelation. Dies entspricht der Festlegung der Prinzipien der

---

[4] Eine Verlängerung wird dann notwendig, wenn beim Rückspiel nach der regulären Spielzeit
Punktgleichheit, Übereinstimmung der Tordifferenz und bei den auswärts erzielten Toren vorliegt. Gibt es bei der derzeit verwendeten Rangeinstufung auf jeden Fall mindestens und/oder
hchstens eine maximale (beste) Mannschaft?

Geschäftsführung durch die Geschäftsleitung, wohingegen die Entscheidungsbefugnis für Einzelentscheidungen auf (in der Geschäftshierarchie) tieferliegende Gremien verlagert wird, die allerdings auf die allgemeinen Prinzipien verpflichtet sind. Durch die Geschäftsprinzipien wird also sozusagen eine Präferenzordnung auf dem Aktionenraum induziert; die Entscheidungsgremien haben die Aufgabe, die beste Aktion bzgl. dieser Präferenzordnung zu bestimmen und ihre Durchführung zu überwachen.

Wie kann also eine solche Präferenzrelation oder Präferenzordnung festgelegt werden? Dabei erscheint es vernünftig, den Vergleich einzelner Aktionen nach ihren möglichen Ergebnissen durchzuführen. Dazu ist es natürlich erforderlich, daß man verschiedene Ergebnisse gegeneinander abwägen kann, d.h. in Analogie zum Vergleich von Aktionen muß auf der Menge der Ergebnisse eine Präferenzrelation bzw. Präferenzordnung vorliegen.

Die Ergebnisse können in unterschiedlicher Form angegeben sein. Der Einfachheit halber sei im folgenden davon ausgegangen, daß sich die Ergebnisse durch reelle Zahlen bewerten lassen und die Ergebnisse daher auch mit diesen reellen Zahlen identifiziert werden können. Wir wollen daher annehmen, daß der *Ergebnisraum E die Menge der reellen Zahlen ist:*

$$E = \mathbf{R}. \tag{2}$$

Die Ergebnisfunktion $f : Z \times A \to E = \mathbf{R}$ ist also eine reellwertige Funktion. Der Einheitlichkeit halber werde der Wert $f(z, a)$ bei einem Zustand z und einer Aktion a als „Schaden" interpretiert. Dadurch wird die Allgemeinheit nicht eingeschränkt, denn gibt die Ergebnisfunktion ursprünglich einen „Gewinn" oder „Vorteil" an, so erhält man den „Schaden" durch Multiplikation mit -1. Die Ergebnisse können damit entsprechend der natürlichen Ordnung interpretiert werden. Ein Ergebnis e_1 ist schlechter als e_2, falls $e_1 > e_2$ gilt (Der Schaden ist größer.). Die Funktion f wird dann (bei $E = \mathbf{R}$ und bei Interpretation von $f(z, a)$ als Schaden bei (z,a)) als *Schadensfunktion* bezeichnet und es wird der Buchstabe S für f verwendet.

1.6 Bezeichnung:

Das Tripel (A, Z, S) bezeichnen wir als *Entscheidungssituation*[5]. Eine Entscheidungssituation besteht also aus

- einem Aktionenraum A,

---

[5]In der Literatur ist auch die Bezeichnung Präentscheidungsmodell üblich.

- einem Zustandsraum Z,

- und einer Schadensfunktion $S : A \times Z \to \mathbf{R}$.

Falls der Zustandsraum Z und der Aktionenraum A endlich sind, läßt sich die Schadensfunktion und damit die ganze Entscheidungssituation in Form einer Tabelle oder Matrix schreiben:

$$A = \{a_1, \ldots, a_m\}, \qquad Z = \{z_1, \ldots, z_n\},$$

	z_1	$\cdots$	z_j	$\cdots$	z_n
a_1	s_{11}	$\cdots$	$\cdots$	$\cdots$	s_{1n}
$\vdots$	$\vdots$		$\vdots$		$\vdots$
a_i	$\vdots$	$\cdots$	s_{ij}	$\cdots$	$\vdots$
$\vdots$	$\vdots$		$\vdots$		$\vdots$
a_m	s_{m1}	$\cdots$	$\cdots$	$\cdots$	s_{mn}

mit $s_{ij} = S(a_i, z_j)$.

Die Matrix $S = (s_{ij})$ wird *Schadensmatrix* genannt.

Natürlich ist der Zustandsraum nicht immer endlich. Dann wird die Schadensfunktion in anderer Weise beschrieben, beispielsweise durch einen analytischen Ausdruck oder indem man verschiedene Bereiche unterscheidet.

1.7   Beispiel

Für den Ausschußanteil einer Warenpartie seien alle reellen Zahlen aus $[0,1]$ zugelassen[6]. Mögliche Entscheidungen für den Lieferanten sind

- a_1: „Warenpartie ausliefern" und a_2: „Warenpartie nicht ausliefern".

Bei geringem Ausschußanteil entsteht kein Schaden bei Auslieferung der Partie, aber ein Schaden, falls die Partie nicht ausgeliefert wird. Bei einem hohen Ausschußanteil ist die Situation umgekehrt: Kein Schaden, falls die Partie nicht

---

[6]Bei konkreten Warenpartien können natürlich nur die Verhältnisse $\frac{M}{N}$, $M = 0, 1, 2, \ldots, N$, N Umfang der Warenpartie, auftreten.

ausgeliefert wird und ein hoher Schaden, falls die Partie ausgeliefert wird. Dabei wird der Schaden bei Auslieferung einer „schlechten" Partie bedeutend höher sein als der Schaden bei Nichtauslieferung einer „guten" Partie. Eine Schadensfunktion, die dieser Einschätzung gerecht wird, ist:

$$S(a_1, p) = \begin{cases} 0 & p \leq 0.01 \\ 5000 & p > 0.01 \end{cases} \tag{3}$$

$$S(a_2, p) = \begin{cases} 200 & p \leq 0.01 \\ 0 & p > 0.01 \end{cases} \tag{4}$$

Im konkreten Einzelfall ist natürlich eine differenziertere Überlegung erforderlich, wobei die „Trennqualität" (hier 0.01) einen anderen Wert haben kann und der Schaden in den vier Bereichen auch noch von p abhängen wird. Es geht hier nur um eine „grobe Betrachtung" der Entscheidungssituation.

Ausgehend von der Prämisse, daß die Aktionen nach den aus ihnen resultierenden Ergebnissen beurteilt werden sollen, erhält man nun eine unmittelbar einleuchtende Forderung an die Präferenzrelation $\preceq$ auf A: Eine Aktion a_1, bei der der Schaden bei allen eintretenden Zuständen niedriger ist als bei einer Aktion a_2, sollte bei der Relation $\preceq$ vorgezogen werden. Eine Präferenzrelation, die diese Forderung nicht erfüllt, ist mit der Schadensfunktion offensichtlich nicht verträglich. Formal läßt sich diese Forderung durch folgende Definitionen präzisieren.

1.8 Definition

Sei (A, Z, S) eine Entscheidungssituation. Man sagt, eine Aktion a_1 *dominiert* eine Aktion a_2, falls

$$S(a_1, z) \leq S(a_2, z) \quad \text{für alle } z \in Z \tag{5}$$

gilt.

Gilt darüber hinaus

$$S(a_1, z^0) < S(a_2, z^0) \quad \text{für ein } z^0 \in Z, \tag{6}$$

so sagt man, a_1 *dominiert* a_2 *strikt.*

1.9 Definition (Dominanzprinzip)

Sei (A, Z, S) eine Entscheidungssituation. Eine Präferenzrelation $\preceq$ auf A *genügt dem Dominanzprinzip*, falls gilt:

Dominiert $a_1 \in A$ die Aktion $a_2 \in A$, so gilt $a_1 \succeq a_2$.

Genügt die Präferenzrelation $\preceq$ auf A dem Dominanzprinzip, so kann man für die Bestimmung einer maximalen oder einer besten Aktion die dominierten Aktionen demnach außer acht lassen.[7] Dies ist insbesondere deswegen von Vorteil, weil zur *Eliminierung der dominierten Aktionen* die genaue Kenntnis der Präferenzrelation nicht erforderlich ist, bzw. diese noch nicht spezifiziert sein muß, es muß nur feststehen, daß sie dem Dominanzprinzip genügt. Der folgende Satz gibt die formale Rechtfertigung:

1.10   Satz

Sei (A, Z, S) eine Entscheidungssituation, $\preceq$ eine Präferenzrelation auf A, die dem Dominanzprinzip genügt. Sei $A_0 \subset A$ eine Teilmenge von Aktionen mit folgender Eigenschaft:

> Zu jeder Aktion $a \notin A_0$ existiert eine Aktion $a' \in A_0$, die a dominiert.

Dann gilt:

1. Gibt es eine maximale Aktion in A, so auch in A_0.

2. Eine Aktion $a^* \in A$ ist genau dann beste Aktion, falls sie allen Aktionen in A_0 vorgezogen wird:

$$a^* \succeq a \quad \text{für alle} \quad a \in A_0. \tag{7}$$

1.11   Bemerkung

(a) Bei der Behauptung 1 hat man folgenden Unterschied zu beachten: Betrachtet man die Präferenzrelation $\preceq$ eingeschränkt auf A_0, so bedeutet „a^* ist maximal in A_0", daß es keine Aktion a in A_0 gibt, die besser ist als a^*, also mit $a^* \prec a$; a^* ist also zunächst nicht notwendig maximal in A. Behauptung 1 besagt aber, daß es in A_0 eine bzgl. A maximale Aktion gibt.

(b) Behauptung 1.(2.) besagt nicht, daß jede maximale (beste) Aktion in A_0 liegt. Man überlege sich, welche Eigenschaft die Menge A_0 haben müßte, damit dies der Fall wäre.

---

[7]Sollen alle maximalen oder besten Aktionen bestimmt werden, so ist dies nicht zulässig. Man mache sich dies an einem Beispiel klar.

Beweis:

1. Sei a_0 maximal in A, d.h. es gibt kein $a \in A$ mit $a \succ a_0$. Zu zeigen ist: Es gibt $a_1 \in A_0$ mit: a_1 ist maximal in A.

   Angenommen $a_0 \notin A_0$. Dann existiert $a_1 \in A_0$, das a_0 dominiert. Nach dem Dominanzprinzip gilt damit $a_0 \preceq a_1$.

   Behauptung: a_1 ist maximal in A.

   Angenommen es gibt ein $a \in A$ mit $a \succ a_1$. Dann ist $a \succ a_0$ wegen der Transitivität von $\preceq$ im Widerspruch zu „a_0 maximal".

2.
   - Sei a^* beste Aktion in A, so gilt $a^* \succeq a$ für alle $a \in A$ und damit für alle $a \in A_0$.

   - Gilt $a^* \succeq a$ für alle $a \in A_0$. Sei $a \notin A_0$, so gibt es ein $a_1 \in A_0$, das a dominiert. Nach dem Dominanzprinzip gilt dann $a_1 \succeq a$. Da $a^* \succeq a_1$ gilt, folgt $a^* \succeq a$. Somit gilt

   $$a^* \succeq a \quad \text{für alle} \quad a \in A. \tag{8}$$

Aus diesem Satz ergibt sich, daß die Optimierungsaufgabe gelöst ist, falls sich die *Menge A_0 auf ein Element reduzieren* läßt, unabhängig davon, welche Präferenz-relation zugrundeliegt, falls sie nur dem Dominanzprinzip genügt. Diese Aktion dominiert dann alle anderen Aktionen und ist damit wegen des Dominanzprin-zips beste Aktion.

1.12   Folgerung

Sei $A_0 = \{a_0\}$ im obigen Satz einelementig, so ist a_0 beste Aktion.

1.13   Definiton

Sei (A, Z, S) eine Entscheidungssituation. Eine Aktion $a^* \in A$, welche alle Ak-tionen aus A dominiert, heißt *gleichmäßig beste Aktion*. Damit gilt dann für alle $a \in A$

$$S(a^*, z) \leq S(a, z) \quad \text{für alle} \quad z \in Z. \tag{9}$$

Wie das Beispiel aus der Qualitätskontrolle zeigt, existiert nicht immer eine gleichmäßig beste Aktion. Offensichtlich dominiert die Annahme der Partie die Ablehnung der Partie nicht und umgekehrt. Dies ist in einer Vielzahl praktischer

Entscheidungsprobleme analog: Eine gleichmäßig beste Aktion existiert nur in wenigen Fällen.

Der oben bewiesene Satz legt nun für den Fall, daß keine gleichmäßig beste Aktion existiert, nahe, alle nicht dominierten Aktionen zu betrachten und aus diesen im Einzelfall eine Aktion auszuwählen. Dies wäre insbesondere dann praktikabel, wenn es sich dabei um kleine und überschaubare Mengen von Aktionen handelt. Auch dies ist jedoch in vielen in der Praxis auftretenden Fällen nicht erfüllt. Es erscheint daher sinnvoll, einige Prinzipien zu betrachten, die Präferenzrelationen auf dem Aktionenraum liefern, die dem Dominanzprinzip genügen. Es sollen also allgemeingültige Verfahren angegeben werden, die jede Entscheidungssituation in sinnvoller Weise durch Angabe einer Präferenzrelation auf dem Aktionenraum vervollständigen. Eine Entscheidungssituation (A, Z, S) zusammen mit einer Präferenzordnung auf A, die dem Dominanzprinzip genügt, sei im folgenden Entscheidungsmodell genannt.

1.14   Definition

Ein Quadrupel $(A, Z, S, \preceq)$ bestehend aus einer Entscheidungssituation (A, Z, S) und einer Präferenzordnung $\preceq$ auf A, die dem Dominanzprinzip genügt, heißt *Entscheidungsmodell*.

Zur Verdeutlichung, was unter einem allgemeingültigen Verfahren zur Konstruktion von Präferenzordnungen auf A verstanden wird, sei zunächst ein Beispiel betrachtet.

1.15   Beispiel

Gegeben sei eine Entscheidungssituation mit folgender Schadensmatrix

$A \backslash Z$	z_1	z_2	z_3
a_1	3	2	5
a_2	3	3	2.5
a_3	4	3	2
a_4	2	1	5

Eine vorsichtige Verhaltensweise des Entscheidenden besteht darin, jede Aktion danach zu beurteilen, was im schlimmsten Fall geschehen kann. Zu $a \in A$

betrachtet man

$$\max_{z \in Z} S(a, z) \tag{10}$$

und setzt

$$a \preceq a', \quad \text{falls } \max_{z \in Z} S(a, z) \geq \max_{z \in Z} S(a', z) \tag{11}$$

ist.

Im Beispiel gilt dann

$$\max_{z \in Z} S(a_1, z) = 5, \quad \max S(a_2, z) = 3,$$

$$\max_{z \in Z} S(a_3, z) = 4, \quad \max S(a_4, z) = 5.$$

Damit gilt

$$a_2 \succ a_3 \succ a_1 \sim a_4.$$

Der Vollständigkeit halber sei die Präferenzordnung noch in Form der Teilmenge $R \subset A \times A$ angegeben:

$$\begin{aligned} R = \ &\{(a_2, a_2), (a_2, a_3), (a_3, a_3), (a_3, a_1), \\ &(a_1, a_1), (a_1, a_4), (a_4, a_1), (a_4, a_4), \\ &(a_2, a_1), (a_2, a_4), (a_3, a_4)\}. \end{aligned}$$

Optimal bei dieser vorsichtigen Verhaltensweise ist in diesem Beispiel die Aktion a_2, für die gilt:

$$\max_{z \in Z} S(a_2, z) = \min_{a \in A} \max_{z \in Z} S(a, z).$$

Das so beschriebene Präferenzprinzip heißt daher *Minimax-Regel* oder nach dem Statistiker Wald[8] auch *Wald-Regel*. Man spricht auch von einer Entscheidungsregel, da ja die Präferenzrelation mit einer optimalen Aktion – falls eine solche existiert – auch die Entscheidung für eine Aktion liefert.

---

[8]Abraham Wald, 1902-1950, jüdischer Mathematiker und Statistiker, vgl. Wald (1945).

1.16   Definition

Sei (A, Z, S) eine Entscheidungssituation. Die Präferenzordnung $\preceq$ auf A definiert durch

$$a \preceq a' \cdot \text{ falls } \quad \sup_{z \in Z} S(a, z) \geq \sup_{z \in Z} S(a', z) \quad ^9 \tag{12}$$

heißt *Minimax- oder Wald-Regel*.

Dieses Präferenzprinzip ist zweifellos sehr pessimistisch. Z.B. liefert es im Fall der Qualitätskontrolle bei der angegebenen Schadensfunktion (s. Beispiel 1.7) die Entscheidung, die Partie abzulehnen, da hierbei der möglicherweise eintretende Schaden niedriger ist. Zweifellos ist eine generelle Ablehnung keine diskutable Entscheidung.

Weitere Präferenzprinzipien oder Präferenzregeln sind in der folgenden Definition angegeben.

1.17   Definition

Sei (A, Z, S) eine Entscheidungssituation, S nach oben und unten beschränkt. Eine Präferenzordnung $\preceq$ auf A heißt

(a) *Minimin-Regel*, wenn für alle $a, a' \in A$ gilt

$$a \succeq a' :\Longleftrightarrow \inf_{z \in Z} S(a, z) \leq \inf_{z \in Z} S(a', z) \tag{13}$$

(b) *Hurwicz-Regel mit Optimismusparameter* $\lambda \in [0, 1]$, wenn für alle $a, a' \in A$ gilt

$$a \succeq a' \quad :\Longleftrightarrow \quad (1 - \lambda) \sup_{z \in Z} S(a, z) + \lambda \inf_{z \in Z} S(a, z)$$
$$\leq (1 - \lambda) \sup_{z \in Z} S(a', z) + \lambda \inf_{z \in Z} S(a', z). \tag{14}$$

Gegenüber der Minimax-Regel ist die Minimin-Regel äußerst optimistisch, da sie die Aktionen nach dem günstigsten Ergebnis beurteilt. Daß sich dadurch die Entscheidung (optimale Aktion) gegenüber der Minimax-Regel ganz wesentlich verändert, zeigt sich in der oben angegebenen Schadensmatrix. Nach der

---

[9]Falls $S(a, \cdot)$ nicht nach oben beschränkt ist, sei $\sup_{z \in Z} S(a, z) = +\infty$ und es gelte $+\infty \geq r$ für alle $r \in \mathbf{R}$.

Minimin-Regel ist die Aktion a_4 optimal, die nach der Minimax-Regel schlechteste Aktion war.

Die Hurwicz-Regel ist ein gewichtetes Mittel zwischen Minimax- und Minimin-Regel, wobei der Parameter λ angibt, mit welchem Gewicht das optimistische Minimin-Prinzip eingeht.

1.18   Beispiel

Bei Parameter $\lambda = 0.5$ erhalten wir für die Schadensmatrix aus Beispiel 1.15

$A\backslash Z$	z_1	z_2	z_3	max	min	$0.5\max +0.5\min$
a_1	3	2	5	5	2	3.5
a_2	3	3	2.5	3	2.5	2.75
a_3	4	3	2	4	2	3
a_4	2	1	5	5	1	3

und damit die optimale Aktion a_2.

Die Regeln lassen sich auch bei unbeschränkter Schadensfunktion verwenden, wenn man folgende Übereinkunft trifft:

- $\inf\limits_{z\in Z} S(a,z) = -\infty$, falls $S(a,\cdot)$ nicht nach unten beschränkt ist,

- $\sup\limits_{z\in Z} S(a,z) = +\infty$, falls $S(a,\cdot)$ nicht nach oben beschränkt ist,

- $\lambda \cdot (\pm\infty) = \pm\infty, r \pm \infty = \pm\infty$, und

- $-\infty < r < +\infty$ für alle reellen Zahlen r.

Die Minimax- und die Minimin-Regel kann dann allgemein verwendet werden, die Hurwicz-Regel, wenn sichergestellt ist, daß kein Ausdruck der Form $+\infty-\infty$ auftritt, also wenn $S(a,\cdot)$ für jedes $a \in A$ nach oben oder nach unten (oder beides) beschränkt ist.

Eine weitere Präferenzregel liefert die folgende Überlegung: Man untersucht zunächst, welcher Schaden auf jeden Fall in Kauf genommen werden muß bei einem gegebenen Zustand z:

$$\inf\limits_{\hat{a}\in A} S(\hat{a},z). \tag{15}$$

Dies ist also der bei z *unvermeidbare Schaden.* Bei einem Zustand z und einer
Aktion a teilt sich also der Schaden $S(a,z)$ auf in den unvermeidbaren Schaden
$\inf\limits_{\hat{a}\in A} S(a,z)$ und den *vermeidbaren Schaden* $S(a,z) - \inf\limits_{\hat{a}\in A} S(\hat{a},z)$.

Die Funktion $R : A \times Z \to \mathbf{R}$ mit

$$R(a,z) = S(a,z) - \inf_{\hat{a}\in A} S(\hat{a},z) \tag{16}$$

bezeichnet man als *Regretfunktion.*

Wendet man nun die Minimax-Regel auf die Regretfunktion an, so erhält man
die *Minimax-Regret-* oder *Savage-Niehans-Regel* [10]. Dabei muß man jedoch beachten, daß diese Regel keinen sinnvollen Beitrag liefert, falls der unvermeidbare
Schaden für einen Zustand z^0 $- \infty$ wird. Sei nämlich für ein z^0

$$\inf_{\hat{a}\in A} S(a,z^0) = -\infty, \tag{17}$$

so gilt $R(a,z^0) = S(a,z^0) - (-\infty) = +\infty$ und damit

$$\sup_{z\in Z} R(a,z) = +\infty \quad \text{für alle} \quad a \in A. \tag{18}$$

1.19   Definition

Sei (A, Z, S) eine Entscheidungssituation, $S(\cdot, z)$ nach unten beschränkt für jedes
$z \in Z$. Eine Präferenzordnung $\preceq$ heißt *Minimax-Regret-* oder *Savage-Niehans-
Regel,* wenn für alle $a, a' \in A$:

$$a \preceq a' :\Longleftrightarrow \sup_{z\in Z} R(a,z) \geq \sup_{z\in Z} R(a',z) \tag{19}$$

gilt.

1.20   Beispiel

Bei der Schadensmatrix aus Beispiel 1.15 ergibt sich die Regretfunktion mit

---

[10]vgl. Savage (1951) und Niehans (1948).

$A \backslash Z$	z_1	z_2	z_3
a_1	3	2	5
a_2	3	3	2.5
a_3	4	3	2
a_4	2	1	5
min	2	1	2

zu

$A \backslash Z$	z_1	z_2	z_3	max
a_1	1	1	3	3
a_2	1	2	0.5	2
a_3	2	2	0	2
a_4	0	0	3	3

Nach der Minimax-Regret-Regel sind damit die Aktionen a_2 und a_3 optimal.

1.21 Bemerkung

Für das weitere Vorgehen ist es an dieser Stelle erforderlich nachzuweisen, daß es sich bei den angegebenen „Präferenzordnungen" tatsächlich um Präferenzordnungen handelt. Dies ergibt sich jedoch aus folgendem allgemeinen Sachverhalt:

Sei $\succeq$ eine Relation auf einer Menge $A, f : A \rightarrow \mathbf{R}$ mit

$$x \succeq y \Longleftrightarrow f(x) \leq f(y), \tag{20}$$

so ist $\succeq$ reflexiv, transitiv und vollständig. Man sagt, f *repräsentiert die Präferenzrelation* $\preceq$.

1.22 Bemerkung

Bislang wurde ebenfalls nicht geprüft, ob die vorliegenden Präferenzregeln dem Dominanzprinzip genügen. Dabei kann man ausnützen, daß jeweils mit einer geeigneten Funktion f für alle $a, a' \in A$ gilt:

$$a \succeq a' \Longleftrightarrow f(a) \leq f(a'). \tag{21}$$

Es ist also jeweils zu zeigen:

$$S(a, z) \leq S(a', z) \quad \text{für alle } z \in Z \Rightarrow f(a) \leq f(a'). \tag{22}$$

(a) Bei der Minimax-Regel kann man $f_1(a) = \sup_{z \in Z} S(a, z)$ setzen und Eigenschaft (22) folgt unmittelbar.

(b) Bei der Minimin-Regel folgt dies ebenso mit $f_2(a) = \inf_{z \in Z} S(a, z)$.

(c) Bei der Hurwicz-Regel folgt (22) für $f_3 = (1 - \lambda)f_1 + \lambda f_2$ aus der Eigenschaft (22) für f_1 und f_2.

(d) Bei der Minimax-Regret-Regel kann man $f_4(a) = \sup\limits_{z \in Z} R(a, z)$ setzen. Aus

$$S(a, z) \leq S(a', z) \quad \text{für alle } z \in Z \tag{23}$$

folgt

$$S(a, z) - \inf_{\hat{a} \in A} S(\hat{a}, z) \leq S(a', z) - \inf_{\hat{a} \in A} S(\hat{a}, z), \tag{24}$$

also

$$R(a, z) \leq R(a', z) \tag{25}$$

und damit auch

$$f_4(a) \leq f_4(a'). \tag{26}$$

In vielen Fällen wird der Entscheidende gewisse Vorstellungen darüber haben, wie häufig einzelne Zustände auftreten, bzw. wie „wahrscheinlich" die Zustände sind. Bei den bisherigen Regeln wurden alle Zustände gleich berücksichtigt, man wird jedoch intuitiv unwahrscheinliche (selten auftretende) Zustände bei der Entscheidung weniger stark in die Beurteilung der Aktionen eingehen lassen.

Der Entscheidende verfügt also dann – zumindest implizit - über eine Wahrscheinlichkeitsverteilung auf der Menge der Zustände. Für die Entscheidungsfindung ist es natürlich von Vorteil, wenn diese Wahrscheinlichkeitsverteilung konkretisiert werden kann. Damit wird dann der Zustandsraum Z zu einem Wahrscheinlichkeitsraum $(Z, A(Z), \pi)$, wobei π das Wahrscheinlichkeitsmaß des Entscheidenden auf dem Zustandsraum ist. Dieses Wahrscheinlichkeitsmaß kann einer subjektiven Einschätzung des Entscheidenden entsprechen („subjektive Wahrscheinlichkeiten") oder aus allgemeingültigen Gesetzmäßigkeiten abgeleitet sein („objektive Wahrscheinlichkeiten").

Damit wird für jede Aktion $a \in A$ der Schadensverlauf bezüglich $z \in Z$ eine Zufallsvariable[11]

$$S(a, \cdot) : (Z, A(Z), \pi) \rightarrow \mathbf{R}. \tag{27}$$

Der Vergleich zweier Aktionen a und a' sollte damit auf dem Schadensverlauf, also dem Vergleich der Zufallsvariablen $S(a, \cdot)$ und $S(a', \cdot)$ beruhen. Für eine Einzelentscheidung liefert die Kenntnis einer Wahrscheinlichkeitsverteilung

---

[11]vorausgesetzt die Funktion ist meßbar bzgl. A(Z) und $\mathcal{L}$.

nur eingeschränkt einen Vorteil, da ja auch unwahrscheinliche Ereignisse eintreten können. Bei häufiger Wiederholung der Entscheidungssituation kann man den Erwartungswert als durchschnittlichen Schaden ansehen. Damit bietet es sich an, die Aktionen nach diesem Erwartungswert zu beurteilen, vorausgesetzt natürlich, der Erwartungswert existiert und läßt sich berechnen.

1.23 Definition

Sei (A, Z, S) eine Entscheidungssituation, $(Z, A(Z), \pi)$ ein Wahrscheinlichkeitsraum, also π ein Wahrscheinlichkeitsmaß auf Z, derart daß $S(a, \cdot)$: $(Z, A(Z), \pi) \to \mathbf{R}$ für jedes $a \in A$ eine Zufallsvariable ist, deren Erwartungswert existiert. Die Präferenzordnung $\succeq_\pi$ auf A mit

$$a \succeq_\pi a' :\Longleftrightarrow E[S(a, \cdot)] \le E[S(a', \cdot)] \tag{28}$$

heißt *Bayes-Regel*[12] oder *Erwartungswertregel bzgl. der a-priori-Verteilung* π.

Entsprechend Bemerkung 1.21 folgt, daß $\succeq_\pi$ eine Präferenzordnung ist. Ebenso ist unmittelbar ersichtlich, daß die Bayes-Regel dem Dominanzprinzip genügt.

Hat man keine konkrete Vorstellung über eine a-priori-Verteilung, so läßt sich die Bayes-Regel anwenden, indem man davon ausgeht, daß alle Zustände gleichwahrscheinlich sind[13]. Damit ist dann $(Z, A(Z), \pi)$ ein Laplacescher Wahrscheinlichkeitsraum. Die Bayes-Regel bei Laplacescher a-priori-Verteilung heißt auch *Laplace-Regel.*[14]

1.24 Beispiel

Bei der oben angegebenen Schadensmatrix gehe man von der a-priori-Verteilung $\pi = (\frac{1}{2}, \frac{1}{3}, \frac{1}{6})$ für die Zustände z_1, z_2, z_3 aus. Dann ergeben sich folgende Erwartungswerte:

---

[12]Bayes, Thomas, 1702-1761, engl. Geistlicher und Mathematiker.

[13]Dies geht allerdings in einfacher Weise nur bei einem endlichen Zustandsraum. Ist der Zustandsraum ein Intervall in $\mathbf{R}$, so kann man auch die Gleichverteilung auf diesem Intervall benutzen.

[14]Laplace, Pierre Simon, Marquis de, 1749-1827, franz. Mathematiker und Astronom.

$$E_\pi S(a_1, \cdot) = \tfrac{1}{2} \cdot 3 + \tfrac{1}{3} \cdot 2 + \tfrac{1}{6} \cdot 5 = 3$$

$$E_\pi S(a_2, \cdot) = \tfrac{1}{2} \cdot 3 + \tfrac{1}{3} \cdot 3 + \tfrac{1}{6} \cdot \tfrac{5}{2} = \tfrac{35}{12} < 3$$

$$E_\pi S(a_3, \cdot) = \tfrac{1}{2} \cdot 4 + \tfrac{1}{3} \cdot 3 + \tfrac{1}{6} \cdot 2 = 3\tfrac{1}{3}$$

$$E_\pi S(a_4, \cdot) = \tfrac{1}{2} \cdot 2 + \tfrac{1}{3} + \tfrac{1}{6} \cdot 5 = \tfrac{13}{6} = 2\tfrac{1}{6}.$$

Man erhält als Bayes-Regel:

$$a_4 \succ a_2 \succ a_1 \succ a_3.$$

Übungsaufgabe 1.6:

Man berechne das Ergebnis bei der Laplace-Regel.

Bei der Bayes-Regel wird nicht die volle Information benutzt, die die a-priori-Verteilung auf Z liefert. Z.B. könnte man auch die Streuung und höhere Momente berücksichtigen. Im weitesten Sinne müßte bei dem Vergleich zweier Aktionen a und a' die gesamte Information, die in den Zufallsvariablen $S(a, \cdot)$ und $S(a', \cdot)$ vorhanden ist, herangezogen werden. Dies bedeutet eine Beurteilung folgender Art:

Die Aktion a wird der Aktion a' vorgezogen, da die Zufallsvariable $S(a, \cdot)$ bei der a-priori-Verteilung π einen günstigeren Verlauf als $S(a', \cdot)$ hat. Man benötigt also letztlich ein Kriterium, anhand dessen man sagen kann, welcher der günstigere Verlauf bei zwei Zufallsvariablen ist, also eine Präferenzrelation auf der Menge

$$\{S(a, \cdot) \mid a \in A\} \tag{29}$$

der Zufallsvariablen unter Berücksichtigung der a-priori-Verteilung.

Durch die Annahme einer a-priori-Verteilung auf Z wird damit noch keine Entscheidung unmittelbar induziert, sondern nur die Entscheidung „auf eine andere Ebene gehoben". Der Vergleich zwischen einzelnen Aktionen wird nun aufgrund der Verteilung für die möglicherweise auftretenden Schäden durchgeführt. Dadurch wird die zusätzliche Information mitverwertet. Beim Bayes-Verfahren erfolgt dann die Auswertung durch die Berechnung des Erwartungswertes. Eine Möglichkeit, zu einem umfassenderen Vergleichskriterium zu kommen, erhält man durch die Analyse der Verteilungsfunktionen der Zufallsvariablen.

Übungsaufgaben zu § 1

Übungsaufgabe 1.7:

Ein Unternehmer stehe vor der Entscheidung, ob er eine Werbekampagne mit Plakaten (d_1), im Fernsehen (d_2) oder gar nicht (d_3) durchführen soll. Sein schärfster Konkurrent steht vor derselben Entscheidung. Die sich ergebenden Umsatzänderungen in Prozent sind in der folgenden Tabelle aufgeführt:

		d_1	d_2	d_3
	d_1	2	3	-8
Konkurrenz	d_2	7	2	-5
	d_3	15	10	0

Die Werbekampagne koste 4% des Umsatzes bei Plakaten, 3% bei Fernsehwerbung. Die Wirkung der Kampagne beschränkt sich auf die eine Periode. Man bestimme die Minimax- und die Miniminentscheidung.

Übungsaufgabe 1.8:

Ein deutscher Sportveranstalter plant einen Schaukampf B.Becker gegen St.Edberg. Aufgrund bisheriger Erfahrungen schätzt er den Zuschauerandrang in Abhängigkeit vom Eintrittspreis p und der Form der Spieler wie folgt ein ($z_1 =$ beide in Form; $z_2 =$ B.B. in Form, S.E. nicht; $z_3 =$ B.B. nicht in Form, S.E. in Form; $z_4 =$ beide nicht in Form):

p	100	50	20	10
z				
1	10000	10000	10000	10000
2	8000	9000	10000	10000
3	6000	7000	8000	10000
4	1000	2000	7000	8000

(a) Man bestimme den Minimin- und den Minimax-Preis.

(b) Der Veranstalter legt folgende Wahrscheinlichkeitsverteilung für die Zustände zugrunde:

$$\left(\frac{1}{5}, \frac{1}{10}, \frac{3}{5}, \frac{1}{10}\right)$$

Welchen Preis wird er ansetzen?

2 Entscheidungen bei Information über den wahren Zustand

Wenn es irgendwie möglich ist, wird man versuchen, sich über den wahren Zustand, der ja das Ergebnis einer Entscheidung maßgeblich mitbeeinflußt, möglichst genaue Kenntnis zu verschaffen. Dabei ist natürlich zu beachten, daß das Verhältnis zwischen dem Nutzen und den Kosten der Kenntnisgewinnung angemessen ist.

Bei „vollständiger Information" kann man die exakte Kenntnis des wahren Zustands z_w erlangen. Dadurch reduziert sich das Entscheidungsproblem auf ein „einfaches" Optimierungsproblem: Gesucht ist die Optimalstelle a^* der Funktion $S(\cdot, z_w) : A \to \mathbf{R}$. In den weitaus meisten Fällen dürfte aber keine exakte Kenntnis (zumindest mit vertretbaren Kosten) erreichbar sein. Die Information, die man erhält, hängt zwar mit dem wahren Zustand zusammen, ist aber nicht vollständig, d.h. es besteht keine umkehrbar eindeutige Beziehung zwischen Information und Zustand. Z.B. gibt eine Wettervorhersage Anhaltspunkte, wenn man eine Entscheidung trifft, deren Ergebnis vom Wetter abhängig ist. Niemand aber wird sich 100% ig auf die Wettervorhersage verlassen. Ähnlich ist es bei allen Prognosen.

Wie kann man den Zusammenhang zwischen wahrem Zustand und Information modellieren? Sei $\mathcal{I}$ die Menge der möglichen Informationen (*Informationenraum*), also der möglichen Werte („Signale"), die der Informationsgewinnungsprozeß liefert.

Im Beispiel der Wetterprognose kann *ein* solcher Informationswert für einen bestimmten Tag, (z.B. den 10. Mai) etwa lauten:

Temperatur zwischen 15° und 20° C,
Luftfeuchtigkeit 40% bis 50%,
leicht bewölkt,
keine Niederschläge.

Der Einfluß des wahren Zustands auf die Information ist jetzt formal zu beschreiben. Eine Möglichkeit dazu besteht darin, davon auszugehen, daß der Informationswert ein (zufälliges) Ereignis ist, dessen Wahrscheinlichkeit von dem wahren Zustand beeinflußt ist. Mathematisch formuliert heißt dies, daß man für jedes $z \in Z$ ein Wahrscheinlichkeitsmaß P_z auf $\mathcal{I}$ erhält. $\mathcal{I}$ wird also mit P_z zu einem Wahrscheinlichkeitsraum. Man erhält also eine Menge $(\mathcal{I}, A(\mathcal{I}), P_z)_{z \in Z}$ von Wahrscheinlichkeitsräumen.

2.1 Beispiel

Es ist über die Annahme bzw. Ablehnung einer Warenpartie zu entscheiden. Man hat also zwei Entscheidungen, das Ergebnis hängt wesentlich vom Ausschußanteil ab (vgl. Beispiel 1.7). Informationen über den Ausschußanteil kann man sich jetzt durch eine Totalkontrolle („vollständige Information") oder eine Stichprobenkontrolle verschaffen. Bei zerstörender Kontrolle kommt nur das zweite in Frage. Bei einer Stichprobenkontrolle ist also die Erkenntnis zufällig, aber offensichtlich beeinflußt durch den tatsächlichen Ausschußanteil. Bei einem hohen tatsächlichen Ausschußanteil wird auch mit großer Wahrscheinlichkeit der Ausschußanteil in der Stichprobe groß sein. Dies läßt sich mathematisch präzisieren. Wie wir gesehen haben[1], ist die Anzahl schlechter Teile in der Stichprobe binomialverteilt mit Parameter p (p ist der Ausschußanteil der Partie) bei Stichproben mit Zurücklegen und hypergeometrisch verteilt bei Stichproben ohne Zurücklegen. Damit ist die Wahrscheinlichkeit der Information, die wir durch die Stichprobe erhalten, nämlich die Anzahl schlechter Teile in der Stichprobe, vom Ausschußanteil der Partie – also dem wahren Zustand – abhängig. Die Menge der möglichen Informationen ist

$$\mathcal{I} = \{0, \ldots, n\} \tag{1}$$

und für einen wahren Ausschußanteil $p \in [0, 1]$ erhalten wir die Wahrscheinlichkeit

$$P_p(k) = \binom{n}{k} p^k (1-p)^{n-k} \tag{2}$$

für k schlechte Teile in der Stichprobe, falls wir mit Zurücklegen kontrolliert haben.

Bei Vorliegen von Information wird man bei der Entscheidung auch diese Information berücksichtigen, d.h. also bei einem rationalen Vorgehen, daß die Entscheidung eindeutig durch den vorliegenden Informationswert festgelegt ist. Man wird demnach eine Entscheidungstabelle oder Entscheidungsfunktion festlegen, an der man zu jeder Information die zugehörige Entscheidung ablesen kann. Es ist jetzt nicht mehr *eine* optimale Entscheidung gesucht, sondern zu *jeder* Information *eine* optimale Entscheidung, also eine optimale Entscheidungsfunktion.

Die Menge aller Entscheidungsfunktionen, aus denen die optimale auszuwählen ist, ist die Menge aller Abbildungen $\delta : \mathcal{I} \to A$.

---

[1] s. Wahrscheinlichkeitstheorie S. 40f.

Mit $\Delta = \{\delta \mid \delta : \mathcal{I} \to A\}$ bezeichnen wir die Menge aller Entscheidungsfunktionen.

2.2 Beispiel

In unserem Beispiel der Kontrolle der Warenpartie sieht eine Entscheidungsfunktion beispielsweise so aus:[2]

$$\delta_1(k) = \begin{cases} \text{Annahme} & \text{für } k = 0 \\ \text{Ablehnung} & \text{sonst} \end{cases} \tag{3}$$

oder

$$\delta_2(k) = \begin{cases} \text{Annahme} & k \leq 2 \\ \text{Ablehnung} & k > 2. \end{cases} \tag{4}$$

Sei $z \in Z$ ein beliebiger Zustand, $\delta \in \Delta$ eine Entscheidungsfunktion. Dann ist

$$S(\delta(i), z) \quad \text{der Schaden bei Zustand } z \text{ und Information } i. \tag{5}$$

Zu jedem $z \in Z$ erhält man also bei gegebenem $\delta \in \Delta$ eine Abbildung

$$S_{\delta,z} := S(\delta(\cdot), z) : \mathcal{I} \to \mathbf{R}. \tag{6}$$

Mit dem Wahrscheinlichkeitsmaß P_z ist der Schaden damit zufällig, d.h. $S_{\delta,z}$ ist eine Zufallsvariable. Man erhält so für jede Entscheidungsfunktion δ eine Familie $S_\delta := (S_{\delta,z})_{z \in Z}$ von Zufallsvariablen.

Ein Vergleich von zwei Entscheidungsfunktionen δ, δ' muß demnach auf einem Vergleich der beiden Familien S_δ und $S_{\delta'}$ von Zufallsvariablen beruhen.

2.3 Beispiel

Bei der Warenpartie des vorigen Beispiels sei der Umfang der Stichprobe (mit Zurücklegen) $n = 100$. Dann ist die Wahrscheinlichkeitsverteilung für k schlechte

---

[2] Auch δ_3 mit $\delta_3(0) = $ Ablehnung und $\delta_3(k) = $ Annahme für $k \neq 0$ ist eine Entscheidungsfunktion, allerdings ist sie offensichtlich wenig sinnvoll.

Teile in der Stichprobe:

$$P_p(\text{Anzahl schlechter Teile} = k) = \binom{n}{k}p^k(1-p)^{n-k}, \tag{7}$$

wobei p der tatsächliche Ausschußanteil ist (Binomialverteilung mit Parameter p). Betrachten wir die oben genannten Entscheidungsfunktionen:

$$\delta_1(k) = \begin{cases} 0 & \text{(Ablehnung)} \quad k > 0 \\ 1 & \text{(Annahme)} \quad k = 0 \end{cases} \tag{8}$$

$$\delta_2(k) = \begin{cases} 0 & k > 2 \\ 1 & k \leq 2 \end{cases} \tag{9}$$

Mit der Schadensfunktion (vgl. Beispiel 1.6)

$$S(0,p) = \begin{cases} 0 & p > 0.01 \\ 200 & p \leq 0.01 \end{cases} \tag{10}$$

$$S(1,p) = \begin{cases} 5000 & p > 0.01 \\ 0 & p \leq 0.01 \end{cases} \tag{11}$$

erhält man damit für gegebenes p die Zufallsvariablen $S_{\delta_1,p}$ und $S_{\delta_2,p}$ mit den Wahrscheinlichkeitsverteilungen

1. $p \leq 0.01$:

$$\begin{aligned} P(S_{\delta_1,p} = 0) &= \binom{100}{0}p^0(1-p)^{100} = (1-p)^{100} \\ P(S_{\delta_1,p} = 200) &= 1 - (1-p)^{100} \\ P(S_{\delta_2,p} = 0) &= \sum_{k=0}^{2} \binom{100}{k}p^k(1-p)^{100-k} \\ P(S_{\delta_2,p} = 200) &= 1 - P(S_{\delta_2,p} = 0) = 1 - \sum_{k=0}^{2} \binom{100}{k}p^k(1-p)^{100-k} \end{aligned} \tag{12}$$

2. Für $p > 0.01$:

$$P(S_{\delta_1,p} = 5000) = (1-p)^{100}$$
$$P(S_{\delta_1,p} = 0) = 1 - (1-p)^{100}$$
$$P(S_{\delta_2,p} = 5000) = P_p(\delta_2 = 1) \tag{13}$$
$$= \sum_{k=0}^{2} \binom{100}{k} p^k (1-p)^{100-k}$$
$$P(S_{\delta_2,p} = 0) = P_p(\delta_2 = 0)$$
$$= \sum_{k=3}^{100} \binom{100}{k} p^k (1-p)^{100-k}$$

Zu vergleichen sind also die Zufallsvariablen $S_{\delta_1,p}$ und $S_{\delta_2,p}$ für jeden in Frage kommenden Ausschußanteil p (siehe dazu Abbildung 2.1).

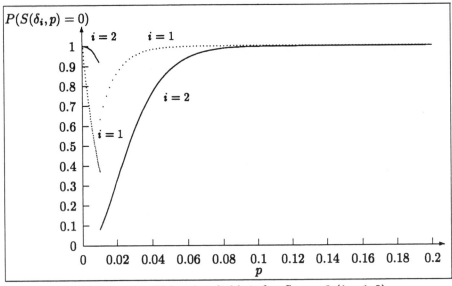

Abbildung 2.1: Wahrscheinlichkeit für $S_{\delta_i,p} = 0$ ($i = 1, 2$).

Eine Möglichkeit (auf jeden Fall ist es ein sinnvoller erster Schritt) besteht darin, diese Familien von Zufallsvariablen dadurch zu vergleichen, daß man die Erwartungswerte berechnet:

$$E[S_{\delta,z}] \quad \text{für jedes} \quad z \in Z. \tag{14}$$

Man erhält damit zu jedem $z \in Z$ den zu erwartenden Schaden bei der Entscheidungsfunktion δ, diese Größe hängt von z und δ ab.

Sei also die Funktion R in z und δ definiert durch

$$R(\delta, z) = E[S_{\delta,z}] = E[S(\delta(\cdot), z)],$$ (15)

so ist R eine Funktion von $\Delta \times Z$ in die rellen Zahlen:

$$R : \Delta \times Z \to \mathbf{R}.$$ (16)

R heißt *Risikofunktion*.

Vorausgesetzt wird dabei, daß die Existenz und die Berechnungsmöglichkeit des Erwartungswertes gegeben sind.

Damit kann man Δ als „neuen" Aktionenraum und R als „neue" Schadensfunktion auffassen und z.B. die betrachteten Entscheidungsregeln anwenden.

2.4 Beispiel:

Bei den oben angegebenen Entscheidungsfunktionen δ_1 und δ_2 erhält man folgende Werte der Risikofunktion.

1. $p \leq 0.01$:

$$
\begin{aligned}
R(\delta_1, p) &= 0 \cdot P(S_{\delta_1,p} = 0) + 200 \cdot P(S_{\delta_1,p} = 200) \\
&= 200 \cdot (1 - (1-p)^{100}) \\
&= 200 - 200 \cdot (1-p)^{100} \\
R(\delta_2, p) &= 200 \sum_{k=3}^{100} \binom{100}{k} p^k (1-p)^{100-k} \\
&= 200 - 200 \sum_{k=0}^{2} \binom{100}{k} p^k (1-p)^{100-k}
\end{aligned}
$$ (17)

2. $p > 0.01$:

$$
\begin{aligned}
R(\delta_1, p) &= 5000 \cdot P(\delta_1 = 1) + 0 \cdot P(\delta_1 = 0) \\
&= 5000 \cdot (1-p)^{100} \\
R(\delta_2, p) &= 5000 \cdot \sum_{k=0}^{2} \binom{100}{k} p^k (1-p)^{100-k}
\end{aligned}
$$ (18)

Ein Vergleich zeigt, daß

$$R(\delta_2, p) < R(\delta_1, p) \quad \text{für alle} \quad 0 < p \leq 0.01 \tag{19}$$

und

$$R(\delta_2, p) > R(\delta_1, p) \quad \text{für alle} \quad 0.01 < p < 1 \tag{20}$$

gilt.

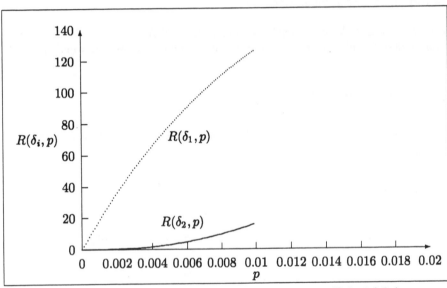

Abbildung 2.2: Risikofunktionen für $p \leq 0.01$ aus Beispiel 2.4.

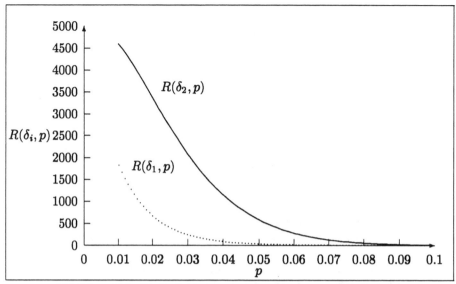

Abbildung 2.3: Risikofunktionen für $p > 0.01$ aus Beispiel 2.4.

Übungsaufgaben zu § 2

Übungsaufgabe 2.1:

Gegeben sei das folgende *statistische Entscheidungsproblem*:

Der Parameterraum sei $\Gamma = \{\gamma_1, \gamma_2\}$, der Informationsraum sei $\mathcal{I} = \{0, 1\}$, mit:

$P_{\gamma_1}(0) = 0.5$, $P_{\gamma_2}(1) = 0.75$,

der Aktionenraum sei $A = \{d_1, d_2\}$, und die Schadensfunktion S sei gegeben durch:

	γ_1	γ_2
d_1	0	3
d_2	2	1

(a) Geben Sie alle möglichen Entscheidungsfunktionen δ an.

(b) Bestimmen Sie die Risikofunktion R.

(c) Welche Entscheidungsfunktion wird gewählt bei Anwendung des

- Minimax-Prinzips
- Minimin-Prinzips
- Hurwicz-Prinzips mit Optimismusparameter $\lambda = 0.5$?

(d) Kann man eine Entscheidungsfunktion von vorneherein ausschließen?

Übungsaufgabe 2.2:

Eine Fluggesellschaft will eine neue Flugverbindung zwischen A und B einrichten. Eine Umfrage bei Reisenden, die diese Strecke bisher mit dem Zug gefahren sind, kann hohe (1) oder niedrige (0) Bereitschaft zum Wechsel auf das Flugzeug signalisieren. Es gelte $P_{\gamma_1}(0) = 0.25$, $P_{\gamma_2}(0) = 0.7$, wobei γ_1 eine hohe und γ_2 eine niedrige Aufnahmebereitschaft des Marktes kennzeichnet. Es ist nun zu entscheiden, ob kleine Flugzeuge (d_1), Großraumflugzeuge (d_2) oder keine Flugzeuge (d_3) eingesetzt werden sollen. Die verwendete Schadensfunktion lautet:

S	γ_1	γ_2
d_1	1	2
d_2	0	3
d_3	5	0

Es stehen 3 Entscheidungsfunktionen zur Auswahl:

$$\delta_1(0) = d_3, \ \delta_2(0) = d_3, \ \delta_3(0) = d_1,$$

$$\delta_1(1) = d_1, \ \delta_2(1) = d_2, \ \delta_3(1) = d_2.$$

Man bestimme die Bayessche Entscheidungsfunktion bzgl. folgender a-priori-Verteilungen für γ : $(0.1, 0.9)$, $(\frac{7}{12}, \frac{5}{12})$, $(0.8, 0.2)$.

Übungsaufgabe 2.3:

Diese Aufgabe dient als Test für eine bevorstehende Statistik-Klausur im Februar. Man weiß aufgrund langjähriger Erfahrung, daß 50% (10%) derjenigen mit ausreichenden (schlechten) Statistik-Kenntnissen die Aufgabe lösen können. Für die Weihnachtsferien und für die darauffolgenden Wochen haben Sie drei Alternativen für Ihre Zeitplanung

(d_1) Statistik lernen,

(d_2) Skifahren und lernen,

(d_3) Skifahren und nicht lernen.

Ihr Schaden wird durch folgende Funktion repräsentiert:

(γ_1: Sie haben tatsächlich schlechte Statistik-Kenntnisse,

γ_2: Sie haben ausreichende Statistik-Kenntnisse.)

	γ_1	γ_2
d_1	1	0
d_2	2	0.5
d_3	3	1.5

Welche Entscheidungsfunktionen würden Sie als sinnvoll betrachten?

Wie wird in den kommenden Wochen Ihre Freizeitplanung aussehen?

Verwenden Sie bei Ihrer Entscheidung verschiedene Ihnen bekannte Entscheidungsprinzipien.

Stellen Sie Ihre eigene Schadensfunktion für Ihre persönliche Freizeitplanung auf.

Übungsaufgabe 2.4:

Herr Neureich hat 100 000 DM in Aktien angelegt und verfolgt aufmerksam die Prognosen der Zeitung. Die Zeitung kann steigende ($X = 1$), fallende ($X = -1$) und gleichbleibende ($X = 0$) Kurse voraussagen. Die Möglichkeiten an der Börse sind:

$\gamma_1 =$ Kurse steigen, $\gamma_2 =$ Kurse fallen, $\gamma_3 =$ Kurse bleiben gleich.

Es sei

$$P_{\gamma_1}(1) = 0.6, \quad P_{\gamma_1}(-1) = 0.1,$$
$$P_{\gamma_2}(1) = 0.2, \quad P_{\gamma_2}(0) = 0.3,$$
$$P_{\gamma_3}(-1) = 0.3, \quad P_{\gamma_3}(0) = 0.3.$$

Herr Neureich habe folgende Entscheidungsmöglichkeiten:

d_1 =   neue Aktien dazukaufen
d_2 =   alte Aktien zu verkaufen

Mögliche Entscheidungsfunktionen seien:

$$\delta_1(1) = d_1, \quad \delta_1(-1) = d_2, \quad \delta_1(0) = d_1,$$
$$\delta_2(1) = d_1, \quad \delta_2(-1) = d_2, \quad \delta_2(0) = d_2$$

Seinen Schaden gibt Herr Neureich folgendermaßen an:

S	γ_1	γ_2	γ_3
d_1	0	3	2
d_2	3	0	1

Bestimmen Sie

(a) die Risikofunktionen,

(b) die Minimax-Entscheidungsfunktion bzgl. der Risikofunktionen,

(c) die Bayes-Entscheidungsfunktion bzgl. der Risikofunktionen, wenn folgende a-priori-Verteilung auf Γ gegeben ist:

$$P(\gamma_1) = 0.3, \quad P(\gamma_2) = 0.5.$$

3   Grundannahmen der Statistik

In der schließenden Statistik erhalten wir wie in dem Beispiel der Warenpartie die Information durch die Auswertung einer Stichprobe. Damit ist die Menge aller möglichen Informationen („Signale") gegeben durch die Menge aller möglichen Stichprobenergebnisse.

Stichproben (mit Zurücklegen) haben wir beschrieben als Wiederholungen eines Experiments, dessen Ausgang wir mittels eines Meßwertes beobachten. Das Experiment besteht damit letztlich aus einer Zufallsvariable auf einem Wahrscheinlichkeitsraum. Damit unterstellen wir, daß der relevante Umweltzustand mit diesem Experiment zusammenhängt. In der schließenden Statistik nimmt man an, daß der Zusammenhang zwischen dem relevanten Umweltzustand und der Zufallsvariable umkehrbar eindeutig ist.

3.1   1. Grundannahme der Statistik

Der für die Entscheidung wesentliche Umweltzustand kann durch eine Zufallsvariable Y beschrieben werden.

3.2   Beispiel

Bei der Warenpartie ist der relevante Umweltzustand der Ausschußanteil p. Betrachtet man die zufällige Entnahme einer Wareneinheit ω der Partie und setzt:

$$Y(\omega) \;=\; \begin{cases} 1 & \omega \text{ gut} \\ 0 & \omega \text{ schlecht,} \end{cases} \tag{1}$$

so ist Y Bernoulli-verteilt mit Parameter p:

$$P(Y = 0) = p, \quad P(Y = 1) = 1 - p. \tag{2}$$

Damit können wir statt dem Ausschußanteil p auch die Zufallsvariable Y als den relevanten Umweltzustand betrachten. Von der Zufallsvariable Y wissen wir jetzt, daß sie Bernoulli-verteilt ist, aber den Parameter p kennen wir nicht.

Nicht bei allen Anwendungsfällen ist die Situation so klar wie hier, wo der Typ der Verteilung – nämlich Bernoulli-Verteilung – sich durch die Fragestellung ergibt. Weniger offensichtlich ist die Klasse der Verteilung in folgendem Beispiel:

3.3 Beispiel[1](„Abfüllmaschine")

Auf einer Abfüllmaschine werden Halbliterflaschen mit Bier gefüllt. Die Füllmenge ist nicht bei allen Flaschen exakt gleich, es treten sowohl Unter- wie auch Überschreitungen des Sollwertes von 0.5 l auf. Zur Kontrolle wird der Produktion eines bestimmten Zeitabschnittes eine Stichprobe vom Umfang $n = 300$ Flaschen entnommen und die Füllmenge nachgemessen. Es sollen für die Grundgesamtheit die mittlere Füllmenge, ihre Streuung sowie die anteilsmäßige Verteilung verschiedener Füllmengen beurteilt werden. Das Ergebnis der Messungen ist in der folgenden Tabelle 3.1 angegeben und in der Abbildung 3.1 dargestellt:

Füllmenge (in cm^3)		i	h_i	$100p_i$	Füllmenge (in cm^3)		i	h_i	$100p_i$
495	bis unter 496		1	0.33	510	bis unter 511	16	25	8.33
496	" 497	2	0	0	511	" 512	17	22	7.33
497	" 498	3	1	0.33	512	" 513	18	22	7.33
498	" 499	4	2	0.67	513	" 514	19	19	6.33
499	" 500	5	1	0.33	514	" 515	20	16	5.33
500	" 501	6	3	1.00	515	" 516	21	12	4.00
501	" 502	7	6	2.00	516	" 517	22	10	3.33
502	" 503	8	8	2.67	517	" 518	23	8	2.67
503	" 504	9	10	3.33	518	" 519	24	7	2.33
504	" 505	10	13	4.33	519	" 520	25	3	1.00
505	" 506	11	15	5.00	520	" 521	26	4	1.33
506	" 507	12	19	6.33	521	" 522	27	2	0.67
507	" 508	13	21	7.00	522	" 523	28	1	0.33
508	" 509	14	23	7.67	523	" 524	29	1	0.33
509	" 510	15	24	8.00	524	" 525	30	1	0.33
	$\sum_1$		147			$\sum_2$		153	
						$\sum_1 + \sum_2$		300	

h_i :   absolute Häufigkeit von Beobachtungen in Klasse i

$p_i = \frac{h_i}{n}$:   relative Häufigkeit von Beobachtungen in Klasse i

$n = 300$:   Stichprobenumfang (Gesamtzahl der Beobachtungen)

Tabelle 3.1: Klassenhäufigkeiten der Füllmengen.

Als Grundgesamtheit kann man hier alle bisher abgefüllten Flaschen auffassen, es geht aber eigentlich um die Fähigkeit der Maschine, die Flaschen richtig abzufüllen. Diese Fähigkeit manifestiert sich in dem Füllmaß bisher und in Zukunft abgefüllter Flaschen. Die relevante Grundgesamtheit ist also die Menge aller - bisher und in Zukunft- auf der Maschine abgefüllten und noch abzufüllenden Flaschen. Da damit die zahlenmäßige Größe der Grundgesamtheit unbekannt, aber sicherlich sehr groß ist, ist eine Idealisierung in der Art sinnvoll, daß man von einer unendlichen Grundgesamtheit ausgeht und eine stetige Verteilung für

---

[1]Das folgende Zahlenbeispiel wurde mit freundlicher Genehmigung der Autoren dem Manuskript Goldstein/Steinmetz entnommen.

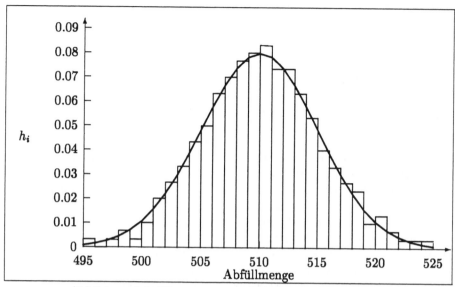

Abbildung 3.1: Histogramm und Dichte zu Tabelle 3.1.

die Füllmenge verwendet. Aufgrund der Gestalt des Histogramms der Stichprobe und des zentralen Grenzwertsatzes liegt es nahe, eine Normalverteilung für die Füllmenge zu verwenden. Ausgangspunkt der weiteren Untersuchungen ist dann, daß die Maschine die Flaschen abfüllt gemäß einer Normalverteilung, deren Parameter μ und σ^2 wir nicht kennen. Anders ausgedrückt: die Füllmenge einer zufällig herausgegriffenen Flasche ist eine Zufallsvariable Y, normalverteilt mit (unbekannten) Parametern μ und σ^2.

3.4   2. Grundannahme der Statistik

Sei Y die Zufallsvariable, die den Umweltzustand beschreibt. Es kann eine Klasse von Wahrscheinlichkeitsverteilungen angegeben werden, der die (in der Regel unbekannte) Wahrscheinlichkeitsverteilung von Y angehört.

Diese Annahme (man spricht auch von der *Verteilungsannahme*) ist zunächst sicherlich nicht sehr einschränkend, man kann ja als Verteilungsannahme die Klasse aller Verteilungen wählen. Da aber jeder Umweltzustand, der theoretisch möglich ist, einer Zufallsvariable und damit einer Wahrscheinlichkeitsverteilung aus der Verteilungsannahme entspricht, kommt es entscheidend darauf an, die Verteilungsannahme nicht umfangreicher als notwendig auszuwählen. Sei also

W die Klasse der Wahrscheinlichkeitsverteilungen der Verteilungsannahme, so sollte W genau die Verteilungen enthalten, die zu Zufallsvariablen gehören, die einem Zustand aus dem Zustandsraum entsprechen, die also zur Beschreibung des wahren Umweltzustandes in Frage kommen.

Im Beispiel der Warenpartie ist dies mit der Klasse der Bernoulli-Verteilungen sehr gut gelungen, denn zu jedem theoretisch möglichen Ausschußanteil p gibt es genau eine Bernoulli-Verteilung mit Parameter p und umgekehrt.

Im Beispiel der Abfüllmaschine haben wir die Klasse der Normalverteilungen gewählt. Dies ist bei weitem weniger offenkundig und auch weniger offensichtlich gesichert (obwohl das Histogramm und der zentrale Grenzwertsatz nahelegen, daß diese Verteilungsannahme zumindest näherungsweise erfüllt ist.) Die Wahl der „richtigen" Verteilungsannahme ist einer der entscheidenden Punkte der schließenden Statistik. Die Schlußfolgerungen, die man ziehen kann, sind umso besser, je kleiner, also genauer spezifiziert, die Verteilungsannahme, also die Klasse der in Frage kommenden Wahrscheinlichkeitsverteilungen ist. Ist sie aber zu eng gewählt, so daß die wahre Verteilung ihr nicht – auch nicht näherungsweise – angehört, so ist die Schlußfolgerung in aller Regel falsch. Außerdem kann man sich hier dazu verleiten lassen, die Verteilungsannahme so zu wählen, daß man das – vielleicht nur intuitiv – gewünschte Resultat als Ergebnis der statistischen Untersuchung erhält. Die Verteilungsannahme bietet damit also auch die Möglichkeit der Manipulation.

Andererseits kann man die Überprüfung der Verteilungsannahme selbst zum Gegenstand einer statistischen Untersuchung machen. Nach dem Hauptsatz der Statistik muß die empirische Verteilungsfunktion der Stichprobe bei hinreichend großem Stichprobenumfang gut mit der theoretischen Verteilungsfunktion übereinstimmen. Dies ist der Ausgangspunkt bei den sogenannten Anpassungstests.[2] Eine weitere Möglichkeit, den Einfluß der Verteilungsannahme auf das Ergebnis zu untersuchen, besteht darin, festzustellen, wie das Ergebnis bei einer Änderung der Verteilungsannahme variiert („Robustheitsuntersuchung", vgl. Huber, Robust Statistics, 1981).

In den beiden betrachteten Beispielen ist die Verteilungsannahme so festgelegt, daß der Typ der Verteilung (Bernoulli- bzw. Normalverteilung) spezifiziert ist, der (die) Parameter der Verteilung aber unbekannt (nicht festgelegt) ist (sind). Man nennt dies eine *parametrische Verteilungsannahme*.

---

[2] Einen anderen Ansatz benutzt der χ^2-Anpassungstest, vgl. z.B. Bamberg/Baur (1993) S. 199f.

3.5 Bezeichnung

Sei W eine Verteilungsannahme. Gibt es eine Teilmenge $\Gamma \subset \mathbf{R}^k$ mit der Eigenschaft, daß sich W darstellen läßt als

$$W = \{P_\gamma \mid \gamma \in \Gamma\}, \tag{3}$$

wobei P_γ für jedes γ eine Wahrscheinlichkeitsverteilung in W ist, so heißt W *parametrische Verteilungsannahme mit Parameterraum* Γ. Dabei wird vorausgesetzt, daß $P_\gamma \neq P_{\gamma'}$ für $\gamma \neq \gamma'$ ist, daß also die Beziehung zwischen W und Γ umkehrbar eindeutig ist.

Ist W nicht in dieser Weise darstellbar, so spricht man von einer *nichtparametrischen Verteilungsannahme* oder von einer *verteilungsfreien Betrachtung*[3]. Insbesondere ist hierbei an umfangreiche Verteilungsannahmen gedacht, wie z.B. die Menge aller stetigen Verteilungen, die Menge aller stetigen symmetrischen Verteilungen o.ä. Eine Darstellung nichtparametrischer Verfahren der Statistik gibt zum Beispiel Büning/Trenkler (1994).

Damit erhält man zunächst bei statistischen Fragestellungen die folgenden Bestandteile eines Entscheidungsmodells: Als Zustandsraum dient die Verteilungsannahme W, d.h. die Menge der möglichen Verteilungen. Der vorliegende Umweltzustand ist damit die wahre, nicht bekannte Verteilung der Zufallsvariablen. Der Aktionenraum A besteht direkt oder indirekt aus Entscheidungen über die in W zusammengefaßten Verteilungen. Als Schadensfunktion muß man eine Abbildung

$$S : A \times W \to \mathbf{R} \tag{4}$$

festlegen.

3.6 Beispiel

1. Beim Beispiel aus der Qualitätskontrolle hat man über Annahme oder Ablehnung der Partie zu entscheiden. Implizit bedeutet dies letztlich, daß man entscheidet, ob der Ausschußanteil größer ist als eine vorgegebene Toleranzschranke oder nicht, d.h. also, daß man eine Entscheidung über den Parameter der Bernoulli-Verteilung und damit über diese selbst trifft:

$$W = \{X : \Omega \to \{0,1\} \mid P(X = 0) = p, P(X = 1) = 1 - p, 0 \leq p \leq 1\} \tag{5}$$

---

[3]Statt verteilungsfrei wäre die Bezeichnung „frei von einem Verteilungstyp" weniger irreführend, dafür aber zu umständlich.

Zu vorgegebenem $p_0 \in [0,1]$ sei $A = \{d_0, d_1\}$, wobei die Entscheidung $d_0 =$ Annahme getroffen wird bei der Einschätzung $p \leq p_0$, man entscheidet sich also letztlich für $p \leq p_0$, und für $d_1 =$ Ablehnung oder $p > p_0$ im anderen Fall. Eine mögliche Schadensfunktion wurde in Beispiel 1.7 angegeben.

2. Abfüllbeispiel:

Akzeptieren wir in Beispiel 3.3 die Normalverteilung als Verteilungsfunktion für die abgefüllte Menge, wozu -wie gesehen- gute Gründe vorliegen, so gibt es zwei Parameter, nämlich Mittelwert und Varianz. Angenommen die Varianz sei bekannt, so ist die zugrundeliegende Verteilung durch den Mittelwert festgelegt:

$$W = \{N(\mu, \sigma^2) \mid \mu \in \mathbf{R}\} \tag{6}$$

Die Aufgabe bestehe nun darin, eine Vermutung oder Schätzung über den Mittelwert zu treffen. Damit kann man als Aktionenraum die Menge der möglichen Mittelwerte festlegen:

$$A = \mathbf{R} \quad^4 \tag{7}$$

Zur Bewertung der Entscheidung in Beispiel 3.6 2. könnte man etwa die sogenannte quadratische Schadensfunktion[5] zugrundelegen

$$S(\hat{\mu}, N(\mu, \sigma^2)) = (\hat{\mu} - \mu)^2 \quad \text{für alle } \mu, \hat{\mu} \in \mathbf{R}. \tag{8}$$

Bezüglich der Minimaxregel sind dann alle Entscheidungen äquivalent:

$$\sup_{N(\mu, \sigma^2) \in W} S(\hat{\mu}, N(\mu, \sigma^2)) = \sup_{\mu \in \mathbf{R}} (\hat{\mu} - \mu)^2 = +\infty. \tag{9}$$

Damit zeigt sich, daß die Minimaxregel nichts zur Lösung des Problems beiträgt.

Diese Situation wird häufig vorkommen, wenn keine Information über den wahren Zustand, d.h. also die Verteilung, vorliegt. Bei den Beispielen hat man jedoch die Möglichkeit, mittels Stichproben Information zu gewinnen. Das Entscheidungsmodell, das zugrundegelegt wird, muß demnach so konstruiert werden, daß diese Stichprobeninformation enthalten ist.

---

[4]Natürlich sind nicht alle reellen Zahlen sinnvoll. beispielsweise scheiden alle negativen Zahlen zwangsläufig aus.

[5]Die „richtige" Schadensfunktion hängt natürlich davon ab, welche Maßnahmen man aufgrund des Schätzwerts ergreift.

Entnimmt man zum Beispiel bei der Qualitätskontrolle n Teile und stellt fest, ob diese gut oder schlecht sind, so kann man den Ausschußanteil der Stichprobe feststellen. Die Entscheidung über den Ausschußanteil der Gesamtpartie hängt dann vom Ausschußanteil der Stichprobe ab.

Machen wir nun allgemein n Beobachtungen der Zufallsvariable Y:

$$x_1, \ldots, x_n, \quad x_i \ \text{i-te Beobachtung,} \tag{10}$$

so können wir

$$(x_1, \ldots, x_n) \tag{11}$$

als Realisation eines Zufallsvektors

$$(X_1, \ldots, X_n) \tag{12}$$

auffassen. Wenn jetzt aus den Beobachtungen $x_1, \ldots, x_n$ auf die Verteilung von Y geschlossen werden soll, dann muß natürlich bekannt sein, wie sich die gemeinsame Wahrscheinlichkeitsverteilung des Vektors $(X_1, \ldots, X_n)$ aus der Verteilung von Y ergibt.

3.7   3. Grundannahme der Statistik

W sei eine Verteilungsannahme. Es wird angenommen, daß Realisationen $x_1, \ldots, x_n$ von Zufallsvariablen $X_1, \ldots, X_n$ beobachtet werden können, deren gemeinsame Wahrscheinlichkeitsverteilung von der Verteilung der Zufallsvariablen Y_z des wahren Zustands in vollständig bekannter Weise abhängt.

3.8   Bezeichnung

Man bezeichnet den Vektor $(X_1, \ldots, X_n)$ als *Stichprobe vom Umfang n zu Y* und $(x_1, \ldots, x_n)$ als eine *Stichprobenrealisation*.

Im folgenden werden wir nur parametrische Verteilungsannahmen und Stichproben mit Zurücklegen betrachten. Bei einfachen Stichproben mit Zurücklegen ist der Zusammenhang zwischen der Verteilung von $X = (X_1, \ldots, X_n)$ und Y besonders einfach. Wie wir bei der Behandlung der n-fachen unabhängigen

Wiederholung eines Experiments im Rahmen der Wahrscheinlichkeitstheorie gesehen haben[6] , sind in diesem Fall $X_1, \ldots, X_n$ unabhängig und jede von ihnen hat dieselbe Verteilungsfunktion wie Y. Damit gilt

$$F_X^{(n)}(x_1, \ldots, x_n) = \prod_{i=1}^{n} F_Y(x_i). \tag{13}$$

Daraus folgt für diskretes Y:

$$P^{(n)}(X = x) = \prod_{i=1}^{n} P(Y = x_i) \tag{14}$$

und für stetiges Y:

$$f_X^{(n)}(x_1, \ldots, x_n) = \prod_{i=1}^{n} f_Y(x_i). \tag{15}$$

Bei einer parametrischen Verteilungsannahme ist F_Y durch den Typ und den (wahren aber unbekannten) Parameter γ festgelegt. Damit ergibt sich auch F_X aus dem Typ der Verteilung und dem Parameter γ.

Dies bedeutet, daß wir jetzt die drei Hauptbereiche der univariaten schließenden Statistik wie folgt präzisieren können (vgl. Einführung).

1. Parameterpunktschätzungen (vgl. § 5 und § 6):

   Aus der Stichprobenrealisation $(x_1, \ldots, x_n)$ ist ein Schätzwert für den Parameter[7] γ der Verteilung des wahren Umweltzustands zu ermitteln. Gesucht ist also eine „optimale Schätzfunktion"

   $$\delta : \mathcal{X} \to \Gamma \tag{16}$$

   mit

   $\delta(x_1, \ldots, x_n)$: *Schätzwert für den wahren Parameter* bei der Stichprobenrealisation $(x_1, \ldots, x_n)$,

   $\mathcal{X}$ sei dabei die Menge aller möglichen Stichprobenrealisationen, der *Stichprobenraum*.

---

[6]Vgl. Wahrscheinlichkeitstheorie, § 11.

[7]In manchen Fällen ist auch ein Funktionswert $\vartheta(\gamma)$ von γ zu schätzen. Interessiert beispielsweise von den Parametern μ und σ^2 der Normalverteilung nur einer der beiden Parameterwerte, nämlich der Mittelwert, dann ist $\vartheta(\mu, \sigma^2) = \mu$.

2. Parameterbereichsschätzungen (vgl. § 7):

Abhängig von der Stichprobenrealisation $(x_1, \ldots, x_n)$ ist eine Teilmenge, ein „Bereich", des Parameterraums Γ anzugeben. Gesucht ist also eine Funktion $\delta : \mathcal{X} \to P(\Gamma)$ mit

$\delta(x_1, \ldots, x_n)$: *geschätzter Bereich für den wahren Parameter.*

Üblicherweise wird bei einparametrigen Verteilungsannahmen $(\Gamma \subset \mathbf{R})$ als geschätzter Bereich ein Intervall gefordert werden, so daß $\delta(x_1, \ldots, x_n)$ durch die untere $(\delta_1(x))$ und obere Intervallgrenze $(\delta_2(x))$ beschrieben werden kann.

Bei *Konfidenz-* und *Vertrauensintervallen* fordert man von dem Intervall $[\delta_1(x), \delta_2(x)]$, daß es den wahren Parameterwert mit vorgegebener Wahrscheinlichkeit überdeckt. Die zufälligen, da von dem Stichprobenergebnis abhängigen Intervallgrenzen sind so anzugeben, daß

$$P(\delta_1(X) \leq \gamma \leq \delta_2(X)) = \alpha \tag{17}$$

ist, wobei γ der wahre Parameter und X der Zufallsvektor der Stichprobe sei, α die vorgegebene Überdeckungswahrscheinlichkeit. Um Eindeutigkeit zu erreichen, sind in der Regel noch weitere Eigenschaften festzulegen (vgl. § 7).

3. Tests (vgl. § 8):

Wie in der Einführung geht es bei Tests um die Entscheidung zwischen zwei Alternativen, also sich gegenseitig ausschließenden, aber vollständig ergänzenden Möglichkeiten („Hypothesen"). Beide Hypothesen hängen – als Aussagen über den Umweltzustand – mittelbar oder unmittelbar mit dem Parameter zusammen. Damit entspricht die Hypothesenbildung einer Aufteilung des Parameterraums in zwei disjunkte Teilmengen:

$$\Gamma = \Gamma_0 \cup \Gamma_1, \quad \Gamma_0 \cap \Gamma_1 = \emptyset, \quad \Gamma_0, \Gamma_1 \neq \emptyset. \tag{18}$$

Die Hypothesen lauten dann:

$$
\begin{aligned}
H_0 &: \quad \gamma \in \Gamma_0 \quad (\text{„Nullhypothese"}) \\
H_1 &: \quad \gamma \in \Gamma_1 \quad (\text{„Gegenhypothese"}).
\end{aligned}
\tag{19}
$$

Gesucht wird eine Entscheidungsfunktion

$$\delta : \mathcal{X} \to \{d_0, d_1\}, \tag{20}$$

wobei

$$d_0 \quad : \quad H_0 \quad (\gamma \in \Gamma_0) \quad \text{wird als richtig betrachtet} \tag{21}$$
$$d_1 \quad : \quad H_1 \quad (\gamma \in \Gamma_1) \quad \text{wird als richtig betrachtet}$$

bezeichne. Die Entscheidungsfunktion gibt damit an, für welche Hypothese man sich beim Vorliegen des Stichprobenergebnisses $(x_1, \ldots, x_n)$ entscheidet.

Bei allen drei Aufgabengebieten hängt die Entscheidung vom Stichprobenergebnis ab. Bei der Suche nach einer „richtigen" oder „optimalen" Entscheidungsfunktion ist es daher sinnvoll, sich zunächst Gedanken zu machen, wie das Stichprobenergebnis bestmöglich ausgewertet werden kann. Dies wird im nächsten Paragraphen behandelt.

Zuvor fassen wir die Entscheidungssituationen der schließenden Statistik noch einmal zusammen:

- Zustandsraum ist der Parameterraum Γ.

- Aktionenraum ist die Menge der möglichen Entscheidungen, wie sie etwa in den drei Aufgabengebieten angegeben wurden.

- $S : A \times \Gamma \to \mathbf{R}$ sei die ermittelte Schadensfunktion des Problems.

- $\mathcal{X}$ sei der Stichprobenraum, d.h. die Menge der möglichen Stichprobenergebnisse.

Aus der Menge Δ der Entscheidungsfunktionen

$$\delta : \mathcal{X} \to A \tag{22}$$

ist eine für den individuellen Gebrauch unter Berücksichtigung der Schadensfunktion am besten geeignete herauszufinden.

Da man das Ergebnis der Stichprobe als Information betrachten kann, handelt es sich um eine Entscheidungssituation bei Information, und man kann analog zu § 2 das Erwartungswertprinzip benutzen, also die Risikofunktion bilden. Zu $\delta \in \Delta$ sei

$$R(\delta, \gamma) = E(S(\delta(X), \gamma)). \tag{23}$$

Man erhält dann eine Entscheidungssituation

$$(\Delta, \Gamma, R) \tag{24}$$

ganz analog zu § 2.

3.9   Bemerkung

Die Menge der möglichen Stichprobenrealisationen kann vom Parameter der Zufallsvariable abhängen (vgl. Beispiel 8.3). In diesem Fall ist der Stichprobenraum als Zusammenfassung aller bei Variation des Parameter möglichen Stichprobenrealisationen zu wählen

4 Stichprobenfunktionen (Statistiken)

Entscheidungen werden in der schließenden Statistik wie gesehen in Abhängigkeit vom Stichprobenergebnis getroffen. Man benutzt also Entscheidungsfunktionen, definiert auf der Menge $\mathcal{X}$ aller möglichen Stichprobenergebnisse, dem Stichprobenraum. Da bei großem n $\mathcal{X}$ als Teilmenge des $\mathbf{R}^n$ [1] sehr umfangreich ist, ist damit auch die Menge der Entscheidungsfunktionen sehr groß, die zunächst auch alle zur Diskussion stehen. Sicherlich sind aber viele von diesen nicht sinnvoll, da sie die Information über den Umweltzustand nicht oder nicht ausreichend verwerten. Man ist also daran interessiert, zunächst die relevanten Entscheidungsfunktionen herauszufiltern. Ein erfolgversprechender Weg dazu besteht darin, das Stichprobenergebnis mit den Methoden der deskriptiven Statistik auszuwerten, also z.B. die Werte zu ordnen, Häufigkeiten festzustellen, vor allem aber Kenngrößen wie arithmetisches Mittel, Spannweite, Varianz, etc. zu bestimmen.

4.1 Beispiel

In der Kontrollsituation in Beispiel 2.1 wurde genau dies intuitiv schon als sinnvoll angesehen und durchgeführt. Das Ergebnis bei einer Stichprobenkontrolle der Warenpartie ist ja ein Vektor $(x_1, \ldots, x_n)$ mit $x_i = 0$, falls die i-te Stichprobeneinheit gut und $x_i = 1$, falls sie schlecht ist[2]. Ausgegangen sind wir bei den Entscheidungsfunktionen δ_1 und δ_2 aber von der Anzahl $k = \sum_{i=1}^{n} x_i$ der schlechten Teile, da wir darin die relevante Information der Stichprobe über den Ausschußanteil gesehen haben. Das Stichprobenergebnis $(x_1, \ldots, x_n)$ wurde also zunächst durch die Funktion

$$T(x_1, \ldots, x_n) = \sum_{i=1}^{n} x_i \tag{1}$$

ausgewertet.

---

[1] Bei qualitativen Merkmalen ist dann zunächst eine Codierung erforderlich (vgl. Beispiel 3.2).
[2] Natürlich kann man die Codierung 0="gut" und 1="schlecht" auch vertauschen.

4.2 Definition

Eine Funktion $T : \mathcal{X} \to \mathbf{R}^k$, $\mathcal{X}$ Stichprobenraum einer Stichprobe $X_1, \ldots, X_n$, heißt *Stichprobenfunktion* oder *Statistik*, falls T $\mathcal{L}^n\text{-}\mathcal{L}^k$-meßbar ist.[3]

Natürlich wird man versuchen, die Dimension k der „Auswertungsergebnisse" bei T gegenüber der Dimension n des Stichprobenraums möglichst stark zu reduzieren, „optimal" wäre also $k = 1$, andererseits darf aber bei der Auswertung keine relevante Information verlorengehen.

4.3 Beispiele für Stichprobenfunktionen

1. $T(x_1, \ldots, x_n) = x_i$ für $i \in \{1, \ldots, n\}$.

   Da nur das i-te Stichprobenergebnis benutzt wird, bewahrt T sicherlich nur in extremen Ausnahmefällen die gesamte Information.

2. $T(x_1, \ldots, x_n) = (x_{(1)}, \ldots, x_{(n)})$, wobei – wie in der deskriptiven Statistik – $x_{(1)}, \ldots, x_{(n)}$ die geordnete Liste aus $x_1, \ldots, x_n$ sei. T heißt *Ordnungsstatistik* und erhält alle Information, da bei identischen Bedingungen die Reihenfolge der Ergebnisse keine Bedeutung hat. Andererseits wird bei T die Dimension nicht reduziert.

3. $T(x_1, \ldots, x_n) = x_z$, x_z Zentralwert von $x_1, \ldots, x_n$. $T(x_1, \ldots, x_n)$ heißt *Stichprobenmedian (-zentralwert)*.

4. $T(x_1, \ldots, x_n) = \frac{1}{n} \sum\limits_{i=1}^{n} x_i$, $T(x_1, \ldots, x_n) = \bar{x}$ heißt *Stichprobenmittelwert*.

5. $T(x_1, \ldots, x_n) = \frac{1}{n} \sum\limits_{i=1}^{n} (x_i - \bar{x})^2$, $\bar{x} = $ Stichprobenmittelwert, heißt *Stichprobenvarianz* und wird mit $S^2(x)$ bezeichnet.

6. $T(x_1, \ldots, x_n) = \frac{1}{n-1} \sum\limits_{i=1}^{n} (x_i - \bar{x})^2$, heißt *korrigierte Stichprobenvarianz*.
   Die Bezeichnung für die korrigierte Stichprobenvarianz ist im folgenden $S^{*2}(x)$.

$T(x_1, \ldots, x_n)$ gibt also jeweils das Resultat bei der Auswertung des Stichprobenergebnisses $x = (x_1, \ldots, x_n)$ durch die Stichprobenfunktion T an. Wenden wir die Stichprobenfunktion auf den Stichprobenvektor $X = (X_1, \ldots, X_n)$ an (Genauer bedeutet dies, daß wir die Abbildungen $X = (X_1, \ldots, X_n)$ und T

---

[3]Diese Meßbarkeit ist bei allen im folgenden betrachteten Stichprobenfunktionen gegeben, so daß wir nicht näher darauf eingehen werden.

hintereinanderausführen.), so erhalten wir eine Zufallsvariable, in der üblichen Schreibweise $T(X) = T(X_1, \ldots, X_n)$. Es ist also zu unterscheiden zwischen $T(x)$ als Auswertungsergebnis bei der Realisation $x = (x_1, \ldots, x_n)$ des Stichproben-vektors $X = (X_1, \ldots, X_n)$ und der Zufallsvariablen $T(X)$.

Bei den Beispielen 3.-6. (Die Liste der Beispiele kann natürlich noch ergänzt werden: Übungsaufgabe.) ist nicht mehr offensichtlich, daß die Information der Stichprobe erhalten bleibt, und vermutlich auch nicht in allen Fällen richtig. (Dafür ist die Dimension aber soweit reduziert, wie es überhaupt möglich ist.)

Wie können wir feststellen, ob eine Stichprobenfunktion T alle für das Entschei-dungsproblem relevante Information erhält?

Betrachten wir zunächst das oben angeführte Beispiel der Qualitätskontrolle:

4.4 Beispiel

Wie erwähnt, ist intuitiv klar, daß die Anzahl der schlechten Teile in einer Stichprobe die relevante Information über den Ausschußanteil ist. Dies bedeutet, daß zwei Stichprobenergebnisse

$$x = (x_1, \ldots, x_n) \quad \text{und} \quad x' = (x'_1, \ldots, x'_n) \tag{2}$$

mit übereinstimmender Anzahl schlechter Teile $(T(x) = \sum_{i=1}^{n} x_i = \sum_{i=1}^{n} x'_i = T(x'))$ sich bezüglich ihrer Information über den Ausschußanteil nicht unterscheiden. Das bedeutet dann weiter, daß die Wahrscheinlichkeit für das Ergebnis x im Vergleich zur Wahrscheinlichkeit für x' nicht vom Ausschußanteil p beeinflußt wird, bzw. genauer: der Ausschußanteil p wirkt sich bei der Wahrscheinlichkeit für die Anzahl k der schlechten Teile aus, aber bei der Differenzierung zweier Stichprobenergebnisse mit übereinstimmender Anzahl k spielt er keine Rolle mehr. Dies kann man mit bedingten Wahrscheinlichkeiten formal erfassen.

$$P(X = x \mid T(X) = k) = P(X_1 = x_1, \ldots, X_n = x_n \mid \sum_{i=1}^{n} X_i = k) \quad [4]$$

$$= \frac{P(X_1 = x_1, \ldots, X_n = x_n \text{ und } \sum_{i=1}^{n} X_i = k)}{P(\sum_{i=1}^{n} X_i = k)} \tag{3}$$

$$= \begin{cases} 0 & \sum_{i=1}^{n} x_i \neq k \\[2ex] \frac{P(X_1=x_1,\ldots,X_n=x_n)}{\binom{n}{k}p^k(1-p)^{n-k}} & \sum_{i=1}^{n} x_i = k \end{cases}$$

Die Wahrscheinlichkeit ist 0, wenn die Ergebnisse $x_1,\ldots,x_n$ der Einzelprüfung der Stichprobeneinheiten nicht mit der Forderung „k schlechte Teile" vereinbar ist.

Wegen der Unabhängigkeit von $X_1,\ldots,X_n$ ist weiter

$$P(X_1 = x_1,\ldots,X_n = x_n) = P(X_1 = x_1) \cdot P(X_2 = x_2) \cdot \ldots \cdot P(X_n = x_n). \quad (4)$$

Wegen $P(X_i = 1) = p$ und $P(X_i = 0) = 1 - p$ ist

$$\prod_{i=1}^{n} P(X_i = x_i) = p^{\sum_{i=1}^{n} x_i} \cdot (1 - p)^{n - \sum_{i=1}^{n} x_i} \quad (5)$$

und daraus folgt

$$P(X = x \mid \sum_{i=1}^{n} X_i = k) = \begin{cases} 0 & \sum_{i=1}^{n} x_i \neq k \\[2ex] \frac{p^k(1-p)^{n-k}}{\binom{n}{k}p^k(1-p)^{n-k}} & \sum_{i=1}^{n} x_i = k \end{cases}$$

$$\quad (6)$$

$$= \begin{cases} 0 & \sum_{i=1}^{n} x_i \neq k \\[2ex] \frac{1}{\binom{n}{k}} & \sum_{i=1}^{n} x_i = k \end{cases}$$

Damit sieht man, daß die bedingte Wahrscheinlichkeit für ein Stichprobenergebnis unter der Bedingung, daß die Anzahl der schlechten Teile festgelegt ist, unabhängig von p ist. Genauer bedeutet das Ergebnis, daß alle Stichprobenergebnisse mit übereinstimmender Anzahl schlechter Teile gleichwahrscheinlich sind.

Analog wie im Beispiel kann man die bedingten Wahrscheinlichkeiten heranziehen, um zu überprüfen, ob eine Stichprobenfunktion die relevante Information erhält. Bei einer parametrischen Verteilungsannahme (wie im Beispiel) bezieht sich diese Information dann auf den Parameter. Stichprobenfunktionen

---

[4]Für $P(\sum_{i=1}^{n} X_i = k) \neq 0$, d.h. $k = 0$, falls $p = 0$ und $k = n$, falls $p = 1$.

mit dieser Eigenschaft heißen *suffizient* (erschöpfend)[5] für den Parameter. Da $P(T(X) = t) \neq 0$ für die bedingten Wahrscheinlichkeiten benötigt wird, beschränken wir uns in der folgenden Definition auf diskrete Situationen.

4.5   Definition

Sei Γ der Parameterraum zur Verteilungsannahme $W = \{P_\gamma \mid \gamma \in \Gamma\}$ einer diskreten Zufallsvariable Y, $X = (X_1, \ldots, X_n)$ eine einfache Stichprobe zu Y mit Stichprobenraum $\mathcal{X}$. Eine Stichprobenfunktion $T : \mathcal{X} \to \mathbf{R}^k$ heißt suffizient bzgl. $\gamma \in \Gamma$, wenn

$$P_\gamma(X = x \mid T(X) = t) \tag{7}$$

für alle $x \in \mathcal{X}$ und $t \in \mathbf{R}^k$ mit $P_\gamma(T(X) = t) \neq 0$ von γ unabhängig ist, also allein von x und t abhängt[6].

Der folgende Satz erlaubt eine leichte Überprüfung auf Suffizienz.

4.6   Faktorisierungstheorem von Neyman[7] für diskrete Zufallsvariablen

Sei Y eine diskrete Zufallsvariable mit parametrischer Verteilungsannahme $W = \{P_\gamma \mid \gamma \in \Gamma\}$, $\mathcal{X}$ der Stichprobenraum einer einfachen Stichprobe $X = (X_1, \ldots, X_n)$ zu Y. Eine Statistik $T : \mathcal{X} \to \mathbf{R}^k$ mit $\mathcal{X}^T = T(\mathcal{X})$ [8] ist genau dann suffizient bzgl. γ, wenn es eine Funktion

$$g : \mathcal{X}^T \times \Gamma \to \mathbf{R} \tag{8}$$

und eine Funktion

$$h : \mathcal{X} \to \mathbf{R} \tag{9}$$

gibt mit

$$P_\gamma(X = x) = g(T(x), \gamma)h(x) \tag{10}$$

---

[5] Der Begriff der Suffizienz geht auf R.A. Fisher (1920) und (1922) zurück. Fisher, R. A., 1890-1962, englischer Statistiker.

[6] Also $P_\gamma(X = x \mid T(X) = t) = P_{\gamma'}(X = x \mid T(X) = t)$ für $\gamma, \gamma' \in \Gamma$.

[7] Neyman, Jerzy, 1894-1981, amerikanischer Mathematiker und Statistiker.

[8] $\mathcal{X}^T$ ist also die Menge der Funktionswerte von T.

für alle $x \in \mathcal{X}$.

Beweis:

1. Sei T suffizient, also

$$P_\gamma(X = x \mid T(X) = t) \tag{11}$$

unabhängig von γ, also eine Funktion von x und t.

Dann ist für jedes $x \in \mathcal{X}$ mit

$$h(x) \quad := \quad \begin{cases} P_\gamma(X = x | T(X) = T(x)) & \text{für } P_\gamma(T(X) = T(x)) \neq 0 \\ 1 & \text{für } P_\gamma(T(X) = T(x)) = 0 \end{cases} \tag{12}$$

und

$$g(t, \gamma) = P_\gamma(T(X) = t) \tag{13}$$

die gesuchte Darstellung gefunden:

$$\begin{aligned} P_\gamma(X = x) &= P_\gamma(X = x | T(X) = T(x)) \cdot P_\gamma(T(X) = T(x)) \\ &= h(x) \cdot g(T(x), \gamma) \end{aligned} \tag{14}$$

2. Umgekehrt sei

$$P_\gamma(X = x) = g(T(x), \gamma) h(x) \quad \text{für alle } x \in \mathcal{X}. \tag{15}$$

Dann gilt für $t_0 \in \mathcal{X}^T$ und $\gamma \in \Gamma$ mit

$$P_\gamma(T(X) = t_0) \neq 0 \tag{16}$$

für jedes $x \in \mathcal{X}$ mit $T(x) = t_0$:

$$\begin{aligned} P_\gamma(X = x | T(X) = t_0) &= \frac{P_\gamma(X = x, T(X) = t_0)}{P_\gamma(T(X) = t_0)} \\ &= \frac{P_\gamma(X = x)}{P_\gamma(T(X) = t_0)} \end{aligned}$$

$$= \frac{P_\gamma(X = x)}{\displaystyle\sum_{\tilde{x}\in\mathcal{X}\,:\,T(\tilde{x})=t_0} P_\gamma(X = \tilde{x})}$$

(17)

$$= \frac{g(T(x),\gamma)h(x)}{\displaystyle\sum_{\tilde{x}\in\mathcal{X}\,:\,T(\tilde{x})=t_0} g(T(\tilde{x}),\gamma)h(\tilde{x})}$$

$$= \frac{g(t_0,\gamma)h(x)}{\displaystyle\sum_{\tilde{x}\in\mathcal{X}\,:\,T(\tilde{x})=t_0} g(t_0,\gamma)h(\tilde{x})}$$

$$= \frac{h(x)}{\displaystyle\sum_{\tilde{x}\in\mathcal{X}\,:\,T(\tilde{x})=t_0} h(\tilde{x})}$$

Dieser Ausdruck ist aber wie gefordert unabhängig von γ.

Für stetige Verteilungen von Y läßt sich die benutzte Vorgehensweise nicht direkt verallgemeinern, da in der Regel $P_\gamma(T(X) = t) = 0$ ist. Man kann dann mit bedingten Dichten arbeiten und erhält einen analogen Satz für die Dichtefunktion von X.

4.7 Faktorisierungstheorem von Neyman[9] für stetige Zufallsvariablen

Sei Y eine stetige Zufallsvariable mit Dichte $f_{Y,\gamma}, \gamma \in \Gamma$, Γ Parameterraum der Verteilungsannahme. Sei $\mathcal{X}$ der Stichprobenraum einer einfachen Stichprobe $X = (X_1, \ldots, X_n)$ zu Y mit der Dichte $f_{X,\gamma}$. Eine Stichprobenfunktion $T : \mathcal{X} \to \mathbf{R}^k$ mit $\mathcal{X}^T = T(\mathcal{X})$ ist genau dann suffizient bzgl. γ, wenn es eine Funktion

$$g : \mathcal{X}^T \times \Gamma \to \mathbf{R}$$

(18)

und eine Funktion

$$h : \mathcal{X} \to \mathbf{R}$$

(19)

gibt mit

$$f_{X,\gamma}(x) = g(T(x),\gamma)h(x)$$

(20)

---

[9]s. Neyman (1935).

für alle $x \in \mathcal{X}$.

4.8 Beispiel

1. Sei Y λ-exponentialverteilt, dann ist $f_{Y,\lambda}(y) = \lambda e^{-\lambda y}$ für $y > 0$ und für die Dichtefunktion $f_{X,\gamma}$ einer einfachen Stichprobe $X = (X_1, \ldots, X_n)$ zu Y gilt mit $x_i > 0, i = 1, \ldots, n$:

$$
\begin{aligned}
f_{X,\lambda}(x_1, \ldots, x_n) &= \prod_{i=1}^{n} \lambda e^{-\lambda x_i} \\
&= \lambda^n e^{-\lambda \sum_{i=1}^{n} x_i} \\
&= g(\sum_{i=1}^{n} x_i, \lambda) \cdot h(x)
\end{aligned}
\tag{21}
$$

mit $g(t, \lambda) = \lambda^n e^{-\lambda t}, h(x) = 1$, falls $x_i > 0, i = 1, \ldots, n$ und $h(x) = 0$ sonst. Damit ist $T(x) = \sum_{i=1}^{n} x_i$ suffizient bzgl. λ.

2. Sei Y $N(\mu, \sigma^2)$-verteilt, also

$$
f_{Y,\mu,\sigma^2}(y) = \frac{1}{\sqrt{2\pi\sigma^2}} e^{-\frac{(y-\mu)^2}{2\sigma^2}}
\tag{22}
$$

Dann ist

$$
\begin{aligned}
f_{X,\lambda}(x_1, \ldots, x_n) &= \prod_{i=1}^{n} \frac{1}{\sqrt{2\pi\sigma^2}} e^{-\frac{(x_i-\mu)^2}{2\sigma^2}} \\
&= \frac{1}{\sqrt{(2\pi\sigma^2)^n}} e^{-\frac{1}{2\sigma^2}(\sum_{i=1}^{n} x_i^2 - 2\mu \sum_{i=1}^{n} x_i + \sum_{i=1}^{n} \mu^2)} \\
&= \frac{1}{\sqrt{(2\pi\sigma^2)^n}} e^{-\frac{1}{2\sigma^2} \sum_{i=1}^{n} x_i^2} e^{\frac{\mu}{\sigma^2} \sum_{i=1}^{n} x_i} e^{-\frac{n\mu^2}{2\sigma^2}}.
\end{aligned}
\tag{23}
$$

Mit der zweidimensionalen Stichprobenfunktion $T(x_1, \ldots, x_n) = (\sum_{i=1}^{n} x_i, \sum_{i=1}^{n} x_i^2)$ hängt dieser Ausdruck nur von den Parametern μ, σ^2 und den Werten der beiden Komponenten der Stichprobenfunktion ab. Also setzt man

$$
h(x) = 1
\tag{24}
$$

und

$$g(t_1, t_2, \mu, \sigma^2) = \frac{1}{\sqrt{(2\pi\sigma^2)^n}} e^{-\frac{1}{2\sigma^2}t_2} e^{\frac{\mu}{\sigma^2}t_1} e^{-\frac{n}{2\sigma^2}\mu^2} \qquad (25)$$

Daraus ergibt sich dann, daß $T(x) = (\sum_{i=1}^{n} x_i, \sum_{i=1}^{n} x_i^2)$ suffizient für μ und σ^2 ist.

Hat man eine suffiziente Stichprobenfunktion gefunden, so wird man nur noch solche Entscheidungsfunktionen in die engere Wahl ziehen, die von dem Auswertungsergebnis der Stichprobenfunktion ausgehen. In einem Diagramm hat dies folgende Darstellung:

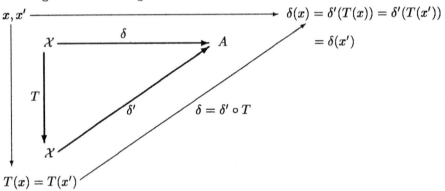

Eine sinnvolle Entscheidungsfunktion muß also bei zwei Stichprobenergebnissen x und x' zu Übereinstimmung in den Entscheidungen führen, wenn die Auswertungsergebnisse $T(x)$ und $T(x')$ bei einer suffizienten Statistik T sich nicht unterscheiden.

Anstelle der Entscheidungsfunktionen $\delta : \mathcal{X} \to A$ betrachten wir jetzt die Funktionen $\delta' : \mathcal{X}^T \to A$, d.h. $\mathcal{X}^T$ ist der neue Informationenraum[10], $\Delta^T = \{\delta' \mid \delta' : \mathcal{X}^T \to A\}$ neue Menge der Entscheidungsfunktionen. Durch T wird die Menge $\Delta = \{\delta \mid \delta : \mathcal{X} \to A\}$ in sinnvoller Weise auf Δ^T reduziert. Voraussetzung dabei ist, daß T suffizient ist. Die Frage ist jetzt noch, wie man eine suffiziente Stichprobenfunktion findet. Die beiden Beispiele zeigen, daß dabei die Exponentialfunktion in der Dichtefunktion hilfreich ist. Für eine große Klasse von Verteilungen kann man mit Hilfe der Exponentialfunktion eine Gestalt der Wahrscheinlichkeitsverteilung $P_\gamma(Y = y)$ bzw. der Dichtefunktion $f_{Y,\gamma}(y)$ erreichen, bei der das Argument y und der Parameter γ in Faktoren separiert sind und nur bei einer Exponentialfunktion gemeinsam als Argument erscheinen.

---

[10]Der Einfachheit halber bezeichnen wir auch $\mathcal{X}^T$ als Stichprobenraum (bzgl. T).

4.9   Beispiel

1. Poisson-Verteilung

$$P_\lambda(Y = y) = \frac{\lambda^y}{y!} \cdot e^{-\lambda} \quad \text{für } y = 0, 1, 2, \ldots \tag{26}$$

Es ist

$$P_\lambda(Y = y) = e^{y \ln \lambda} \frac{1}{y!} \cdot e^{-\lambda} \tag{27}$$

und mit

$$a(\lambda) = e^{-\lambda}, \quad h(y) = \frac{1}{y!}, \quad b(\lambda) = \ln \lambda, \quad \tau(y) = y \tag{28}$$

ist

$$P_\lambda(Y = y) = a(\lambda)h(y)e^{b(\lambda)\tau(y)}. \tag{29}$$

Für eine einfache Stichprobe mit Zurücklegen $X = (X_1, \ldots, X_n)$ erhält man daraus

$$\begin{aligned}
P_\lambda(X = x) &= \prod_{i=1}^{n}\left(a(\lambda)h(x_i)e^{b(\lambda)\tau(x_i)}\right) \\
&= a(\lambda)^n \left(\prod_{i=1}^{n} h(x_i)\right) e^{b(\lambda)\sum_{i=1}^{n}\tau(x_i)}
\end{aligned} \tag{30}$$

also eine ganz analoge Gestalt mit

$$H(x_1, \ldots, x_n) = \prod_{i=1}^{n} h(x_i); \quad T(x_1, \ldots, x_n) = \sum_{i=1}^{n}\tau(x_i): \tag{31}$$

$$P_\lambda(X = x) = (a(\lambda))^n H(x)e^{b(\lambda)T(x)}. \tag{32}$$

Nach dem Faktorisierungstheorem von Neyman ist dann

$$T(x) = \sum_{i=1}^{n}\tau(x_i) = \sum_{i=1}^{n}x_i \tag{33}$$

suffiziente Stichprobenfunktion $(g(t, \lambda) = (a(\lambda))^n e^{b(\lambda)\cdot t})$.

2. Normalverteilung:

$$
\begin{aligned}
f_Y(y) &= \frac{1}{\sqrt{2\pi\sigma^2}} \cdot e^{-\frac{(y-\mu)^2}{2\sigma^2}} \\
&= \frac{1}{\sqrt{2\pi\sigma^2}} \cdot e^{-\frac{1}{2\sigma^2}y^2 + \frac{\mu}{\sigma^2}y} \cdot e^{-\frac{\mu^2}{2\sigma^2}} \\
&= a(\mu,\sigma^2)h(y)e^{b_1(\mu,\sigma^2)\tau_1(y) + b_2(\mu,\sigma^2)\tau_2(y)}
\end{aligned}
\tag{34}
$$

mit

$$
\begin{array}{ll}
a(\mu,\sigma^2) = \frac{1}{\sqrt{\sigma^2}} \cdot e^{-\frac{\mu^2}{2\sigma^2}} \quad, & h(y) = \frac{1}{\sqrt{2\pi}}, \\
b_1(\mu,\sigma^2) = -\frac{1}{2\sigma^2} \quad, & \tau_1(y) = y^2, \\
b_2(\mu,\sigma^2) = \frac{\mu}{\sigma^2} \quad, & \tau_2(y) = y.
\end{array}
\tag{35}
$$

Dann ist

$$
f_{X,\mu,\sigma^2}(x) = (a(\mu,\sigma^2))^n \left(\prod_{i=1}^{n} h(x_i)\right) e^{b_1(\mu,\sigma^2)\sum_{i=1}^{n}\tau_1(x_i)} e^{b_2(\mu,\sigma^2)\sum_{i=1}^{n}\tau_2(x_i)}
\tag{36}
$$

Daraus folgt (vgl. Beispiel 4.8 2.), daß

$$
T(x) = \left(\sum_{i=1}^{n}\tau_1(x_i), \sum_{i=1}^{n}\tau_2(x_1)\right) = \left(\sum_{i=1}^{n}x_i^2, \sum_{i=1}^{n}x_i\right)
\tag{37}
$$

suffizient ist bzgl. μ und σ^2.

Ist einer der Parameter μ und σ^2 bekannt (bzw. unbekannt aber fest), so vereinfacht sich die Situation:

a) Bei bekanntem σ^2 ist $\Gamma = \mathbf{R} = \{\mu \mid \mu \in \mathbf{R}\}$ der Parameterraum und wir setzen

$$
\begin{array}{ll}
a(\mu) = \frac{1}{\sqrt{\sigma^2}} \cdot e^{-\frac{\mu^2}{2\sigma^2}}, & h(y) = \frac{1}{\sqrt{2\pi}}e^{-\frac{y^2}{2\sigma^2}}, \\
b(\mu) = \frac{\mu}{\sigma^2}, & \tau(y) = y
\end{array}
\tag{38}
$$

und erhalten (vgl.(34))

$$
f_Y(y) = a(\mu)h(y)e^{b(\mu)\tau(y)}.
\tag{39}
$$

Damit ist $T(x) = \sum_{i=1}^{n} x_i$ suffizient bzgl. μ.

b) Bei bekanntem μ ist $\Gamma = \mathbf{R}_{++} = \{\sigma^2 \mid \sigma^2 > 0\}$ der Parameterraum und wir setzen

$$
\begin{aligned}
a(\sigma^2) &= \tfrac{1}{\sqrt{\sigma^2}}, & h(y) &= \tfrac{1}{\sqrt{2\pi}}, \\
b(\sigma^2) &= -\tfrac{1}{2\sigma^2}, & \tau(y) &= (y - \mu)^2
\end{aligned}
\tag{40}
$$

und erhalten (vgl.(34))

$$
f_Y(y) = a(\sigma^2)h(y)e^{b(\sigma^2)\tau(y)}. \tag{41}
$$

Damit ist $T(x) = \sum_{i=1}^{n} (x_i - \mu)^2$ suffizient bzgl. σ^2.

4.10   Definition

Sei Z eine m-dimensionale Zufallsvariable mit parametrischer Verteilungsannahme W, Γ der Parameterraum zu W. W heißt *Exponentialfamilie*[11], wenn es Funktionen

$$
\begin{aligned}
a &: \Gamma \to \mathbf{R}, & h &: \mathbf{R}^m \to \mathbf{R}, \\
b_j &: \Gamma \to \mathbf{R}, & \tau_j &: \mathbf{R}^m \to \mathbf{R} & \text{für} \quad j = 1, 2, \ldots, r
\end{aligned}
$$

gibt mit:

(a) Z diskret:

$$
P(Z = z) = a(\gamma)h(z)e^{\sum_{j=1}^{r} b_j(\gamma)\tau_j(z)} \tag{42}
$$

(b) Z stetig mit Dichte $f_{Z,\gamma}$:

$$
f_{Z,\gamma}(z) = a(\gamma)h(z)e^{\sum_{j=1}^{r} b_j(\gamma)\tau_j(z)} \tag{43}
$$

---

[11]Exponentialfamilien mit $r = 1$ wurden eingeführt von R.A. Fisher (1934). Man kann zeigen, daß aus der Existenz einer eindimensionalen suffizienten Statistik folgt, daß eine Exponentialfamilie mit $r = 1$ vorliegt (siehe z.B. Hipp (1974)).

4.11 Bemerkung:

Wie in Beispiel 4.9 1. (30)-(32) gesehen, liegt dann auch bei einer einfachen Stichprobe $(X_1, \ldots, X_n)$ mit Zurücklegen zu Z eine Exponentialfamilie vor.

Danach ist die Klasse der Normalverteilungen eine Exponentialfamilie, gleiches gilt für die Poisson-Verteilung.

4.12 Satz

Sei Y eine Zufallsvariable mit parametrischer Verteilungsannahme

$$W = \{P_\gamma \mid \gamma \in \Gamma\} \quad \text{bzw.} \quad W = \{f_\gamma \mid \gamma \in \Gamma\}, \tag{44}$$

(f_γ Dichtefunktion zum Parameter γ). Ist W eine Exponentialfamilie mit Funktionen $\tau_1, \ldots, \tau_r$, dann ist $T(x) = (\sum_{i=1}^{n} \tau_1(x_i), \ldots, \sum_{i=1}^{n} \tau_r(x_i))$ eine suffiziente Stichprobenfunktion bzgl. γ für eine einfache Stichprobe $X = (X_1, \ldots, X_n)$.

Darüberhinaus haben Stichprobenfunktionen, die auf diese Art über die Darstellung als Exponentialfamilie gewonnen werden, meist eine weitere bemerkenswerte Eigenschaft. Es gilt nämlich, daß Funktionen, die die Auswertung der Stichprobe durch die so gewonnene Stichprobenfunktion benutzen, durch ihren Erwartungswert nahezu vollständig festgelegt sind.

Betrachten wir zunächst wieder ein Beispiel. Wie wir gesehen haben, bildet die Poisson-Verteilung eine Exponentialfamilie.

4.13 Beispiel

Nach Beispiel 4.9. 1. ist $T(x) = \sum_{i=1}^{n} x_i$ eine suffiziente Statistik für die Poisson-Verteilung, die durch die Darstellung als Exponentialfamilie gewonnen wurde. Gesucht sei eine Schätzfunktion für den Parameter λ. Seien δ_1 und δ_2 zwei Schätzfunktionen ausgehend von der Stichprobenfunktion T, also

$$\delta_1, \delta_2 : \mathcal{X}^T \to \Gamma, \Gamma = \{\lambda \in \mathbf{R} \mid \lambda > 0\}, \tag{45}$$

$$\mathcal{X}^T = T(\mathcal{X}) = \{T(x) \mid x \in \mathcal{X}\} = \mathbf{N} \cup \{0\}. \tag{46}$$

Dann ist $(i = 1, 2)$

$$
\begin{aligned}
E_\lambda[\delta_i(T(X))] &= \sum_{j=0}^{\infty} \delta_i(j) P(T(X) = j) \\
&= \sum_{j=0}^{\infty} \delta_i(j) P(\sum_{i=1}^{n} X_i = j).
\end{aligned}
\tag{47}
$$

$\sum_{i=1}^{n} X_i$ ist Poisson-verteilt[12] mit Parameter $n\lambda$. Also folgt

$$
\begin{aligned}
E_\lambda[\delta_i(T(X))] &= \sum_{t=0}^{\infty} \delta_i(t) \frac{(n\lambda)^t}{t!} e^{-n\lambda} \\
&= e^{-n\lambda} \sum_{t=0}^{\infty} \delta_i(t) \cdot \frac{n^t}{t!} \lambda^t.
\end{aligned}
\tag{48}
$$

Sei nun $E_\lambda[\delta_1(T(X))] = E_\lambda[\delta_2(T(X))]$, d.h. $\delta_1(T(X))$ und $\delta_2(T(X))$ stimmen im Erwartungswert überein, so folgt

$$
\begin{aligned}
0 &= E_\lambda[(\delta_1(T(X)) - \delta_2(T(X)))] \\
&= E_\lambda[\delta_1(T(X))] - E_\lambda[\delta_2(T(X))] \\
&= e^{-n\lambda} \sum_{t=0}^{\infty} (\delta_1(t) - \delta_2(t)) \cdot \frac{n^t}{t!} \cdot \lambda^t
\end{aligned}
\tag{49}
$$

für alle $\lambda > 0$. Diese Reihe kann aber nur dann identisch 0 sein für alle[13] $\lambda > 0$, wenn die Koeffizienten $\delta_1(t) - \delta_2(t) = 0$ sind für alle t. Damit ist

$$
\delta_1 = \delta_2,
\tag{50}
$$

die Schätzfunktionen stimmen also überein.

4.14 Definition[14]

Sei X eine Stichprobe zu Y, $\mathcal{X}$ sei der Stichprobenraum. Y habe eine parametrische Verteilungsannahme W mit Parameterraum Γ. Eine Statistik $T : \mathcal{X} \to \mathcal{X}^T$

---

[12]vgl. Wahrscheinlichkeitstheorie, § 13, Übungsaufgabe 1.
[13]Wichtig ist, daß Gleichung (49) für alle $\lambda > 0$ (genauer ein offenes Intervall in $\mathbf{R}_{++}$) erfüllt ist.
[14]Vollständigkeit von Statistiken wurde eingeführt von Lehmann/Scheffé (1950).

heißt *vollständig bzgl.* Γ, wenn für je zwei Funktionen $\delta_1^T, \delta_2^T : \mathcal{X}^T \to \mathbf{R}$ aus

$$E_\gamma[\delta_1^T(T(X))] = E_\gamma[\delta_2^T(T(X))] \quad \text{für alle } \gamma \in \Gamma \tag{51}$$

$$P_\gamma[\delta_1^T(T(X)) = \delta_2^T(T(X))] = 1 \tag{52}$$

folgt.

Bei einer vollständigen Statistik T sind also die Variationsmöglichkeiten bzgl. einer weiteren Verwendung des ausgewerteten Stichprobenergebnisses $T(x)$ insoweit beschränkt, als durch den Erwartungswert einer Funktion $\delta^T : \mathcal{X}^T \to \mathbf{R}$ auch die Funktion δ^T fast sicher festgelegt ist. Damit genügt es dann auch, bei der Beurteilung von Funktionen δ^T den Erwartungswert zu betrachten.

4.15   Satz

Es sei X eine Stichprobe zur Zufallsvariable Y, deren Verteilung sich als r-parametrige Exponentialfamilie darstellen läßt:

$$\left. \begin{array}{c} P_\gamma(Y = y) \\ f_{Y,\gamma}(y) \end{array} \right\} = a(\gamma)h(y)e^{\sum\limits_{j=1}^{r} b_j(\gamma)\tau_j(y)} \tag{53}$$

Dann ist

$$T(x) = \left(\sum_{i=1}^{n} \tau_1(x_i), \ldots, \sum_{i=1}^{n} \tau_r(x_i) \right) \tag{54}$$

eine vollständige Statistik bzgl. γ, falls

$$B = \{(b_1(\gamma), \ldots, b_r(\gamma)) \mid \gamma \in \Gamma\} \subset \mathbf{R}^r \tag{55}$$

einen offenen Quader im $\mathbf{R}^r$ enthält.

4.16   Bemerkung

Die Bedeutung der Forderung, daß B einen offenen Quader enthält, wird in Gleichung (49) in Beispiel 4.13 deutlich. Um $\delta_1 = \delta_2$ folgern zu können, ist erforderlich, daß Gleichung (49) für hinreichend viele λ erfüllt ist. Dies ist für den Parameterraum $\{\lambda \in \mathbf{R} \mid \lambda > 0\}$ erfüllt. Da bei der Poisson-Verteilung $b(\lambda) = \ln \lambda$ ist, entspricht dies auch der Forderung an $B = \{\ln \lambda \mid \lambda > 0\}$.

4.17 Beispiele

1. Im Beispiel der Poisson-Verteilung ist $b(\lambda) = \ln \lambda$, $\Gamma = \{\lambda \in \mathbf{R} \mid \lambda > 0\}$, also

$$B = \{\ln \lambda \mid \lambda > 0\} = \mathbf{R} \tag{56}$$

und enthält damit ein offenes Intervall.

2. Für die Normalverteilung haben wir in Beispiel 4.9 2. eine Darstellung als 2-parametrige Exponentialfamilie mit

$$b_1(\mu, \sigma^2) = -\frac{1}{2\sigma^2} \quad , b_2(\mu, \sigma^2) = \frac{\mu}{\sigma^2}. \tag{57}$$

Mit $\Gamma = \mathbf{R} \times \mathbf{R}_{++} = \{(\mu, \sigma^2) \mid \mu \in \mathbf{R}, \sigma^2 > 0\}$ ist

$$\begin{aligned}
B &= \{(-\frac{1}{2\sigma^2}, \frac{\mu}{\sigma^2}) \mid \mu \in \mathbf{R}, \sigma^2 > 0\} = \\
&= \{(\beta_1, \beta_2) \mid \beta_1 < 0, \beta_2 \in \mathbf{R}\} \\
&= \mathbf{R}_{--} \times \mathbf{R}
\end{aligned} \tag{58}$$

und enthält damit offensichtlich ein Rechteck.
Somit ist $T(x) = (\sum\limits_{i=1}^{n} x_i^2; \sum\limits_{i=1}^{n} x_i)$ nicht nur suffizient (vgl. Beispiel 4.9 2.), sondern auch vollständig.

Analog erhält man, daß (vgl. Beispiel 4.9 2.)

(a) bei bekanntem σ^2 :

$$T(x) = \sum_{i=1}^{n} x_i \text{ suffizient und vollständig bzgl. } \mu$$

und

(b) bei bekanntem μ:

$$T(x) = \sum_{i=1}^{n} (x_i - \mu)^2 \text{ suffizient und vollständig bzgl. } \sigma^2 \text{ ist.}$$

Auf diese Weise findet man bei einer großen Zahl praxisrelevanter Verteilungen eine suffiziente und vollständige Statistik für den Parameter.

Übungsaufgaben zu § 4

Übungsaufgabe 4.1:

Ein Briefmarkensammler weiß, daß von einem bestimmten Ersttagsbrief eine gewisse Auflagenhöhe existiert, die von 1 an durchnumeriert ist. Von k dieser Ersttagsbriefe kennt er die Nummern $n_1, \ldots, n_k$, die er zufällig auf Auktionen oder in Katalogen entdeckt hat. Aufgrund dieser Information möchte er einen Schätzwert für die Gesamtauflage N der Ersttagsbriefe erstellen. Dazu betrachtet er $n_1, \ldots, n_k$ als Realisation einer Stichprobe ohne Zurücklegen und verwendet die Maximalzahl der gefundenen Nummern als Stichprobenfunktion. Ist dies eine suffiziente Statistik?

Übungsaufgabe 4.2:

Stellen Sie die Binomialverteilung als Exponentialfamilie dar, wobei möglichst wenig Funktionen b_i, τ_i verwendet werden sollen.

Übungsaufgabe 4.3:

Die Zufallsvariable X sei Weibull-verteilt mit Parametern α ($\alpha > 0$) und β, d.h. ihre Dichtefunktion lautet:

$$f_X(x) = \begin{cases} \alpha \beta x^{\beta-1} e^{-\alpha x^\beta} & \text{für } x > 0 \\ 0 & \text{sonst} \end{cases}$$

Der Wert von β sei bekannt mit $\beta = 3$. Der Wert von α soll geschätzt werden mit einer einfachen Stichprobe vom Umfang n. Man gebe eine vollständige und suffiziente Statistik bzgl. α an.

Übungsaufgabe 4.4:

Die Dichtefunktion der Gammaverteilung lautet ($\alpha > 0, \lambda > 0$)

$$f(y) = \begin{cases} \frac{1}{\Gamma(\alpha)} \lambda^\alpha y^{\alpha-1} e^{-\lambda y} & \text{für } y > 0 \\ 0 & \text{sonst} \end{cases}$$

Dabei ist $\Gamma(\alpha)$ der Wert der sogenannten Gammafunktion an der Stelle α (Eine explizite Darstellung wird im folgenden nicht benötigt.)

(a) Hat diese Dichte eine Darstellung als 2-parametrige Exponentialfamilie?

(b) Wenn ja, gebe man für eine einfache Stichprobe mit Zurücklegen eine vollständige und suffiziente Statistik für das Parameterpaar (α, λ) an.

5 Erwartungstreue Schätzfunktionen

Bei Parameterpunktschätzungen besteht die Aufgabe darin, einen Wert für den Parameter der Wahrscheinlichkeitsverteilung einer Zufallsvariable anzugeben. Der „wahre" Wert des Parameters ist unbekannt, als Information liegt das Ergebnis einer Stichprobe vor, so daß wegen der Zufälligkeit der Stichprobe und damit der Unvollständigkeit der Information ein exakter Wert nicht angegeben werden kann. Wir müssen uns also mit einem Schätzwert begnügen.

Die Entscheidungssituation ist also formal folgende:

Zustandsraum: Γ.

Die Menge der Zustände entspricht der Menge der möglichen Parameterwerte, der „wahre" Zustand dem wahren Parameter.

Aktionenraum: Γ.

Eine Entscheidung besteht in der Angabe eines Parameterwertes in Γ, damit ist Γ die Menge der möglichen Entscheidungen.

Informationenraum:

Stichprobenraum $\mathcal{X}$.

Eine Entscheidungsfunktion ist damit eine Funktion („Schätzfunktion")

$$\delta : \mathcal{X} \to \Gamma \tag{1}$$

mit

$$\delta(x) \quad \text{„Schätzwert für } \gamma\text{" beim Stichprobenergebnis } x. \tag{2}$$

5.1 Beispiele:

Bei den folgenden Verteilungen schätze man den Parameter mit Hilfe einer Stichprobe mit Zurücklegen vom Umfang n.

1. Bernoulli-Verteilung mit Parameter $p \in [0, 1]$:

   Ergebnis bei einer einzelnen Stichprobenziehung ist 0 oder 1. Stichprobenraum ist also die Menge aller Vektoren $(x_1, \ldots, x_n)$ mit $x_i = 0$ oder 1 für

$i = 1, \ldots, n; \mathcal{X} = \{0,1\}^n$. Parameterraum ist $\Gamma = [0,1]$. Eine Schätzfunktion δ ist damit eine Abbildung

$$\delta : \{0,1\}^n \to [0,1]. \tag{3}$$

Sinnvoller Ansatz ist sicherlich, die relative Häufigkeit des Wertes 1 in der Stichprobe als Schätzwert für die Wahrscheinlichkeit p für den Wert 1 bei der Zufallsvariable zu verwenden:

$$\delta(x_1, \ldots, x_n) = \frac{\sum\limits_{i=1}^{n} x_i}{n}. \tag{4}$$

2. Binomialverteilung $B(m,p)$ mit Parameter $p \in [0,1]$:

Ergebnis einer Stichprobe vom Umfang 1 ist eine ganze Zahl zwischen 0 und m, Stichprobenraum $\mathcal{X}$ einer Stichprobe vom Umfang n ist demnach $\{0,1,2,\ldots,m\}^n$. Eine Schätzfunktion ist also eine Abbildung

$$\delta : \{0,1,2,\ldots,m\}^n \to [0,1]. \tag{5}$$

Der Erwartungswert der Binomialverteilung ist mp. Bei häufiger Durchführung dieses Experimentes sollte demnach das arithmetische Mittel der Ergebnisse dem Erwartungswert mp entsprechen. Setzt man

$$mp = \frac{1}{n} \sum_{i=1}^{n} x_i = \bar{x}, \tag{6}$$

so erhält man als Schätzwert für p

$$\frac{1}{m}\bar{x} = \frac{1}{m} \cdot \frac{1}{n} \sum_{i=1}^{n} x_i \tag{7}$$

und damit die Schätzfunktion

$$\delta(x_1, \ldots, x_n) = \frac{1}{m} \cdot \frac{1}{n} \sum_{i=1}^{n} x_i. \tag{8}$$

3. Exponentialverteilung mit Parameter $\lambda > 0$:

Ergebnis einer einzelnen Stichprobenziehung ist hier eine positive reelle Zahl, z.B. die Lebensdauer einer Maschine. Sei $\mathbf{R}_{++}$ die Menge der positiven reellen Zahlen, so ist der Stichprobenraum demnach $\mathbf{R}_{++}^n$, die Menge aller Vektoren $(x_1, \ldots, x_n)$ mit positiven Komponenten. Bildet man analog zur Binomialverteilung den „Stichprobenmittelwert", d.h. das arithmetische Mittel der Stichprobenwerte, so entspricht diese mittlere Lebensdauer der Maschinen dem Erwartungswert $\frac{1}{\lambda}$ der Exponentialverteilung. Als Schätzfunktion ergibt sich aus dieser Betrachtung:

$$\delta(x_1, \ldots, x_n) = \frac{1}{\frac{1}{n} \sum\limits_{i=1}^{n} x_i} = \frac{n}{\sum\limits_{i=1}^{n} x_i} \tag{9}$$

Entsprechend den drei angeführten Fällen ist es häufig naheliegend, Schätz-funktionen anzugeben, die auch intuitiv sinnvoll und akzeptabel erscheinen. Die Frage, die sich ergibt, ist einmal, ob sie optimal sind im Sinne einer Präferenzre-lation im Rahmen der durchgeführten entscheidungstheoretischen Betrachtun-gen, zum anderen, was für Eigenschaften diese Schätzfunktionen besitzen. Dazu ist dann zunächst zu untersuchen, welche Eigenschaften für Schätzfunktionen wesentlich sind.

5.2 Bemerkung

Eine etwas allgemeinere Situation liegt in folgenden Beispielen vor:

1. Man schätze den Parameter μ einer Normalverteilung mit unbekanntem μ und σ^2. Dann ist

$$\Gamma = \{(\mu, \sigma^2) \mid \mu \in \mathbf{R}, \ \sigma^2 > 0\}, \tag{10}$$

der Aktionenraum ist

$$\{\mu \mid \mu \in \mathbf{R}\}. \tag{11}$$

Damit ist nur ein Schätzwert für eine Komponente des Parametervektors (μ, σ^2) gesucht.

2. Man schätze die durchschnittliche Lebensdauer eines Produkts, dessen Le-bensdauer exponentialverteilt mit Parameter λ ist. Da der Erwartungswert einer Exponentialverteilung $\frac{1}{\lambda}$ ist, ist also der Funktionswert $\vartheta(\lambda) = \frac{1}{\lambda}$ ei-ner Funktion des Parameters zu schätzen. Dies ist auch bei 1. der Fall, wenn wir $\vartheta(\mu, \sigma^2) = \mu$ setzen.

3. Man schätze die Varianz einer Exponentialverteilung. Die Varianz der Ex-ponentialverteilung mit Parameter λ ist $\frac{1}{\lambda^2}$, d.h. auch hier ist ein Funk-tionswert $f(\lambda) = \frac{1}{\lambda^2}$ zu schätzen.

Zu schätzen ist in allen drei Beispielen der Funktionswert $\vartheta(\gamma)$ einer Funktion $\vartheta : \Gamma \to \Gamma_\vartheta$ an der Stelle γ, wobei γ der wahre Parameter sei. Damit ist dann

$$\Gamma_\vartheta \quad \text{der Aktionenraum} \tag{12}$$

und jede Schätzfunktion eine Funktion

$$\delta : \mathcal{X} \to \Gamma_\vartheta. \tag{13}$$

Andererseits sind die drei Beispiele auch auf die Eingangssituation zurückzuführen, indem man bei 1. σ^2 als fest, aber unbekannt betrachtet (dann ist
$\Gamma = \{\mu \mid \mu \in \mathbf{R}\}$) und bei 2. $\gamma = \frac{1}{\lambda}$ als neuen Parameter der Exponentialverteilung einführt, ebenso bei 3. mit $\gamma = \frac{1}{\lambda^2}$. Aus diesem Grund wollen wir uns auf
die eingangs beschriebene Situation beschränken.

Zur Beurteilung von Schätzfunktionen benötigen wir eine Schadensfunktion

$$S : A \times Z \to \mathbf{R}, \tag{14}$$

also hier

$$S : \Gamma \times \Gamma \to \mathbf{R}, \tag{15}$$

wobei

$$S(\hat{\gamma}, \gamma) \tag{16}$$

den Schaden beim wahren Parameter γ und der Entscheidung $\hat{\gamma}$ angibt.

Eine exakte Quantifizierung dürfte in vielen Fällen nicht möglich sein, allerdings
wird man sicherlich in allen Fällen von der Abweichung des wahren Wertes γ
von dem Wert $\hat{\gamma}$ ausgehen, für den man sich entschieden hat:

$$\hat{\gamma} - \gamma. \tag{17}$$

Liegt keine Möglichkeit vor, dies weiter zu spezifizieren, so ist das Quadrat dieser Abweichung deswegen ein vertretbarer Ansatz, weil durch die Quadrierung
kleine Abweichungen in ihrer Bedeutung reduziert, große Abweichungen entsprechend verstärkt werden. Durch das Quadrat geht ferner nur noch die absolute
Abweichung ein. Dies bedeutet allerdings auch, daß Über- und Unterschätzun-
gen gleich bewertet werden. In vielen praktischen Anwendungsfällen ist dies
sicherlich nicht den tatsächlichen Konsequenzen entsprechend. Für eine allgemeine Betrachtung des Schätzproblems ist die „quadratische Schadensfunktion"
sicher ein sinnvoller Ansatz.

5.3 Bezeichnung

Für $\Gamma \subset \mathbf{R}$ wird $S : \Gamma \times \Gamma \to \mathbf{R}$ mit

$$S(\hat{\gamma}, \gamma) = (\gamma - \hat{\gamma})^2 \tag{18}$$

quadratische Schadensfunktion genannt.

Für $\Gamma \subset \mathbf{R}^k$ lautet die entsprechende Verallgemeinerung

$$S((\hat{\gamma}_1, \ldots, \hat{\gamma}_k), (\gamma_1, \ldots, \gamma_k)) = \sum_{i=1}^{k} (\gamma_i - \hat{\gamma}_i)^2. \tag{19}$$

Im folgenden wollen wir uns der Einfachheit halber auf den Fall $\Gamma \subset \mathbf{R}$ beschränken (Sind mehrere Parameter zu schätzen, so kann man dies auch in einzelne Schätzprobleme zerlegen).

Sei also S zu $\Gamma \subset \mathbf{R}$ die quadratische Schadensfunktion. Zur Beurteilung einer Schätzfunktion $\delta : \mathcal{X} \to \Gamma$ ist also die Zufallsvariable

$$S(\delta(X), \gamma) = (\gamma - \delta(X))^2 \tag{20}$$

für alle $\gamma \in \Gamma$ zu betrachten.

Eine Kenngröße dieser Zufallsvariable ist der Erwartungswert[1]:

$$E_\gamma[S(\delta(X), \gamma)] = E_\gamma[(\gamma - \delta(X))^2] \tag{21}$$

5.4 Bezeichnung

Sei $\Delta = \{\delta : \mathcal{X} \to \Gamma\}$, $\Gamma \subset \mathbf{R}$, die Menge der Schätzfunktionen[2]. $S : \Gamma \times \Gamma \to \mathbf{R}$ eine Schadensfunktion:

$R : \Gamma \times \Delta \to \mathbf{R}$ mit

$$R(\delta, \gamma) = E_\gamma[S(\delta(X), \gamma)] \tag{22}$$

heißt *Risikofunktion zu S*. Ist S die quadratische Schadensfunktion, so heißt R auch einfach *Risikofunktion* oder *mittlerer quadratischer Fehler*.

---

[1]γ geht dabei nicht nur in die erste Komponente der Schadensfunktion ein, sondern auch in die Wahrscheinlichkeitsverteilung von X, daher das Subskript γ bei E. Die eckigen Klammern machen deutlich, daß zunächst quadriert und dann der Erwartungswert gebildet wird.
[2]genauer: der $\mathcal{L}^n$-$\mathcal{L}$-meßbaren Funktionen, für die der Erwartungswert (22) existiert.

5.5   Lemma

Für den mittleren quadratischen Fehler gilt

$$R(\delta, \gamma) = E_\gamma[(\gamma - \delta(X))^2] = Var_\gamma(\delta(X)) + (\gamma - E_\gamma[\delta(X)])^2 \qquad (23)$$

Beweis:

$$E_\gamma[(\gamma - \delta(X))^2] = E_\gamma[(\gamma - E_\gamma\delta(X) - (\delta(X) - E_\gamma\delta(X)))^2] \qquad (24)$$

$$= E_\gamma[(\gamma - E_\gamma\delta(X))^2 - 2(\gamma - E_\gamma\delta(X))(\delta(X) - E_\gamma\delta(X)) + (\delta(X) - E_\gamma\delta(X))^2]$$

$$= E_\gamma[(\gamma - E_\gamma\delta(X))^2] - 2E_\gamma[(\gamma - E_\gamma\delta(X))(\delta(X) - E_\gamma\delta(X))] + E_\gamma[(\delta(X) - E_\gamma\delta(X))^2]$$

$$= (\gamma - E_\gamma\delta(X))^2 + Var_\gamma(\delta(X)),$$

da $\gamma - E_\gamma\delta(X)$ eine deterministische Größe ist und damit

$$
\begin{aligned}
E_\gamma[(\gamma - E_\gamma\delta(X))(\delta(X) - E_\gamma\delta(X))] &= (\gamma - E_\gamma\delta(X)) \cdot E_\gamma(\delta(X) - E_\gamma\delta(X)) \\
&= (\gamma - E_\gamma\delta(X)) \cdot (E_\gamma\delta(X) - E_\gamma\delta(X)) \\
&= 0 \qquad (25)
\end{aligned}
$$

gilt.

Das Lemma zeigt, daß sich der mittlere quadratische Fehler zerlegen läßt in zwei Summanden (beide nichtnegativ), wobei der eine das Quadrat der Abweichung des mittleren Schätzwertes vom wahren Parameter angibt, während der andere durch die Varianz mißt, wie sehr die Schätzwerte streuen, d.h. wie „stark" der Schätzwert durch die Zufälligkeit der Stichprobe variiert.

Ziel ist es damit, eine Schätzfunktion δ zu finden, so daß beide Summanden in ihrem Gesamteffekt (hier also der Summe) möglichst klein werden.

5.6   Beispiel

Zu schätzen sei der Mittelwert einer normalverteilten Zufallsvariable Y mit Varianz σ^2 (fest, aber nicht bekannt) mit einer Stichprobe vom Umfang n. Damit ist $\Gamma = \mathbf{R}$. Verwendet werden soll eine lineare Schätzfunktion δ:

$$\delta_a(x_1, \ldots, x_n) = a_0 + \sum_{i=1}^n a_i x_i, \quad a = (a_0, \ldots, a_n). \qquad (26)$$

Als Schadensfunktion wird die quadratische zugrundegelegt.

Dann ist

$$
\begin{aligned}
R(\mu, \delta_a) &= Var_\mu[\delta_a(X)] + (\mu - E_\mu[\delta_a(X)])^2 \\
&= \sum_{i=1}^n a_i^2 Var_\mu[X_i] + (\mu - a_0 - \sum_{i=1}^n a_i E_\mu[X_i])^2 \quad (27) \\
&= \sigma^2 \sum_{i=1}^n a_i^2 + (\mu - a_0 - \mu \sum_{i=1}^n a_i)^2.
\end{aligned}
$$

Betrachtet man das Problem, eine „optimale" Schätzfunktion zu finden, als Optimierungsproblem

$$
\min_a R(\mu, \delta_a), \quad (28)
$$

so erhält man, daß die Minimalstelle von μ abhängt, nämlich[3]

$$
\mu = a_0 \quad \text{und} \quad a_1 = \ldots = a_n = 0. \quad (29)
$$

Da μ unbekannt ist und gerade geschätzt werden soll, hilft diese Lösung nicht weiter. Andererseits zeigt dies aber, daß wir keine lineare Schätzfunktion finden können, die für alle μ das kleinste Risiko, d.h. hier die kleinsten mittleren quadratischen Fehler, liefert. Denn setzen wir

$$
\delta^*(x) = a_0, \quad (30)
$$

so gilt $R(\delta^*, \mu) = 0$ für $\mu = a_0$, aber $R(\delta^*, \mu) = (\mu - a_0)^2$ nimmt als Funktion von μ beliebig große Werte an.

Setzen wir andererseits $a_0 = 0$ und $\sum_{i=1}^n a_i = 1$, so gilt für den mittleren quadratischen Fehler

$$
\sigma^2 \sum_{i=1}^n a_i^2 + (\mu - 0 - \mu \cdot 1)^2 = \sigma^2 \sum_{i=1}^n a_i^2, \quad (31)
$$

d.h. das Risiko ist vom unbekannten Parameter μ unabhängig.

---

[3]Für diese Werte gilt gerade $R(\delta_a, \mu) = 0$.

Diese linearen Schätzfunktionen (mit $a_0 = 0$ und $\sum\limits_{i=1}^{n} a_i = 1$) haben also die schöne Eigenschaft, daß das Risiko, also der durchschnittliche Schaden bei häufiger Anwendung, bei quadratischer Schadensfunktion nicht vom unbekannten Parameter abhängt, also für alle relevanten Umweltzustände übereinstimmt.

Beschränken wir uns also auf die linearen Schätzfunktionen mit dieser Eigenschaft, so werden wir als nächstes versuchen, das Risiko unter all diesen zu minimieren, d.h. die Optimierungsaufgabe

$$\text{Minimiere} \quad \sigma \sum_{i=1}^{n} a_i^2 \tag{32}$$

unter der Nebenbedingung

$$\sum_{i=1}^{n} a_i = 1 \tag{33}$$

zu lösen.

Lösung dieser Aufgabe ist

$$a_1 = \cdots = a_n = \frac{1}{n}, \tag{34}$$

die zugehörige Schätzfunktion lautet

$$\delta_{\bar{x}}(x_1, \ldots, x_n) = \frac{1}{n} \sum_{i=1}^{n} x_i. \tag{35}$$

Dann wird also der Stichprobenmittelwert als Schätzwert verwendet. Dies entspricht auch der Vorgehensweise beim Minimaxprinzip. Es gilt nämlich

$$\max_{\mu \in \mathbb{R}} R(\delta_a, \mu) \;=\; \begin{cases} \infty & \sum\limits_{i=1}^{n} a_i \neq 1 \\[2mm] \sigma^2 \sum\limits_{i=1}^{n} a_i^2 + a_0^2 & \sum\limits_{i=1}^{n} a_i = 1 \end{cases} \tag{36}$$

und damit

$$\min_{a} \, \max_{\mu \in \mathbb{R}} R(\delta_a, \mu) = \min_{a : a_0 = 0, \sum\limits_{i=1}^{n} a_i = 1} R(\delta_a, \mu) = \sigma^2 \cdot \frac{1}{n} \tag{37}$$

und dieses Minimum erhält man für $a_0^* = 0$ und $a_1^* = \cdots = a_n^* = \frac{1}{n}$.

Demgegenüber liefert das Miniminprinzip die „Ratefunktionen"

$$\delta_a(x_1, \ldots, x_n) = a_0 \quad \text{also } a_1 = \cdots = a_n = 0, \tag{38}$$

mit beliebigem $a_0 \in \mathbf{R}$, die die Information der Stichprobe nicht benutzen; der Mittelwert wird durch a_0 einfach geraten. Es gilt nämlich für jedes δ_a

$$\min_{\mu \in \mathbf{R}} R(\delta_a, \mu) = \sigma^2 \sum_{i=1}^{n} a_i^2. \tag{39}$$

Die Minimierung dieses Ausdrucks ergibt

$$a_1 = \cdots = a_n = 0. \tag{40}$$

Zusammenfassend sieht man an diesem Beispiel:

1. Es gibt keine lineare Schätzfunktion, die für alle μ gleichmäßig den mittleren quadratischen Fehler minimiert, es gibt also keine „gleichmäßig beste lineare[4] Schätzfunktion".

2. Beschränkt man sich auf die Klasse der linearen Schätzfunktionen mit

$$E_\mu[\delta(X)] = a_0 + \mu \sum_{i=1}^{n} a_i = \mu \text{ für alle } \mu, \tag{41}$$

   also die mit $a_0 = 0$ und $\sum_{i=1}^{n} a_i = 1$, so hat der Stichprobenmittelwert als Schätzfunktion das kleinste Risiko, ist also gleichmäßig beste lineare Schätzfunktion unter all denen mit $E_\mu[\delta(X)] = \mu$ für alle μ.

Das Problem, das in diesem Beispiel zu Tage tritt, gilt auch ganz allgemein:

Minimiert man die Varianz der Schätzfunktion, also die „Variationsbreite" der Schätzfunktion aufgrund der Zufälligkeit der Stichprobe, so wird man den Schätzwert am besten konstant wählen, also vom Stichprobenergebnis abkoppeln. Dies ist zwar insofern absurd, daß man damit die Information der Stichprobe nicht benutzt, obwohl man die Stichprobe gerade durchführt, um Information zu erhalten. Wenn diese „Ratefunktion" (die Information wird ja nicht benutzt) aber

---

[4]Dieselbe Überlegung zeigt, daß es auch in der Klasse aller Schätzfunktionen keine gleichmäßig beste gibt.

– in einem Einzelfall – den richtigen Wert trifft, ist der Schaden[5] Null. Andererseits kann aber, wenn der Parameterraum genügend groß ist, auch das Risiko, nämlich das Quadrat der Abweichung des geratenen Werts vom wahren Wert, sehr groß werden. Eine gleichmäßig beste Schätzfunktion wird es also allenfalls in extremen Sonderfällen geben. Dementsprechend erscheint es sinnvoller, zunächst den zweiten Summanden zu minimieren und – wie im Beispiel – anschließend den ersten Summanden zu betrachten. Dies führt zur Definition der „erwartungstreuen Schätzfunktion".

5.7 Definition[6]

Eine Schätzfunktion δ : $\mathcal{X} \to \Gamma$ heißt *erwartungstreu (unverzerrt) für den Parameter* γ, falls

$$E_\gamma[\delta(X)] = \gamma \quad \text{für alle } \gamma \in \Gamma \tag{42}$$

gilt.

Sei δ : $\mathcal{X} \to \Gamma$ eine beliebige Schätzfunktion, dann heißt

$$E_\gamma[\delta(X)] - \gamma \tag{43}$$

Verzerrung (Bias) von δ.

Eine erwartungstreue Schätzfunktion ist also eine Schätzfunktion, deren Verzerrung 0 ist.

Die Beschränkung bei der Auswahl einer Schätzfunktion auf erwartungstreue Schätzfunktionen entspricht damit einem zweistufigen Vorgehen. Zunächst wird in einer ersten Stufe die Verzerrung minimiert, indem man sich – falls möglich – auf erwartungstreue Schätzfunktionen einschränkt und anschließend versucht, unter diesen eine auszuwählen, deren Varianz möglichst niedrig ist.

5.8 Beispiele

Für die Zufallsvariable Y, deren Parameter $\gamma \in \Gamma$ zu schätzen ist, gelte

---

[5] Bei Ratefunktionen ist $\delta(X)$ keine Zufallsvariable im eigentlichen Sinn, Risiko und Schaden stimmen also überein (vgl. (20)) bzw. (22)).

[6] Das Konzept der Erwartungstreue geht zurück auf Gauß (1821). Gauß, Carl Friedrich, 1777-1855, dt. Mathematiker und Astronom.

1. $E(Y) = \gamma$:

   Dann ist (vgl. auch Beispiel 5.6) der Stichprobenmittelwert

   $$\delta(x) = \bar{x} = \frac{1}{n} \sum_{i=1}^{n} x_i \tag{44}$$

   erwartungstreu, aber auch jede lineare Schätzfunktion

   $$\delta(x) = \sum_{i=1}^{n} a_i x_i \quad \text{mit} \quad \sum_{i=1}^{n} a_i = 1. \tag{45}$$

   Unter diesen sind aber auch die Schätzfunktionen

   $$\delta(x) = x_1, \ldots, \delta(x) = x_n \tag{46}$$

   erwartungstreu, bei denen jeweils nur einer der Stichprobenwerte benutzt wird.

2. $\text{Var}(Y) = \gamma$:[7]

   Naheliegend ist hier, die Stichprobenvarianz als Schätzwert zu verwenden:

   $$\delta(x) = \frac{1}{n} \sum_{i=1}^{n} (x_i - \bar{x})^2, \bar{x} = \frac{1}{n} \sum_{i=1}^{n} x_i. \tag{47}$$

   Ist diese Schätzfunktion erwartungstreu?

   Eine einfache Rechnung zeigt, daß

   $$\sum_{i=1}^{n} (x_i - \frac{1}{n} \sum_{j=1}^{n} x_j)^2 = \sum_{i=1}^{n} x_i^2 - n(\frac{1}{n} \sum_{j=1}^{n} x_j)^2 \tag{48}$$

   gilt (s. Deskriptive Statistik, S. 82).

   Damit ist

   $$E_\gamma[\sum_{i=1}^{n} (X_i - \frac{1}{n} \sum_{j=1}^{n} X_j)^2] \;=\; E_\gamma[\sum_{i=1}^{n} X_i^2] - n \cdot E_\gamma[(\frac{1}{n} \sum_{j=1}^{n} X_j)^2]$$

---

[7]Der Fall, daß wie bei der Normalverteilung $N(\mu, \sigma^2)$ die Varianz nur mit einer der Komponenten des Parametervektors übereinstimmt ist genauso zu behandeln.

$$= \sum_{i=1}^{n} E_\gamma[X_i^2] - n[E_\gamma(\frac{1}{n}\sum_{j=1}^{n}X_j)]^2 \tag{49}$$

$$-nE_\gamma[(\frac{1}{n}\sum_{j=1}^{n}X_j)^2] + n \cdot [E_\gamma(\frac{1}{n}\sum_{j=1}^{n}X_j)]^2$$

$$= (\sum_{i=1}^{n} E_\gamma[X_i^2] - n \cdot [E_\gamma(Y)]^2) - n \cdot Var_\gamma[\frac{1}{n}\sum_{j=1}^{n}X_j],$$

da $E_\gamma(\frac{1}{n}\sum_{j=1}^{n}X_j) = E_\gamma(Y)$ ist.

Weiter ist $Var_\gamma[\frac{1}{n}\sum_{j=1}^{n}X_j] = \frac{1}{n}\cdot Var_\gamma(Y)$ und $E_\gamma(X_i^2) - E(Y)^2 = Var_\gamma(Y)$
für $i = 1, \ldots, n$.

Damit erhält man schließlich

$$E_\gamma[\sum_{i=1}^{n}(X_i - \frac{1}{n}\cdot\sum_{j=1}^{n}X_j)^2] = \sum_{i=1}^{n}(E_\gamma[X_i^2] - [E_\gamma Y]^2) - n \cdot \frac{1}{n}Var_\gamma(Y)$$

$$= n \cdot Var_\gamma(Y) - Var_\gamma(Y) = (n-1)Var_\gamma(Y) \tag{50}$$

und damit

$$E_\gamma[\frac{1}{n}\sum_{i=1}^{n}(X_i - \frac{1}{n}\sum_{j=1}^{n}X_j)^2] = \frac{n-1}{n}Var_\gamma(Y). \tag{51}$$

Die „normale" Stichprobenvarianz

$$\frac{1}{n}\sum_{i=1}^{n}(x_i - \frac{1}{n}\sum_{j=1}^{n}x_j)^2 =: S^2(x) \tag{52}$$

ist damit **nicht** erwartungstreu für die Varianz.

Verwenden wir aber statt $\frac{1}{n}$ den Faktor $\frac{1}{n-1}$, so ergibt sich unmittelbar, daß die *korrigierte Stichprobenvarianz*

$$\frac{1}{n-1}\sum_{i=1}^{n}(x_i - \frac{1}{n}\sum_{j=1}^{n}x_j)^2 =: S^{*^2}(x) \tag{53}$$

erwartungstreu ist für die Varianz.

Auf dieselbe Weise zeigt man aber auch, daß u.a. für jedes $k \in \{2, 3, \ldots, n\}$

$$\delta_k(x_1, \ldots, x_n) = \frac{1}{k-1}\sum_{i=1}^{k}(x_i - \bar{x})^2 \text{ erwartungstreu für } \gamma \text{ ist.}$$

Ist der Erwartungswert $E(Y)$ bekannt (also z.B. der Parameter μ bei der Normalverteilung), so ist

$$E_\gamma[\sum_{i=1}^{n}(X_i - E_\gamma(Y)^2] = E_\gamma[\sum_{j=1}^{n} X_j^2 - 2E_\gamma(Y)\sum_{i=1}^{n} X_i + nE_\gamma(Y)^2]$$

$$= (\sum_{i=1}^{n} E_\gamma[X_i^2] - n \cdot [E_\gamma(Y)]^2) = n \cdot Var_\gamma(Y). \quad (54)$$

Damit ist

$$\frac{1}{n}\sum_{i=1}^{n}(x_i - E_\gamma(Y))^2 =: S^{\sim 2}(x) \quad (55)$$

erwartungstreu für $Var_\gamma(Y)$.

3. $\gamma = E(Y^j)$ ist j-tes Moment von Y:

Dann ist das j-te Stichprobenmoment

$$\mu^j(x) = \frac{1}{n}\sum_{i=1}^{n} x_i^j \quad (56)$$

erwartungstreu für γ.

Nicht immer ist ohne weiteres ersichtlich, wie eine erwartungstreue Schätzfunktion aussieht. Betrachten wir dazu das folgende Beispiel.

5.9 Beispiel

Zu schätzen sei der Parameter λ einer exponentialverteilten Lebensdauerverteilung, d.h. die Verteilungsfunktion der Lebensdauer T lautet

$$P(T \leq t) = 1 - e^{-\lambda t} \quad \text{für } t > 0 \quad (57)$$

mit unbekanntem, zu schätzendem $\lambda > 0$.

Der Parameter λ kann dabei als Ausfallrate, d.h. als (relative) Ausfallhäufigkeit pro Zeiteinheit aufgefaßt werden. Diese Ausfallrate ist also zu schätzen. Da $E(T) = \frac{1}{\lambda}$ ist, kann $E(T)$ mit dem Stichprobenmittelwert $\delta(x) = \bar{x}$ erwartungstreu geschätzt werden:

$$E_\lambda(\bar{X}) = \frac{1}{\lambda}. \quad (58)$$

Damit bietet es sich an, als Schätzfunktion für λ den Kehrwert $\bar{x}^{-1}$ des Stichprobenmittelwerts zu verwenden (vgl. Beispiel 5.1 3.):

$$\delta_\lambda(x_1,\ldots,x_n) = \frac{1}{\bar{x}} \tag{59}$$

ist aber nicht erwartungstreu für λ, da hier und auch i.a.

$$E(\frac{1}{Z}) \neq \frac{1}{E(Z)} \tag{60}$$

ist.

Bei der Forderung, daß eine Schätzfunktion erwartungstreu sein sollte, schränkt sich die Klasse der Schätzfunktionen erheblich ein. Sei also Δ^E die Klasse der erwartungstreuen Schätzfunktionen. Unter diesen wird man zunächst wieder prüfen, ob es eine gleichmäßig beste gibt, d.h. eine, bei der das Risiko für jedes γ minimal ist. Da die Verzerrung bei erwartungstreuen Schätzfunktionen Null ist, ist das Risiko jetzt die Varianz der Schätzfunktion, d.h. wir suchen eine erwartungstreue Schätzfunktion δ^* mit

$$Var_\gamma[\delta^*(X)] \leq Var_\gamma[\delta(X)] \quad \text{für alle } \gamma \in \Gamma \tag{61}$$

für jede erwartungstreue Schätzfunktion δ, also für jedes $\delta \in \Delta^E$.

5.10   Definition

$\delta^* \in \Delta^E$ heißt *gleichmäßig beste erwartungstreue Schätzfunktion (kurz: GBE-Schätzfunktion)*, wenn für jedes $\delta \in \Delta^E$ gilt:

$$Var_\gamma[\delta^*(X)] \leq Var_\gamma[\delta(X)] \quad \text{für alle } \gamma \in \Gamma. \tag{62}$$

Bei der Ermittlung einer Schätzfunktion nützen wir jetzt unsere Kenntnis über Stichprobenfunktionen aus. Haben wir eine suffiziente und vollständige Stichprobenfunktion $T : \mathcal{X} \rightarrow \mathcal{X}^T, \mathcal{X}^T \subset \mathbf{R}^k$ gefunden, so werden wir bei der Angabe eines Schätzwertes vom Auswertungsergebnis $T(x)$ des Stichprobenergebnisses x bei T ausgehen. Wir verwenden also eine „Schätzfunktion $\delta^T : \mathcal{X}^T \rightarrow \Gamma$ zur Stichprobenfunktion T". Da für eine vollständige Statistik T eine Funktion $\delta^T : \mathcal{X}^T \rightarrow \mathbf{R}$ durch ihren Erwartungswert fast sicher festgelegt ist, folgt, daß es „im wesentlichen" nur eine erwartungstreue Schätzfunktion für einen Parameter $\gamma \in \Gamma$ mit $\Gamma \subset \mathbf{R}$ gibt, die die Statistik T benutzt.

5.11 Satz

Sei Y eine Zufallsvariable mit parametrischer Verteilungsannahme $W = \{P_\gamma \mid \gamma \in \Gamma\}$, $\Gamma \subset \mathbf{R}$, $\mathcal{X}$ Stichprobenraum zu einer einfachen Stichprobe X mit Zurücklegen zu Y, $T : \mathcal{X} \to \mathcal{X}^T$ eine vollständige Statistik. Dann stimmen zwei erwartungstreue Schätzfunktionen $\delta_1^T, \delta_2^T : \mathcal{X}^T \to \Gamma$ zu T fast sicher überein, d.h. aus

$$E_\gamma[\delta_1^T(T(X))] = \gamma = E_\gamma[\delta_2^T(T(X))] \text{ für alle } \gamma \in \Gamma \tag{63}$$

folgt

$$P_\gamma[\delta_1(T(X)) = \delta_2(T(X))] = 1. \tag{64}$$

Bei diesem Satz, dessen Beweis sich unmittelbar aus der Definition der Vollständigkeit ergibt, wird nur die Vollständigkeit der Stichprobenfunktion vorausgesetzt. Ist diese darüberhinaus noch suffizient, so heißt dies, daß die Stichprobenfunktion für die Schätzung auch benutzt werden sollte, denn sie wertet das Stichprobenergebnis so aus, daß die Information erhalten bleibt und damit das Stichprobenergebnis auf den wesentlichen Kern für den Parameter reduziert wird. Zusammen bedeutet dies, daß es bei einer vollständigen und suffizienten Statistik im wesentlichen nur eine sinnvolle erwartungstreue Schätzfunktion gibt. Dies wird auch durch den folgenden Satz bestätigt. Bei Vorliegen von suffizienten und vollständigen Stichprobenfunktionen gibt es keine wesentlich verschiedenen erwartungstreuen Schätzfunktionen, die über die Stichprobenfunktion faktorisieren, d.h. bei der der Schätzwert aus dem Wert der Stichprobenfunktion berechnet wird. Dennoch wäre es noch denkbar, daß es eine erwartungstreue Schätzfunktion gibt mit günstigerem Risiko, die nicht über T faktorisiert[8]. Der Satz von Rao/Blackwell zeigt, daß dies nicht der Fall ist.

5.12 Satz von Rao/Blackwell [9]

Sei Y eine Zufallsvariable mit parametrischer Verteilungsannahme W mit Parameterraum $\Gamma \subset \mathbf{R}$, X eine Stichprobe zu Y mit Stichprobenraum $\mathcal{X}$, $T : \mathcal{X} \to \mathcal{X}^T$ eine suffiziente Statistik. Zu jeder für γ erwartungstreuen Schätzfunktion δ existiert eine Funktion $u : \mathcal{X}^T \to \mathbf{R}$ mit

---

[8]Dies wäre ein Widerspruch dazu, daß es sinnvoll ist, die Stichprobenfunktion zu benutzen.
[9]Rao, Calyampodi Radhakrishna, geb. 1920, indischer Statistiker, vgl. Rao (1945); Blackwell, David, geb. 1919, amerikanischer Statistiker, vgl. Blackwell (1947).

1. $\tilde{\delta}(x) = u(T(x))$ ist erwartungstreu für γ,

2. $Var_\gamma[\tilde{\delta}(X)] = Var_\gamma[u(T(X))] \leq Var_\gamma(\delta(X))$ und das Gleichheitszeichen gilt nur, falls δ und $\tilde{\delta}$ fast sicher übereinstimmen.

Beweis für den diskreten Fall:

Sei $t \in \mathcal{X}^T$ mit $P_\gamma(T(X) = t) \neq 0$.

Da T eine suffiziente Statistik ist, ist die bedingte Verteilung

$$P(X = x \mid T(X) = t) \tag{65}$$

von γ unabhängig.

Da T suffizient ist, sollte eine sinnvolle Schätzfunktion bei übereinstimmendem Wert von T auch denselben Schätzwert liefern. Ist dies bei δ nicht der Fall, so hat δ noch unnötige Variation, es sollte also möglich sein, die Streuung von δ eventuell zu verringern, wenn wir diese Variation beseitigen, indem wir die Schätzwerte in den Bereichen glätten, in denen T konstant ist. Da die Erwartungstreue erhalten bleiben soll, glätten wir in der Art, daß wir in diesen Bereichen den Erwartungswert bilden, also den Erwartungswert von $\delta(X)$ unter der Bedingung $T(X) = t$.

Sei also

$$E(\delta(X) \mid T(X) = t) = \sum_{x:\ T(x)=t} \delta(x)P(X = x \mid T(X) = t), \tag{66}$$

so hängt wegen der Suffizienz von T dieser Wert nur von t ab. Also sei für $t \in \mathcal{X}^T$:

$$u(t) = \begin{cases} E[\delta(X) \mid T(x) = t] & P_\gamma(T(X) = t) \neq 0 \\ \\ 0 & \text{sonst} \end{cases} \tag{67}$$

Dann gilt

1. $\tilde{\delta}(x) = u(T(x))$ ist erwartungstreu:

$$\begin{aligned} E_\gamma[u(T(X))] &= \sum_t u(t)P_\gamma[T(X) = t] \\ &= \sum_{t:\ P_\gamma(T(x)=t)\neq 0} E[\delta(X) \mid T(X) = t]P_\gamma(T(X) = t) \end{aligned}$$

$$
\begin{aligned}
&= \sum_t P_\gamma(T(X) = t) \sum_{x:\ T(x)=t} \delta(x) P(X = x \mid T(X) = t) \\
&= \sum_t P_\gamma(T(X) = t) \sum_{x:T(x)=t} \delta(x) \frac{P_\gamma(X = x)}{P_\gamma(T(X) = t)} \\
&= \sum_t \sum_{x:T(x)=t} \delta(x) P_\gamma(X = x) \qquad (68) \\
&= \sum_{x \in \mathcal{X}} \delta(x) P_\gamma(X = x) \\
&= E_\gamma[\delta(X)] = \gamma.
\end{aligned}
$$

2.

$$
\begin{aligned}
Var_\gamma[\delta(X)] &= E_\gamma[\delta(X) - \gamma]^2 \\
&= E_\gamma[\delta(X) - u(T(X)) + u(T(X)) - \gamma]^2 \qquad (69) \\
&= E_\gamma[\delta(X) - u(T(X))]^2 + Var_\gamma[\tilde{\delta}(X)] \\
&\geq Var_\gamma[\tilde{\delta}(X)],
\end{aligned}
$$

da

$$
\begin{aligned}
&E_\gamma[(\delta(X) - u(T(X)))(u(T(X)) - \gamma)] \qquad (70) \\
&= E_\gamma[\delta(X)(u(T(X)) - \gamma)] - E_\gamma[u(T(X))(u(T(X)) - \gamma)]
\end{aligned}
$$

und

$$
\begin{aligned}
&E_\gamma[u(T(X))(u(T(X)) - \gamma)] \\
&= \sum_t u(t)(u(t) - \gamma) P_\gamma[T(X) = t] \\
&= \sum_t (u(t) - \gamma) P_\gamma[T(X) = t] \sum_{x:T(x)=t} \delta(x) \frac{P_\gamma(X = x)}{P_\gamma(T(X) = t)} \\
&= \sum_t (u(t) - \gamma) \sum_{x:\ T(x)=t} \delta(x) P_\gamma(X = x) \qquad (71) \\
&= \sum_t \sum_{x:\ T(x)=t} (u(T(x)) - \gamma) \delta(x) P_\gamma(X = x) \\
&= E_\gamma[\delta(X)(u(T(X)) - \gamma)]
\end{aligned}
$$

gilt.

Probieren wir das Verfahren von Rao/Blackwell an einem Beispiel aus:

5.13   Beispiel: Poisson-Verteilung

$T(x_1, \ldots, x_n) = \sum\limits_{i=1}^{n} x_i$ ist suffizient und vollständig für den Parameter λ. Da für eine einfache Stichprobe mit Zurücklegen, $X_1, \ldots, X_n$ zu Y, X_i identisch verteilt ist wie Y, ist

$$\delta(x_1, \ldots, x_n) = x_1 \tag{72}$$

eine erwartungstreue Schätzfunktion[10]:

$$E(X_1) = E(Y) = \lambda. \tag{73}$$

Wie lautet $u(t)$?

Nach Definition ist

$$
\begin{aligned}
u(t) &= E(\delta(X) \mid T(X) = t) \\
&= \sum_{x:\ T(x)=t} \delta(x) P(X = x \mid T(X) = t) \\
&= \sum_{x:\ T(x)=t} x_1 P(X = x \mid T(X) = t) \tag{74} \\
&= \sum_{x_1 \le t} x_1 \sum_{x_2 \ldots x_n:\ \sum\limits_{i=2}^{n} x_i = t - x_1} P(X_1 = x_1, X_2 = x_2 \ldots X_n = x_n \mid T(X) = t) \\
&= \sum_{x_1 \le t} x_1 P(X_1 = x_1 \mid T(X) = t),
\end{aligned}
$$

indem wir alle die Summanden von Stichprobenergebnissen $x \in \mathcal{X}$ zusammenfassen, bei denen die erste Komponente x_1 übereinstimmt. Da $x_i \ge 0$ für $i = 1, \ldots, n$ gilt, darf dann x_1 nicht größer als t werden. Weiter ist

$$
\begin{aligned}
P(X_1 = x_1 \mid T(X) = t) &= \frac{P(X_1 = x_1, T(X) = t)}{P(T(X) = t)} \\
&= \frac{P(X_1 = x_1, \sum\limits_{i=1}^{n} X_i = t)}{P(\sum\limits_{i=1}^{n} X_i = t)} \tag{75}
\end{aligned}
$$

[10]Sicherlich eine schlechte, da ja nur einer der Stichprobenwerte, nämlich x_1 benutzt wird.

$$= \frac{P(X_1 = x_1, \sum_{i=2}^{n} X_i = t - x_1)}{P(\sum_{i=1}^{n} X_i = t)}.$$

Da die Summe von k unabhängigen λ-Poisson-verteilten Zufallsvariablen $(k\lambda)$-Poisson-verteilt ist, gilt weiter

$$P(X_1 = x_1 \mid T(X) = t) = \frac{P(X_1 = x_1)P(\sum_{i=2}^{n} X_i = t - x_1)}{P(\sum_{i=1}^{n} X_i = t)} \tag{76}$$

$$= \frac{\frac{\lambda^{x_1}}{x_1!} \cdot e^{-\lambda} \cdot \frac{((n-1)\lambda)^{t-x_1}}{(t-x_1)!} \cdot e^{-(n-1)\lambda}}{\frac{(n\lambda)^t}{t!} \cdot e^{-n\lambda}}$$

$$= \binom{t}{x_1} \cdot \frac{(n-1)^{t-x_1}}{n^t}$$

$$= \binom{t}{x_1} \cdot \left(\frac{n-1}{n}\right)^{t-x_1} \cdot \left(\frac{1}{n}\right)^{x_1}.$$

Daraus folgt

$$u(t) = \sum_{x_1=0}^{t} x_1 \cdot \binom{t}{x_1} \cdot \left(\frac{1}{n}\right)^{x_1} \left(\frac{n-1}{n}\right)^{t-x_1}$$

$$= \sum_{k=0}^{t} k \cdot \binom{t}{k} \left(\frac{1}{n}\right)^k \cdot \left(1 - \frac{1}{n}\right)^{t-k}$$

$$= t \cdot \frac{1}{n}, \tag{77}$$

da dieser Ausdruck dem Erwartungswert einer Binomialverteilung mit Parameter $\frac{1}{n}$ entspricht. Damit ist

$$\tilde{\delta}(x) = u(\sum_{i=1}^{n} x_i) = \frac{1}{n} \sum_{i=1}^{n} x_i \tag{78}$$

und

$$Var_\lambda[\tilde{\delta}(X)] = \frac{1}{n} Var(Y) = \frac{\lambda}{n} < Var_\lambda[\delta(X)] = \lambda. \tag{79}$$

Hat eine Stichprobenfunktion T neben der Suffizienz noch die Eigenschaft der Vollständigkeit, so liefert der Satz von Rao/Blackwell und Satz 5.11 eine „gleichmäßig beste erwartungstreue Schätzfunktion", sofern es überhaupt erwartungstreue Schätzfunktionen gibt.

Sei nämlich δ eine beliebige erwartungstreue Schätzfunktion. Nach dem Satz von Rao/Blackwell konstruieren wir daraus eine erwartungstreue Schätzfunktion $\bar{\delta}$ mit $\bar{\delta}(x) = u(T(x))$, $u : \mathcal{X}^T \to \Gamma$, die die Stichprobenfunktion T ausnützt. $\bar{\delta}$ ist dann gleichmäßig beste erwartungstreue Schätzfunktion in der Klasse aller erwartungstreuen Schätzfunktionen, d.h.

$$Var_\gamma[\bar{\delta}(X)] \leq Var_\gamma[\delta(X)] \quad \text{für alle } \gamma \in \Gamma \tag{80}$$

für jede erwartungstreue Schätzfunktion δ.

Zu δ können wir nämlich nach dem Satz von Rao/Blackwell ebenso $\tilde{\delta}(x) = \bar{u}(T(x))$ bilden und

$$Var_\gamma[\tilde{\delta}(X)] \leq Var_\gamma[\delta(X)] \quad \text{für alle } \gamma \in \Gamma. \tag{81}$$

Nach Satz 5.11 gilt dann aber

$$P_\gamma(\bar{\delta}(X) = \tilde{\delta}(X)) = 1 \tag{82}$$

und damit auch

$$Var_\gamma[\bar{\delta}(X)] = Var_\gamma[\tilde{\delta}(X)] \leq Var_\gamma[\delta(X)]. \tag{83}$$

Damit ist der folgende Satz bewiesen.

5.14   Satz von Lehmann/Scheffé[11]

Sei X eine einfache Stichprobe mit Zurücklegen zum Schätzen des Parameters $\gamma \in \Gamma$ einer Zufallsvariable Y, $\mathcal{X}$ der Stichprobenraum, $T : \mathcal{X} \to \mathcal{X}^T$ eine suffiziente und vollständige Stichprobenfunktion für γ. Gibt es eine erwartungstreue Schätzfunktion $\delta : \mathcal{X} \to \Gamma$ für γ, so existiert ein $u : \mathcal{X}^T \to \Gamma$ mit

(a) $\bar{\delta}(x) = u(T(x))$ ist erwartungstreu,

---

[11]Lehmann, Erich Leo, geb. 1917, amerikanischer Statistiker; Scheffé, Henri, 1907-1977, amerikanischer Statistiker; siehe Lehmann/Scheffé (1950),(1955),(1956).

(b) $\tilde{\delta}$ ist gleichmäßig beste erwartungstreue Schätzfunktion für γ bezüglich der quadratischen Schadensfunktion, d.h. für jede erwartungstreue Schätzfunktion $\bar{\delta}$ gilt:

$$Var_\gamma[\tilde{\delta}(X)] \leq Var_\gamma[\bar{\delta}(X)] \quad \text{für alle } \gamma \in \Gamma. \tag{84}$$

5.15 Folgerung (vgl. die Beispiele aus § 4)

1. $T(x) = \sum_{i=1}^{n} x_i$ ist suffizient und vollständig für den Parameter

   (a) p der Binomialverteilung $B(m,p)$,

   (b) λ der Poisson-Verteilung,

   (c) λ der Exponentialverteilung,

   (d) μ der Normalverteilung bei fester Varianz.

$\bar{x} = \frac{1}{n} \sum_{i=1}^{n} x_i$ ist erwartungstreu für den Erwartungswert, d.h. für

   (a) mp bei der Binomialverteilung $B(m,p)$,

   (b) λ bei der Poisson-Verteilung,

   (c) $\frac{1}{\lambda}$ bei der Exponentialverteilung,

   (d) μ bei der Normalverteilung.

Damit ist $\bar{x} = \frac{1}{n} \sum_{i=1}^{n} x_i$ auch GBE-Schätzfunktion in den Fällen (b) und (d), sowie $\frac{1}{m}\bar{x}$ im Fall (a).

Für den Parameter λ der Exponentialverteilung bietet sich dann $\frac{1}{\bar{x}}$ als Schätzfunktion an, die aber nicht erwartungstreu ist (vgl. Beispiel 5.9). Vielmehr gilt in diesem Fall: $Z_n := \sum_{i=1}^{n} X_i$ ist Erlang-verteilt[12] mit Stufenzahl n als Summe von n unabhängigen exponentialverteilten Zufallsvariablen (s. Anhang A.4.). Dichtefunktion ist

$$f_{Z_n,\lambda}(z) = \begin{cases} \frac{\lambda^n}{(n-1)!} \cdot z^{n-1} \cdot e^{-\lambda z} & z > 0 \\ 0 & z \leq 0 \end{cases} \tag{85}$$

---

[12]benannt nach dem dänischen Ingenieur A.K. Erlang, 1878-1929, Begründer der Warteschlangentheorie.

und damit gilt

$$E_\lambda(\frac{1}{Z_n}) = \int_0^\infty \frac{1}{z} \cdot \frac{\lambda^n}{(n-1)!} \cdot z^{n-1} \cdot e^{-\lambda z} dz \tag{86}$$

$$= \frac{\lambda}{(n-1)!} \cdot \int_0^\infty \lambda \cdot (\lambda z)^{n-2} \cdot e^{-\lambda z} dz$$

und mit der Substitution $w = \lambda z$

$$E_\lambda(\frac{1}{Z_n}) = \frac{\lambda}{(n-1)!} \int_0^\infty w^{n-2} \cdot e^{-w} dw. \tag{87}$$

Das Integral entspricht der Definition der Gammafunktion an der Stelle $n-1$, also $(\Gamma(n-1) = (n-2)!)$

$$E_\lambda(\frac{1}{Z_n}) = \frac{\lambda}{(n-1)!} \cdot \Gamma(n-1)$$

$$= \frac{\lambda}{(n-1)!} \cdot (n-2)! \tag{88}$$

$$= \frac{\lambda}{n-1}.$$

Also ist

$$E_\lambda\left(\frac{n-1}{\sum_{i=1}^n X_i}\right) = \lambda \tag{89}$$

und damit ist

$$\frac{n-1}{\sum_{i=1}^n x_i} \tag{90}$$

GBE-Schätzfunktion für λ.

2. $\sum_{i=1}^n (x_i - \mu)^2$ ist suffizient und vollständig für den Parameter σ^2 der Normalverteilung bei bekanntem μ (vgl. Beispiel 4.17 2.).

$\frac{1}{n}\sum_{i=1}^n (x_i - \mu)^2$ ist erwartungstreu für σ^2 (vgl. Beispiel 5.8 2.).

Damit ist

$$\frac{1}{n}\sum_{i=1}^n (x_i - \mu)^2 \tag{91}$$

GBE-Schätzfunktion für σ^2 bei bekanntem μ.

3. $T(x) = (\sum\limits_{i=1}^{n} x_i, \sum\limits_{i=1}^{n} x_i^2)$ ist suffizient und vollständig für (μ, σ^2) der Normalverteilung (μ und σ^2 beide unbekannt).

Ist nun $\mu = g_1(\mu, \sigma^2)$ zu schätzen, so gilt analog zu den oben durchgeführten Überlegungen, daß

$$\bar{x} = \frac{1}{n} \sum_{i=1}^{n} x_i \tag{92}$$

GBE-Schätzfunktion ist.

Ist $\sigma^2 = g_2(\mu, \sigma^2)$ zu schätzen, so ist entsprechend

$$
\begin{aligned}
S^{*^2}(x) &:= \frac{1}{n-1} \sum_{i=1}^{n} (x_i - \bar{x})^2 \\
&= \frac{1}{n-1} \sum_{i=1}^{n} x_i^2 - \frac{n}{n-1} \bar{x}^2 \\
&= u(T(x))
\end{aligned}
\tag{93}
$$

erwartungstreu und geht von der Stichprobenfunktion T aus, ist also GBE-Schätzfunktion für σ^2.

Fassen wir das Ergebnis noch einmal zusammen:

Geht man bei der Beurteilung einer Schätzfunktion von einer quadratischen Schadensfunktion aus, so setzt sich das Risiko, also der mittlere quadratische Fehler, additiv aus der Varianz der Schätzfunktion und dem Quadrat der Verzerrung zusammen. Da es keine gleichmäßige (d.h. für alle Parameterwerte) beste Schätzfunktion bzgl. des mittleren quadratischen Fehlers gibt, kann man sich bei einem zweistufigen Vorgehen zunächst auf die Klasse der erwartungstreuen Schätzfunktionen beschränken und unter diesen eine optimale suchen, d.h. eine, deren Varianz gleichmäßig, also für alle Parameterwerte, minimal ist.

Bei der Suche nach einer gleichmäßig besten erwartungstreuen Schätzfunktion ist eine suffiziente und vollständige Statistik sehr hilfreich. Einerseits ist es ausreichend zu überprüfen, ob eine gegebene erwartungstreue Schätzfunktion über die Statistik faktorisiert, um zu wissen, ob sie GBE-Schätzfunktion ist. Andererseits kann man mit dem Verfahren von Rao/Blackwell eine GBE-Schätzfunktion konstruieren, wenn nur irgendeine erwartungstreue Schätzfunktion gegeben ist.

Übungsaufgaben zu § 5

Übungsaufgabe 5.1:

Es seien T_1 und T_2 zwei unkorrelierte, erwartungstreue Schätzer für den Erwartungswert μ einer Zufallsvariablen X mit bekannter Varianz $Var(T_1) = \sigma_1^2$ ($\sigma_1^2 \neq 0$) und $Var(T_2) = \sigma_2^2$ ($\sigma_2^2 \neq 0$). Aus T_1 und T_2 werde ein neuer Schätzer für μ gebildet mit

$$T = aT_1 + bT_2 \qquad (a, b \in \mathbf{R})$$

(a) Wann ist T erwartungstreuer Schätzer für μ ?

(b) Welcher unter den erwartungstreuen Schätzern aus (a) besitzt die kleinste Varianz ?

1. Wie groß ist die minimale Varianz aus (b) ?

Übungsaufgabe 5.2:

Auf einer Grundgesamtheit $\Omega = \{\omega_1, \ldots, \omega_n\}$ seien 2 Merkmale ξ und η gegeben ((ξ_i, η_i) ist das Merkmalspaar des i-ten Elementes). Aus vorherigen Untersuchungen ist $\bar{\xi}$ bekannt. Mit Hilfe einer Stichprobe mit Zurücklegen vom Umfang n ((x_i, y_i) sei das Merkmalspaar der i-ten Stichprobeneinheit, x bzw. y der Vektor der Merkmalswerte) sollen nun Aussagen über den Mittelwert von η gemacht werden. Man entscheidet sich für die Schätzfunktion

$$z_\alpha(x, y) = \hat{\bar{\eta}} = \bar{y} + \alpha(\bar{\xi} - \bar{x}); \quad \alpha \in \mathbf{R}$$

(a) Überprüfen Sie, ob der Schätzer z_α erwartungstreu für $\bar{\eta}$ ist.

(b) Berechnen Sie die Varianz des Schätzers z_α.

(c) Bestimmen Sie α so, daß die Varianz von z_α minimal wird.

Übungsaufgabe 5.3:

Die Dichtefunktion der Gammaverteilung lautet

$$f_Y(y) = \begin{cases} \frac{1}{\Gamma(\alpha)}\lambda^\alpha y^{\alpha-1}e^{-\lambda y} & \text{für} \quad y > 0 \\ 0 & \text{sonst} \end{cases}$$

Der Erwartungswert der Gammaverteilung ist $E(Y) = \alpha\frac{1}{\lambda}$. Es sei bekannt, daß $\lambda = 1$ ist. Sei X eine einfache Stichprobe mit Zurücklegen zum Schätzen des Parameters α der Zufallsvariable Y. Ist

$$\bar{x} = \frac{1}{n}\sum_{i=1}^{n}x_i$$

gleichmäßig beste erwartungstreue Schätzfunktion für α ?

Übungsaufgabe 5.4:

In einem Unternehmen soll durch eine Befragung untersucht werden, wie die Arbeitnehmer in der Regel zu ihrem Arbeitsplatz gelangen. Es werden vier verschiedene Möglichkeiten betrachtet: Zu Fuß (0), mit dem Auto (1), mit Nahverkehrsmitteln (2) und Sonstiges (3). Die Wahrscheinlichkeiten für die vier Möglichkeiten seien γ_i mit $i = 0, 1, 2, 3$ und $\sum_{i=0}^{3}\gamma_i = 1$. Bekannt sei, daß $\gamma_i > 0$ ist für $i = 0, 1, 2, 3$.

(a) Bestimmen Sie eine gleichmäßig beste erwartungstreue Schätzfunktion für $\gamma = (\gamma_0, \gamma_1, \gamma_2, \gamma_3)$.

(b) Eine Stichprobe vom Umfang $n = 15$ brachte folgendes Ergebnis:

$$3, 1, 2, 1, 1, 0, 3, 2, 1, 0, 2, 1, 1, 0, 2,$$

Man berechne den Schätzwert für γ nach der Schätzfunktion aus (a).

6 Maximum-Likelihood-Schätzfunktionen[1]

Einen eher intuitiv begründeten Ansatz bildet ein anderes Verfahren, einen oder mehrere Parameter einer Wahrscheinlichkeitsverteilung zu schätzen. Grundlage der Schätzung ist wieder das Ergebnis einer Stichprobe, es liegen also Meß- oder Beobachtungswerte $x_1, \ldots, x_n$ vor. Die Gesetzmäßigkeit des Zufalls, die dieser Beobachtung zugrunde liegt, kann durch die Wahrscheinlichkeit des Stichprobenvektors X angegeben werden, die wegen der Grundannahmen der schließenden Statistik in bekannter Weise vom (unbekannten) Parameter γ abhängt. Die Maximum-Likelihood-Methode geht letztlich von dem Prinzip aus, den Parameter als Schätzwert festzulegen, bei dem das Stichprobenergebnis x die größte „Plausibilität" hat.

Sei zunächst ein diskretes Problem gegeben, der Stichprobenvektor X also eine diskrete Zufallsvariable. Dann ist:

$$P_\gamma(X = x) \qquad \text{die Wahrscheinlichkeit für das Auftreten des} \qquad (1)$$
$$\text{Stichprobenergebnisses } x.$$

Das Maximum-Likelihood-Prinzip besagt jetzt:

$$\text{Maximiere } P_\gamma(X = x) \text{ über } \gamma \in \Gamma \qquad (2)$$

und

$$\text{wähle die Maximalstelle } \gamma^* \text{ als Schätzwert.} \qquad (3)$$

6.1 Beispiel

Gesucht sei die Wahrscheinlichkeitsverteilung einer $B(m,p)$-verteilten Zufallsvariable, also der Parameter p einer Binomialverteilung:

$$P(Y = k) = \binom{m}{k} p^k (1-p)^{m-k}. \qquad (4)$$

Dann ist für das Stichprobenergebnis $x = (x_1, \ldots, x_n)$:

$$P_p(X = x) \;=\; \prod_{i=1}^{n} \binom{m}{x_i} p^{x_i} (1-p)^{m-x_i}$$

---

[1] Eine systematische Theorie von Punktschätzverfahren nach dem Maximum-Likelihood-Prinzip (Fisher (1922)) wurde wohl zuerst von R.A. Fisher (1925) entwickelt.

$$= p^{\sum\limits_{i=1}^{n} x_i} (1-p)^{\sum\limits_{i=1}^{n}(m-x_i)} \prod_{i=1}^{n} \binom{m}{x_i}. \tag{5}$$

Dieser Wert ist für $p \in [0,1]$ zu maximieren. Zur Bestimmung der Maximalstelle ist der Faktor $\prod\limits_{i=1}^{n} \binom{m}{x_i}$ ohne Belang, außerdem wird die Aufgabe dadurch erleichtert, daß man den Wert logarithmiert[2] $(0 < p < 1)$:

$$\ln[p^{\sum\limits_{i=1}^{n} x_i} (1-p)^{\sum\limits_{i=1}^{n}(m-x_i)}] = \sum_{i=1}^{n} x_i \ln p + (nm - \sum_{i=1}^{n} x_i) \ln(1-p). \tag{6}$$

Die Ableitung davon nach p ist:

$$\sum_{i=1}^{n} x_i \frac{1}{p} - (nm - \sum_{i=1}^{n} x_i) \frac{1}{1-p}. \tag{7}$$

Setzt man dies gleich Null, erhält man die Gleichung:

$$\frac{1-p}{p} = \frac{nm - \sum\limits_{i=1}^{n} x_i}{\sum\limits_{i=1}^{n} x_i} \qquad \text{für } \sum_{i=1}^{n} x_i \neq 0. \tag{8}$$

Daraus folgt

$$\frac{1}{p} = \frac{nm}{\sum\limits_{i=1}^{n} x_i} \qquad \text{oder} \qquad p = \frac{\sum\limits_{i=1}^{n} x_i}{nm} = \frac{1}{m} \bar{x}. \tag{9}$$

Für $\sum\limits_{i=1}^{n} x_i \neq 0$ und $\sum\limits_{i=1}^{n} x_i \neq nm$ ist dies tatsächlich eine Maximalstelle, denn

- $P_p(X = x) = 0$ für $p = 0$ oder $p = 1$
- $P_p(X = x) > 0$ für $0 < p < 1$

---

[2]Wegen der strengen Monotonie der Logarithmusfunktion ändert sich die Maximalstelle nicht.

- $P_p(X = x)$ ist stetig in p, nimmt daher das Maximum in $[0,1]$ an.

Für $\sum\limits_{i=1}^{n} x_i = 0$, also $x_i = 0$ für $i = 1, ..., n$, gilt

$$P_p(X = x) = \prod_{i=1}^{n}(1 - p)^m = (1 - p)^{nm} \tag{10}$$

und dieser Ausdruck wird maximal in $[0,1]$ für $p = 0$. Für $\sum\limits_{i=1}^{n} x_i = nm$, also $x_i = m$ für $i = 1, ..., n$, gilt

$$P_p(X = x) = \prod_{i=1}^{n} p^m = p^{nm} \tag{11}$$

und dieser Ausdruck wird maximal in $[0, 1]$ für $p = 1$.

$\delta_{ML}(x) = \frac{1}{m}\bar{x}$ ist also Maximum-Likelihood-Schätzwert für p.

6.2   Beispiel

Gesucht sei die Wahrscheinlichkeitsverteilung einer diskreten Zufallsvariable Y mit den Werten $0, 1, ..., r$ und

$$P(Y = i) = \gamma_i, \quad \gamma_i \geq 0 \text{ für } i = 0, 1, ..., r \text{ und } \sum_{i=0}^{r}\gamma_i = 1. \tag{12}$$

Beobachtet worden sei das Stichprobenergebnis $x = (x_1, ..., x_n)$, wobei für die Werte $0, ..., r$ die absoluten Häufigkeiten $\vartheta_0(x), ..., \vartheta_r(x)$ festgestellt wurden[3]. Damit ist

Fall a): $\vartheta_0(x) > 0, ..., \vartheta_r(x) > 0$:

$$
\begin{aligned}
P_\gamma(X = x) &= \prod_{i=1}^{n} P_\gamma(X_i = x_i) \\
&= \gamma_0^{\vartheta_0(x)} \cdot \gamma_1^{\vartheta_1(x)} \cdot ... \cdot \gamma_r^{\vartheta_r(x)}
\end{aligned} \tag{13}
$$

---

[3] $(\vartheta_0(x), ..., \vartheta_r(x))$ ist im übrigen eine suffiziente Stichprobenfunktion für $\gamma_0, ..., \gamma_r$ (Übungsaufgabe).

$$= (1 - \sum_{i=1}^{r} \gamma_i)^{n - \sum_{j=1}^{r} \vartheta_j(x)} \prod_{j=1}^{r} \gamma_j^{\vartheta_j(x)}$$

und dieser Ausdruck ist bzgl. $\gamma_0, \ldots, \gamma_r$ zu maximieren. Diese Aufgabe ist leichter zu lösen, wenn wir den Ausdruck zuerst logarithmieren[4]:

$$\ln P_\gamma(X = x) = (n - \sum_{j=1}^{r} \vartheta_j(x)) \ln(1 - \sum_{j=1}^{r} \gamma_j) + \sum_{j=1}^{r} \vartheta_j(x) \ln \gamma_j. \tag{14}$$

Die partiellen Ableitungen davon lauten

$$\frac{\partial}{\partial \gamma_k} \ln P_\gamma(X = x) = \frac{n - \sum_{j=1}^{r} \vartheta_j(x)}{1 - \sum_{j=1}^{r} \gamma_j}(-1) + \frac{\vartheta_k(x)}{\gamma_k} \quad \text{für } k = 1, \ldots, r. \tag{15}$$

Durch Nullsetzen erhält man die Gleichungen:

$$(n - \sum_{j=1}^{r} \vartheta_j(x))\gamma_k = (1 - \sum_{j=1}^{r} \gamma_j)\vartheta_k(x) \quad \text{für } k = 1, \ldots, r. \tag{16}$$

Summiert man diese auf, so ist

$$(n - \sum_{j=1}^{r} \vartheta_j(x)) \sum_{k=1}^{r} \gamma_k = (1 - \sum_{j=1}^{r} \gamma_j) \sum_{j=1}^{r} \vartheta_j(x) \tag{17}$$

und damit

$$n \sum_{k=1}^{r} \gamma_k - (\sum_{j=1}^{r} \vartheta_j(x))(\sum_{k=1}^{r} \gamma_k) = \sum_{j=1}^{r} \vartheta_j(x) - (\sum_{j=1}^{r} \gamma_j)(\sum_{j=1}^{r} \vartheta_j(x)) \tag{18}$$

oder

$$\sum_{k=1}^{r} \gamma_k = \frac{\sum_{j=1}^{r} \vartheta_j(x)}{n}. \tag{19}$$

---

[4]Dies ist allerdings nur für $\gamma_j > 0$ und $\sum_{j=1}^{r} \gamma_j < 1$ möglich.

Durch Einsetzen in die Gleichungen erhält man

$$n(1 - \frac{\sum\limits_{j=1}^{r} \vartheta_j(x)}{n})\gamma_r = (1 - \frac{\sum\limits_{j=1}^{r} \vartheta_j(x)}{n})\vartheta_k(x) \tag{20}$$

und wegen $\vartheta_0(x) = n - \sum\limits_{j=1}^{r} \vartheta_j(x) \neq 0$:

$$\gamma_k = \frac{\vartheta_k(x)}{n} \qquad \text{für } k = 1, \dots, r. \tag{21}$$

Damit ist

$$\hat{\gamma}_0 = 1 - \sum_{j=1}^{r} \hat{\gamma}_j = \frac{\vartheta_0(x)}{n}, \hat{\gamma}_1 = \frac{\vartheta_1(x)}{n}, \dots, \hat{\gamma}_r = \frac{\vartheta_r(x)}{n} \tag{22}$$

Extremalstelle im Bereich

$$\Gamma_0 = \{(\gamma_0, \dots, \gamma_r) \mid \gamma_k > 0 \text{ für } k = 1, \dots, r, \sum_{j=1}^{r} \gamma_k < 1\}. \tag{23}$$

Ist $\gamma_k = 0$ für mindestens ein k, so gilt

$$P_\gamma(X = x) = 0. \tag{24}$$

Damit hat diese Funktion am Rand von Γ den Wert 0, im Inneren ist sie positiv. Wegen der Stetigkeit und der Kompaktheit von Γ besitzt sie ein Maximum. Maximalstelle ist daher $\hat{\gamma} = (\hat{\gamma}_0, \dots, \hat{\gamma}_r)$, Schätzwerte der einzelnen Parameterkomponenten sind also die zugehörigen relativen Häufigkeiten.

Fall b):

Einige der Werte $0, \dots, r$ wurden nicht beobachtet, o.B.d.A. seien dies die Werte $s + 1, \dots, r : \vartheta_0(x) > 0, \dots, \vartheta_s(x) > 0, \vartheta_{s+1}(x) = 0, \dots, \vartheta_r(x) = 0$. Dann ist:

$$P_\gamma(X = x) = \prod_{i=0}^{s} \gamma_i^{\vartheta_i(x)} \tag{25}$$

und da dieser Ausdruck monoton in $\gamma_1, \ldots, \gamma_s$ wächst, muß für jede Maximalstelle in Γ $\gamma_{s+1} = \ldots = \gamma_r = 0$ gelten. Fall a) liefert dann die Maximalstelle

$$\bar{\gamma}_0 = \frac{\vartheta_0(x)}{n}, \ldots, \bar{\gamma}_s = \frac{\vartheta_s(x)}{n}, \bar{\gamma}_{s+1} = \ldots = \bar{\gamma}_r = 0. \tag{26}$$

ML-Schätzwert für die Parameterkomponenten ist also in beiden Fällen:

$$\hat{\gamma}_k = \frac{\vartheta_k(x)}{n} \quad \text{für } k = 0, \ldots, r, \tag{27}$$

also die Wahrscheinlichkeit für das Auftreten des Wertes k wird durch die relative Häufigkeit von k in der Stichprobe geschätzt.

Im stetigen Fall ist dieses Prinzip der Maximierung der Wahrscheinlichkeit für das Stichprobenergebnis x über die möglichen Parameterwerte γ nicht sinnvoll, da ($\mathcal{X}$ Stichprobenraum)

$$P_\gamma(X = x) = 0 \quad \text{für alle } \gamma \in \Gamma \text{ und } x \in \mathcal{X} \tag{28}$$

ist.

Beachtet man jedoch, daß das Stichprobenergebnis in diesem Fall auch nur mit vorgegebener Genauigkeit festgestellt werden kann, so wird man die Meßwerte $x_1, \ldots, x_n$ eher als

$$x_i \pm \varepsilon \quad \text{für } i = 1, \ldots, n \tag{29}$$

mit $\varepsilon > 0$ interpretieren. Dann wird aus $P_\gamma(X = x)$

$$
\begin{aligned}
&P_\gamma(x_i - \varepsilon \leq X_i \leq x_i + \varepsilon \text{ für } i = 1, \ldots, n) \\
&= \int_{t_i \in [x_i - \varepsilon, x_i + \varepsilon]} \cdots \int f_{X,\gamma}(t_1, \ldots, t_n) dt_1 \ldots dt_n,
\end{aligned}
\tag{30}
$$

die Maximalstelle γ^* dieses Ausdrucks für $\gamma \in \Gamma$ hängt dann aber von $\varepsilon > 0$ ab. Um diesen Einfluß von $\varepsilon > 0$ auszuschließen, beschränkt man sich darauf, den Integranden an der Stelle $(x_1, \ldots, x_n)$ zu maximieren.

Das Maximum-Likelihood-Prinzip lautet jetzt:

$$\text{Maximiere } f_{X,\gamma}(x) \text{ über } \gamma \in \Gamma \tag{31}$$

und

wähle die Maximalstelle γ^* als Schätzwert.   (32)

6.3   Beispiel

Zu schätzen sei der Parameter λ einer exponentialverteilten Zufallsvariable Y.
Dichte von Y ist damit

$$f_{Y,\lambda}(y) = \begin{cases} 0 & y \leq 0 \\ \lambda \cdot e^{-\lambda y} & y > 0 \end{cases} \tag{33}$$

Damit lautet die Dichtefunktion einer einfachen Stichprobe X mit Zurücklegen
zu Y:

$$f_{X,\lambda}(x_1,\ldots,x_n) = \begin{cases} 0 & x_i \leq 0 \text{ für ein } i \\ \lambda^n \cdot e^{-\lambda \sum\limits_{i=1}^{n} x_i} & x_i > 0 \text{ für } i = 1,\ldots,n \end{cases} \tag{34}$$

Durch Logarithmieren erhält man

$$\ln f_{X,\lambda}(x) = n \cdot \ln \lambda + (-\lambda \sum_{i=1}^{n} x_i). \tag{35}$$

Damit ist

$$\frac{d}{d\lambda}(\ln f_{X,\lambda}(x)) = \frac{n}{\lambda} - \sum_{i=1}^{n} x_i \tag{36}$$

und

$$\frac{d^2}{d\lambda^2}(\ln f_{X,\lambda}(x)) = -\frac{n}{\lambda^2} < 0. \tag{37}$$

Maximalstelle ist also

$$\lambda^* = \frac{n}{\sum\limits_{i=1}^{n} x_i} = \frac{1}{\bar{x}} \tag{38}$$

Damit ist der Kehrwert des arithmetischen Mittels der Schätzwert für λ nach dem Maximum-Likelihood-Prinzip. Wie gesehen ist diese Schätzung jedoch nicht erwartungstreu.

6.4 Definition

Sei X eine Stichprobe zur Zufallsvariable Y mit parametrischer Verteilungsannahme W und Parameterraum Γ, $\mathcal{X}$ der Stichprobenraum zu X.

Zu einem Stichprobenergebnis $x \in \mathcal{X}$ und $\gamma \in \Gamma$ sei

$$L_x(\gamma) \quad := \quad \left\{ \begin{array}{ll} P_\gamma(X = x) & \text{falls } Y \text{ und damit } X \text{ diskret} \\ f_{X,\gamma}(x) & \text{falls } Y \text{ und damit } X \text{ stetig,} \end{array} \right. \tag{39}$$

wobei P_γ die Wahrscheinlichkeitsverteilung von X bzw. $f_{X,\gamma}$ die Dichte von X sei.

1. $L_x(\cdot) : \Gamma \to \mathbf{R}$ heißt *Likelihood-Funktion zu* $x \in \mathcal{X}$.

2. Die Maximalstelle $\hat{\gamma}$ der Likelihood-Funktion in Γ, d.h.

   $$L_x(\hat{\gamma}) = \max_{\gamma \in \Gamma} L_x(\gamma), \tag{40}$$

   heißt *Maximum-Likelihood-Schätzwert* (kurz: *ML-Schätzwert*) *zum Stichprobenergebnis* $x \in \mathcal{X}$.

3. Die Funktion $\delta_{ML} : \mathcal{X} \to \Gamma$ mit

   $$L_x(\delta_{ML}(x)) = \max_{\gamma \in \Gamma} L_x(\gamma) \tag{41}$$

   heißt *Maximum-Likelihood-Schätzfunktion für* $\gamma \in \Gamma$ (kurz: *ML-Schätzfunktion*).

6.5 Bemerkung

Im Rahmen dieses Buches betrachten wir nur einfache Stichproben mit Zurücklegen. Das Maximum-Likelihood-Prinzip ist aber natürlich für jede Art von Stichproben anwendbar, wenngleich die Optimierungsaufgabe unter Umständen schwierig zu lösen sein wird. Vorausgesetzt werden muß zunächst nur, daß bekannt ist, wie die Wahrscheinlichkeitsverteilung der Stichprobe vom Parameter abhängt. Dies wird aber schon in der dritten Grundannahme gefordert. Bei einer einfachen Stichprobe mit Zurücklegen ist aber die Likelihood-Funktion besonders einfach.

Sei nämlich

$$q_{Y,\gamma}(y) \;=\; \begin{cases} P_\gamma(Y = y) & Y \text{ diskret} \\ f_{Y,\gamma}(y) & Y \text{ stetig,} \end{cases} \tag{42}$$

dann gilt

$$L_x(\gamma) = \prod_{i=1}^{n} q_{Y,\gamma}(x_i). \tag{43}$$

Falls $L_x(\gamma) > 0$ für alle $\gamma \in \Gamma$ gilt, ist wegen der strengen Monotonie der Logarithmusfunktion γ^* genau dann Maximalstelle von $L_x(\gamma)$, wenn γ^* Maximalstelle von $\ln(L_x(\gamma))$ ist.

Es gilt aber

$$\ln L_x(\gamma) = \ln\left[\prod_{i=1}^{n} q_{Y,\gamma}(x_i)\right] = \sum_{i=1}^{n} \ln q_{Y,\gamma}(x_i) \tag{44}$$

und damit für $\gamma \in \mathbf{R}$

$$\frac{d}{d\gamma} \ln L_x(\gamma) = \sum_{i=1}^{n} \frac{1}{q_{Y,\gamma}(x_i)} \frac{d}{d\gamma} q_{Y,\gamma}(x_i) \tag{45}$$

bzw. für $\gamma = (\gamma_1, \ldots, \gamma_k)$[5]

$$\frac{\partial}{\partial\gamma_j} \ln L_x(\gamma) = \sum_{i=1}^{n} \frac{1}{q_{Y,\gamma}(x_i)} \frac{\partial}{\partial\gamma_j} q_{Y,\gamma}(x_i). \tag{46}$$

Als notwendige Bedingung für eine Maximalstelle erhält man damit die Gleichung

$$\sum_{i=1}^{n} \frac{1}{q_{Y,\gamma}(x_i)} \frac{d}{d\gamma} q_{Y,\gamma}(x_i) = 0 \tag{47}$$

---

[5]vgl. Beispiel 6.2.

bzw. das Gleichungssystem

$$\sum_{i=1}^{n} \frac{1}{q_{Y,\gamma}(x_i)} \frac{\partial}{\partial \gamma_j} q_{Y,\gamma}(x_i) = 0 \text{ für } j = 1,\ldots,k. \tag{48}$$

Diese Gleichung(en) werden als *ML-Gleichung(en)* bezeichnet. Die ML-Gleichung(en) wird (werden) dann gelöst und die Lösung daraufhin geprüft, ob es sich um eine (globale) Maximalstelle in Γ handelt.

In einigen Fällen ist die Forderung $L_\gamma(x) \neq 0$ **nicht** für alle $\gamma \in \Gamma$ erfüllt (siehe Beispiele 6.1 und 6.2). Damit ist dann durch Vergleich der Funktionswerte zu überprüfen, ob die Lösung der ML-Gleichung(en) eine globale Maximalstelle in Γ ist.

Übungsaufgaben zu § 6

Übungsaufgabe 6.1:

Aufgrund der immer wieder aufkommenden Diskussionen über die Öffnungszeiten von Tankstellen möchte ein Tankstellenpächter Aufschluß über die Tankgewohnheiten seiner Kunden in den Abendstunden erhalten. Dazu befragt er 50 zufällig ausgewählte Kunden, wie oft sie im letzten Monat in der Zeit nach 19 Uhr an seiner Tankstelle getankt haben. Er erhält die folgende Häufigkeitsverteilung:

x	0	1	2	3	4	5 und mehr
$h(x)$	26	14	5	3	2	0

(a) Da er davon ausgeht, daß die Anzahl der Tankbesuche eines Kunden im Laufe eines Monats Poisson-verteilt ist, möchte er mit den ermittelten Werten den Parameter dieser Verteilung schätzen. Berechnen Sie den Maximum-Likelihood-Schätzwert. Ist dieser Schätzer erwartungstreu?

(b) Geben Sie einen Schätzer für den Anteil der Kunden, die mehr als zweimal im Monat abends tanken.

  • unter Ausnutzung der in (a) gemachten Verteilungsannahme,

  • ohne die Verteilungsannahme zu benutzen.

Diskutieren Sie die beiden Schätzmethoden und das Ergebnis. Welche Methode ist vorzuziehen?

Übungsaufgabe 6.2:

(a) Auf einem Großmarkt werden monatlich 200 Kisten mit Apfelsinen über-
    prüft. Die Anzahl der Kisten, die wegen Qualitätsmängeln zurückgewiesen
    werden, war in einem Jahr

    13 9 18 4 0 14 2 8 10 10 18 0

    Geben Sie mit Hilfe der Maximum-Likelihood-Methode die Wahrschein-
    lichkeit dafür an, daß eine zufällig entnommene Kiste zurückgewiesen wird.

(b) Es wird eine weitere Stichprobe entnommen, bei der x_{13} Apfelsinenkisten
    abgelehnt werden. Wie groß müßte x_{13} sein, damit der neue ML-Schätzer
    größer wird als derjenige aus (a)?

Übungsaufgabe 6.3:

(a) Sei Y eine normalverteilte Zufallsvariable mit unbekannter Varianz und
    dem Erwartungswert $\mu = 4.5$. Es ist folgende Stichprobenrealisation be-
    kannt:

    2 4 7 9 5 1 3 5.

    Schätzen Sie mit Hilfe der Maximum-Likelihood-Methode die unbekannte
    Varianz.

(b) Bestimmen Sie eine gleichmäßig beste erwartungstreue Schätzfunktion für
    σ^2 und vergleichen Sie dieses Ergebnis mit dem aus (a).

(c) Wiederholen Sie (a) und (b), wenn Sie keine Angaben über μ besitzen.

Übungsaufgabe 6.4:

Die Zufallsvariable X sei Weibull-verteilt mit den Parametern α und β, d.h. ihre
Dichtefunktion lautet

$$f_X(x) = \begin{cases} \alpha\beta x^{\beta-1} e^{-\alpha x^\beta} & x > 0 \\ 0 & x \leq 0 \end{cases}$$

Berechnen Sie für eine Stichprobe vom Umfang n den ML-Schätzer für α, wenn
der Parameterwert $\beta = 2$ gegeben ist.

Übungsaufgabe 6.5:

Die Dichtefunktion einer gammaverteilten Zufallsvariablen Y lautet ($\alpha > 0$, $\lambda > 0$)

$$f_Y(y) = \begin{cases} \frac{1}{\Gamma(\alpha)} \lambda^\alpha y^{\alpha-1} e^{-\lambda y} & \text{für} \quad y > 0 \\ 0 & \text{sonst} \end{cases}$$

$\Gamma(\alpha)$ gibt den Wert der Gammafunktion an der Stelle α an. Der Parameter α sei mit $\alpha = 2$ vorgegeben. Berechnen Sie für eine Stichprobe vom Umfang n den Maximum-Likelihood-Schätzer für λ.

7   Intervallschätzungen

Da die Angabe eines mit Sicherheit korrekten Parameterwertes aufgrund von
Stichproben nicht möglich ist, erscheint es bei vielen Fragestellungen sinnvoller
zu sein, einen Bereich anzugeben, in dem man den wahren Parameter vermutet.
Damit erhält man als Entscheidungsraum die Potenzmenge des Parameterraums
(vgl. § 3). Im allgemeinen werden für die Angabe eines Parameterbereichs nicht
beliebig geartete Teilmengen des Parameterraums in Frage kommen, sondern
man wird nur zusammenhängende Teilmengen in Betracht ziehen, also für $\Gamma \subset$
$\mathbf{R}$ Intervalle, für $\Gamma \subset \mathbf{R}^k$ Quader, Kugeln bzgl. einer Norm und dergleichen.

Beschränken wir uns auf den Fall $\Gamma \subset \mathbf{R}$ und Intervalle als Bereiche. Die analoge
Vorgehensweise wie bei Parameterpunktschätzungen erfordert nun die Festle-
gung einer Schadensfunktion:

$$S : I_\Gamma \times \Gamma \to \mathbf{R}, \tag{1}$$

wobei I_Γ die Menge der nichtleeren Intervalle in Γ sei. Also kann I_Γ auch dargestellt werden als

$$I_\Gamma = \{[\gamma_1, \gamma_2] \in \Gamma_\infty^2 \mid \gamma_1 < \gamma_2\}, \Gamma_\infty = \Gamma \cup \{\pm\infty\}. \tag{2}$$

Statt abgeschlossener Intervalle können auch offene oder halboffene Intervalle
gewählt werden. Falls die Zufallsvariable - und damit auch die Stichprobenva-
riablen - stetig ist, hat dies in der Regel keine größere Bedeutung, im diskreten
Fall muß der Unterschied beachtet werden.

Eine Schadensfunktion wird zum einen die *Breite* des Intervalls berücksichtigen müssen, denn je breiter das Intervall, desto geringer die Gefahr „daneben-
zuliegen", desto kleiner aber auch der Informationsgehalt des Schätzbereichs.
Andererseits sollten die vom Stichprobenergebnis abhängigen Intervallgrenzen
so liegen, daß der wahre Wert mit großer Wahrscheinlichkeit getroffen wird.
Fehlschätzungen sind nämlich in der Regel mit Schaden verbunden. Eine Schadensfunktion sollte damit sowohl die Genauigkeit der Aussage, also die *Intervallbreite*, als auch die *Fehlschätzungen* berücksichtigen.

Mögliche Ansätze dabei sind etwa

(a) konstante Schadensfunktion:

$$S([a,b],\gamma) = s_l(b-a) + \begin{cases} s_o & \gamma > b \\ 0 & \gamma \in [a,b] \\ s_u & \gamma < a \end{cases} \tag{3}$$

(b) lineare Schadensfunktion:

$$S([a,b],\gamma) = s_l(b-a) + \begin{cases} s_o(\gamma-b) & \gamma > b \\ 0 & \gamma \in [a,b] \\ s_u(a-\gamma) & \gamma < a \end{cases} \qquad (4)$$

(c) quadratische Schadensfunktion:

$$S([a,b],\gamma) = s_l(b-a) + \begin{cases} s_o(\gamma-b)^2 & \gamma > b \\ 0 & \gamma \in [a,b] \\ s_u(a-\gamma)^2 & \gamma < a \end{cases} \qquad (5)$$

Diese Beispiele lassen sich beliebig ergänzen. Ähnlich wie beim Punktschätzproblem wird es im Einzelfall möglicherweise problematisch sein, eine Funktion konkret zu bestimmen. In vielen Fällen wird außerdem die Länge des Intervalls durch die Genauigkeitsanforderung fixiert sein. Damit entfällt dann bei allen Ansätzen, denen eine Optimierung des Schadens zugrundeliegt, der erste Summand.

Bei einer Intervallschätzung aufgrund einer Stichprobe ist also ein Intervall aus dem Stichprobenergebnis zu bestimmen. Die Intervalluntergrenze bzw. -obergrenze ist damit ein Auswertungsresultat aus den Stichprobenwerten, d.h. eine Intervallschätzung beruht damit auf zwei Funktionen

$$\delta_1 : \mathcal{X} \to \Gamma_\infty$$
$$\delta_2 : \mathcal{X} \to \Gamma_\infty,$$

also Stichprobenfunktionen mit der **Forderung**

$$\delta_1(x) \le \delta_2(x). \qquad (6)$$

Die weitere Vorgehensweise kann dann wieder so erfolgen, daß man zunächst zu gegebenen Stichprobenfunktionen δ_1, δ_2 den erwarteten Schaden bestimmt „Risikofunktion"):

$$R(\gamma, \delta_1, \delta_2) = E[S(\gamma, [\delta_1(X), \delta_2(X)])] \qquad (7)$$

z.B. erhält man bei konstanter Schadensfunktion

$$\begin{aligned} &E_\gamma[S([\delta_1(X), \delta_2(X)], \gamma)] \qquad (8) \\ &= s_l[E_\gamma(\delta_2(X)) - E_\gamma(\delta_1(X))] + s_u P_\gamma(\gamma < \delta_1(X)) + s_o P_\gamma(\gamma > \delta_2(X)) \\ &= s_l[E_\gamma(\delta_2(X)) - E_\gamma(\delta_1(X))] + s_u(1 - F_{\delta_1(X),\gamma}(\gamma)) + s_o F_{\delta_2(X),\gamma}(\gamma).[1] \end{aligned}$$

Danach wäre dann zu prüfen, ob es eine Intervallschätzfunktion (δ_1, δ_2) gibt, die gleichmäßig beste ist, d.h. für alle $\gamma \in \Gamma$ ein minimales Risiko garantiert. Das Problem bei der Beantwortung dieser Frage besteht sicherlich darin, daß der unbekannte Parameter γ sowohl als Parameter als auch als Argument der Verteilungsfunktion auftritt. Versucht man aber eine Risikominimierung bei festem γ in der Hoffnung, daß die Minimalstellen bei allen γ dieselben Funktionen δ_1 und δ_2 liefern, so erhält man ein Minimierungsproblem, bei dem über Funktionen minimiert wird.

Wegen dieser Schwierigkeiten soll dieser Ansatz hier nicht weiter verfolgt werden. Statt dessen betrachten wir die Möglichkeit für Fehlentscheidungen. Korrekt ist die Intervallschätzung, wenn der wahre Parameterwert im geschätzten Intervall $[\delta_1(x), \delta_2(x)]$ liegt. Demnach haben wir eine Fehlentscheidung, wenn einer der beiden Fälle

$$I : \gamma < \delta_1(x) \tag{9}$$
$$II : \gamma > \delta_2(x)$$

eintritt. Da $\delta_1(x) \leq \delta_2(x)$ ist, kann jeweils nur einer der beiden Fälle eintreten. Sei $X = (X_1, \ldots, X_n)$ Stichprobe zu Y, so ist die Wahrscheinlichkeit für einen Fehler

$$P_\gamma(\gamma \notin [\delta_1(X), \delta_2(X)]) = P_\gamma(\gamma < \delta_1(X)) + P_\gamma(\delta_2(X) < \gamma), \tag{10}$$

wobei die Wahrscheinlichkeitsverteilung P_γ von γ abhängt.

Daraus ergibt sich, daß in der Regel durch eine generelle Forderung an die Fehlerwahrscheinlichkeit die Intervallschätzfunktion nicht eindeutig festgelegt ist, da man eine Veränderung der Unterschranke durch eine entsprechende Veränderung der Oberschranke kompensieren kann und umgekehrt. In Abbildung 7.1 wird dies deutlich. Dargestellt sind die Dichtefunktionen der Intervallgrenzen. Daraus ergibt sich, daß die Fläche links von γ der Wahrscheinlichkeit $P_\gamma(\delta_2(X) < \gamma)$ und die Fläche rechts von γ der Wahrscheinlichkeit $P_\gamma(\gamma < \delta_1(X))$ entspricht. In einer Vergrößerung kann man erkennen, daß bei Übereinstimmung der beiden Fehlerwahrscheinlichkeiten die Intervallbreite am kleinsten ist (Die Maximalwerte der Dichtefunktionen liegen am nächsten beieinander, für Details s. Beispiel 7.3. Dies liegt in diesem Beispiel an der Symmetrie der Dichtefunktion.

---

[1]Die letzte Gleichung gilt wegen des letzten Summanden nur im stetigen Fall.

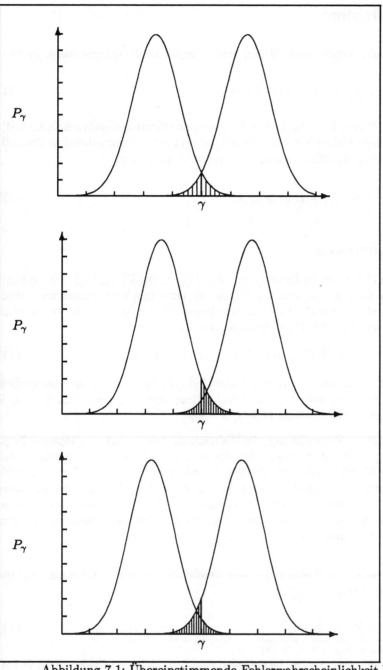

Abbildung 7.1: Übereinstimmende Fehlerwahrscheinlichkeit bei
unterschiedlichen Intervallgrenzen.

7.1 Definition[2]

Eine Intervallschätzfunktion $[\delta_1, \delta_2]$ heißt *Konfidenzintervallschätzung*, wenn

$$P_\gamma(\gamma \in [\delta_1(X), \delta_2(X)]) = 1 - \alpha \tag{11}$$

für alle $\gamma \in \Gamma$ gilt. $1 - \alpha$ heißt *Konfidenzniveau (Vertrauenswahrscheinlichkeit)*; die Wahrscheinlichkeit für einen Fehler beträgt α (*Irrtumswahrscheinlichkeit*). Die Konfidenzintervallschätzung heißt *symmetrisch*, wenn

$$P_\gamma(\gamma < \delta_1(X)) = P_\gamma(\gamma > \delta_2(X)) = \frac{\alpha}{2} \tag{12}$$

7.2 Bemerkung

1. Diese Definition fordert implizit, daß $P_\gamma(\gamma \in [\delta_1(X), \delta_2(X)]) = 1 - \alpha$ nicht von γ abhängig ist, eine Forderung, die für einige Verteilungen möglicherweise nicht zu realisieren ist. Aus diesem Grund fordert man gelegentlich auch an Stelle der Gleichheit die Beziehung

$$P_\gamma(\gamma \in [\delta_1(X), \delta_2(X)]) \geq 1 - \alpha \quad \text{für alle } \gamma, \tag{13}$$

   wobei man, um die triviale Lösung $[\delta_1(X), \delta_2(X)] = \Gamma$ auszuschließen, (implizit) verlangt, daß das Gleichheitszeichen für mindestens ein $\gamma \in \Gamma$ gilt (siehe z.B. Hartung (1993), S. 130).

2. Die verbale Formulierung „die Wahrscheinlichkeit, daß γ im Intervall liegt, betrage mindestens $1 - \alpha$" könnte zu der Fehlinterpretation führen, daß γ die Zufallsvariable ist. Zufällig (nämlich berechnet aus dem zufälligen Stichprobenergebnis) ist aber das Intervall $[\delta_1(X), \delta_2(X)]$. Es ist daher besser, von der Einschlußwahrscheinlichkeit für den wahren Parameter zu sprechen, bzw. von der Wahrscheinlichkeit, daß das Schätzintervall den wahren Parameterwert überdeckt[3].

Das Problem bei der Bestimmung von Konfidenzintervallen liegt darin, daß die Wahrscheinlichkeit

$$P_\gamma(\gamma \in [\delta_1(X), \delta_2(X)]) \tag{14}$$

---

[2]vgl. Bamberg/Baur (1993), S. 161.

[3]Obwohl Intervallschätzungen bis auf Laplace zurückgehen, scheint dieser Sachverhalt erstmals von Wilson (1927) klar dargestellt worden zu sein (vgl. Lehmann (1993), S. 126). Eine allgemeine Theorie der Konfidenzintervalle und ihre Beziehungen zur Testtheorie wurde von Neyman (1937), (1938) und (1941) entwickelt.

ohne Kenntnis von γ berechnet bzw. abgeschätzt werden muß.

7.3 Beispiel

Eine Maschine stellt Bolzen mit einem vorgegebenem (Soll-) Durchmesser von 10 mm her. Durch Produktionsschwankungen variiert der Durchmesser der einzelnen Bolzen nach den Gesetzen einer Normalverteilung, deren Standardabweichung mit 0.02 bekannt sei. Mit einer Stichprobe vom Umfang 10 soll ein 95%-Konfidenzintervall für den mittleren Durchmesser bestimmt werden, die Meßwerte betragen:

$$10.00, 10.01, 10.07, 10.05, 10.02, 9.99, 9.96, 10.02, 10.04, 10.08.$$

Als Schätzwert für den Mittelwert verwenden wir

$$\hat{\mu} = \bar{x} = \frac{1}{n}\sum_{i=1}^{n} x_i = 10.024 \tag{15}$$

Da $\frac{1}{n}\sum_{i=1}^{n} X_i$ $N(\mu, \frac{\sigma^2}{n})$-verteilt ist, ist

$$\hat{\mu}_{stand}(X) = \frac{\mu - \frac{1}{n}\sum_{i=1}^{n} X_i}{\frac{\sigma}{\sqrt{n}}} \tag{16}$$

standardnormalverteilt und es gilt für das $(1-\frac{\alpha}{2})$-Quantil $u_{1-\frac{\alpha}{2}}$ der Standardnormalverteilung

$$P(-u_{1-\frac{\alpha}{2}} \le \hat{\mu}_{stand}(X) \le u_{1-\frac{\alpha}{2}}) = 1 - \alpha. \tag{17}$$

Damit ist

$$P(\frac{1}{n}\sum_{i=1}^{n} X_i - \frac{\sigma}{\sqrt{n}}u_{1-\frac{\alpha}{2}} \le \mu \le \frac{1}{n}\sum_{i=1}^{n} X_i + \frac{\sigma}{\sqrt{n}}u_{1-\frac{\alpha}{2}}) = 1 - \alpha \tag{18}$$

und

$$\left[\frac{1}{n}\sum_{i=1}^{n} x_i - \frac{\sigma}{\sqrt{n}}u_{1-\frac{\alpha}{2}}, \frac{1}{n}\sum_{i=1}^{n} x_i + \frac{\sigma}{\sqrt{n}}u_{1-\frac{\alpha}{2}}\right] \tag{19}$$

das gesuchte $(1 - \alpha)$-Konfidenzintervall. Für $1 - \alpha = 0.95$ ist mit $u_{1-\frac{\alpha}{2}} = 1.96$ also

$$[10.024 - \frac{0.02}{\sqrt{10}}1.96, 10.024 + \frac{0.02}{\sqrt{10}}1.96] \;=\; [10.024 - 0.012, 10.024 + 0.012]$$

$$(20)$$

$$= [10.012, 10.036]$$

das gesuchte 95%-Konfidenzintervall. Da der Sollwert nicht in diesem Intervall liegt, liegt der Schluß nahe, daß die Maschine dejustiert, also nicht korrekt eingestellt ist.

Verteilt man die Nichtüberdeckungswahrscheinlichkeit nicht gleichmäßig auf beide Seiten des Intervalls (s. Abb.7.1), also beispielsweise auf folgende Weise:

$$P(\mu < \delta_1(X)) = \frac{1}{4}\alpha \quad \text{und} \quad P(\mu > \delta_2(X)) = \frac{3}{4}\alpha, \tag{21}$$

so hat mit

$$P(\frac{1}{n}\sum_{i=1}^{n} X_i - \frac{\sigma}{\sqrt{n}}u_{1-\frac{\alpha}{4}} \le \mu \le \frac{1}{n}\sum_{i=1}^{n} X_i + \frac{\sigma}{\sqrt{n}}u_{1-\frac{3\alpha}{4}}) = 1 - \alpha \tag{22}$$

und

$$P(\mu < \frac{1}{n}\sum_{i=1}^{n} X_i - \frac{\sigma}{\sqrt{n}}u_{1-\frac{\alpha}{4}}) = \frac{1}{4}\alpha \tag{23}$$

$$P(\mu > \frac{1}{n}\sum_{i=1}^{n} X_i + \frac{\sigma}{\sqrt{n}}u_{1-\frac{3\alpha}{4}}) = \frac{3}{4}\alpha \tag{24}$$

das Intervall

$$\left[\frac{1}{n}\sum_{i=1}^{n} x_i - \frac{\sigma}{\sqrt{n}}u_{1-\frac{\alpha}{4}}, \frac{1}{n}\sum_{i=1}^{n} x_i + \frac{\sigma}{\sqrt{n}}u_{1-\frac{3\alpha}{4}}\right] \tag{25}$$

die Überdeckungswahrscheinlichkeit α.

Für $\alpha = 0.05$ ist $u_{1-\frac{3\alpha}{4}} = u_{0.9625} = 1.78$ und $u_{1-\frac{\alpha}{4}} = u_{0.9875} = 2.24$ (vgl. Tabelle Anhang D). Die Intervallbreite ist damit $4.02\sigma\frac{1}{\sqrt{n}}$ gegenüber $3.92\sigma\frac{1}{\sqrt{n}}$ bei symmetrischer Aufteilung.

Ist σ in dieser Problemstellung nicht bekannt, so kann man in (16) anstelle von σ einen Schätzwert für σ einsetzen. Erwartungstreu für σ^2 ist S^{*2}, daher ist es naheliegend, als Schätzfunktion für σ

$$S^*(x) = \sqrt{\frac{1}{n-1} \sum_{i=1}^{n} (x_i - \bar{x})^2}. \tag{26}$$

zu verwenden. Diese Schätzfunktion ist allerdings nicht erwartungstreu für σ [4], was in diesem Zusammenhang auch nicht erforderlich ist. Damit erhalten wir

$$\hat{\mu}_t(x) = \frac{\mu - \frac{1}{n} \sum_{i=1}^{n} x_i}{\frac{S^*(x)}{\sqrt{n}}}. \tag{27}$$

Die Verteilung von $\hat{\mu}_t(X)$ wurde von W.S. Gosset[5] berechnet und unter dem Pseudonym „Student" 1908 publiziert. Sie wird als t-Verteilung mit $n - 1$ Freiheitsgraden bezeichnet und ist gut tabelliert, ihr Erwartungswert ist 0, die Varianz $\frac{n-1}{n-3}$ (s. Anhang A.5.).

Mit den Quantilen $t(n-1)_{1-\frac{\alpha}{2}}$ und $t(n-1)_{\frac{\alpha}{2}} = -t(n-1)_{1-\frac{\alpha}{2}}$ (s. Anhang A.5.) gilt

$$P(-t(n-1)_{1-\frac{\alpha}{2}} \leq \mu_t(X) \leq t(n-1)_{1-\frac{\alpha}{2}}) = 1 - \alpha \tag{28}$$

und das $(1 - \alpha)$-Konfidenzintervall ist

$$\left[\frac{1}{n} \sum_{i=1}^{n} x_i - \frac{S^*(x)}{\sqrt{n}} t(n-1)_{1-\frac{\alpha}{2}}, \frac{1}{n} \sum_{i=1}^{n} x_i + \frac{S^*(x)}{\sqrt{n}} t(n-1)_{1-\frac{\alpha}{2}} \right] \tag{29}$$

Für unsere Maschine erhalten wir mit $S^*(x) = 0.0369, t(n-1)_{1-\frac{\alpha}{2}} = t(9)_{0.975} = 2.2622$ das 95%-Konfidenzintervall $[9.9976, 10.0503]$. Damit liegt jetzt der Sollwert von 10 im Konfidenzintervall. Bei unbekannter Varianz ist bei diesem Niveau eine Dejustierung der Maschine nicht anzunehmen.

Die Vorgehensweise in diesem Beispiel besteht darin, die Schätzfunktion für den gesuchten Parameter zu standardisieren, indem die Schätzfunktion von ihrem

---

[4] Da $\frac{(n-1)S^{*2}(X)}{\sigma^2} \chi^2(n-1)$-verteilt ist (vgl. Anhang A.5.), ist die Verzerrung von S^{*2} nur on n, nicht aber von σ abhängig.

[5] Gosset, William, 1876-1937, engl. Mitarbeiter in der Guiness-Brauerei.

Erwartungswert abgezogen und durch ihre Standardabweichung dividiert wird. Dieser Weg der „Standardisierung der Schätzfunktion" kann generell, d.h. bei jeder Verteilung, versucht werden:

Sei X der Stichprobenvektor für die Zufallsvariable Y, für deren Parameter γ eine Konfidenzintervallschätzung durchgeführt werden soll. Dann ist deren Erwartungswert und möglicherweise deren Varianz von γ abhängig. Sei nun $\hat{\gamma}(X)$ eine Schätzfunktion für den gesuchten Parameter, so ist der Erwartungswert $E(\hat{\gamma}(X))$ eine Funktion von γ und ebenso möglicherweise $Var(\hat{\gamma}(X))$. Seien $\mu(\gamma)$ und $\sigma^2(\gamma)$ diese Funktionen, also $\mu(\gamma) = E(\hat{\gamma}(X))$ und $\sigma^2(\gamma) = Var(\hat{\gamma}(X))$. Dann ist

$$\hat{\gamma}_{Stand.}(X) = \frac{\mu(\gamma) - \hat{\gamma}(X)}{\sigma(\gamma)} \qquad (30)$$

eine Zufallsvariable mit Erwartungswert 0 und Varianz 1. „Wenn man Glück hat" (Hartung (1993), S. 130), ist die Verteilung von $\hat{\gamma}_{Stand.}(X)$ unabhängig von γ und man kennt die Verteilungsfunktion. Sei F diese Verteilungsfunktion, so ist

$$
\begin{aligned}
F(t_o) - F(t_u) &= P(t_u \leq \hat{\gamma}_{Stand.}(X) < t_o) \\
&= P(t_u \leq \frac{-\hat{\gamma}(X) + \mu(\gamma)}{\sigma(\gamma)} \leq t_o) \\
&= P(\sigma(\gamma) \cdot t_u + \hat{\gamma}(X) \leq \mu(\gamma) \leq \hat{\gamma}(X) + \sigma(\gamma)t_o)
\end{aligned}
\qquad (31)
$$

und, falls μ monoton wachsend und invertierbar ist, erhält man

$$P(\mu^{-1}(\hat{\gamma}(X) + \sigma(\gamma)t_u) \leq \gamma \leq \mu^{-1}(\hat{\gamma}(X) + \sigma(\gamma)t_o)). \qquad (32)$$

Wählt man t_u und t_o so, daß

$$F(t_o) - F(t_u) = 1 - \alpha, \qquad (33)$$

so ist

$$\delta_1(X) = \mu^{-1}(\hat{\gamma}(x) + \sigma(\gamma)t_u), \delta_2(X) = \mu^{-1}(\hat{\gamma}(x) + \sigma(\gamma)t_o) \qquad (34)$$

eine Konfidenzintervallschätzung zum Niveau $1 - \alpha$.

7.4 Beispiel

Im Beispiel 7.3 ist $\hat{\gamma}(x) = \frac{1}{n} \sum_{i=1}^{n} x_i$ die verwendete Schätzfunktion, so daß $\mu(\gamma) = \gamma$ (der zu schätzende Parameter γ ist der Mittelwert μ der Normalverteilung) und $\sigma^2(\gamma) = Var(\frac{1}{n} \sum_{i=1}^{n} X_i) = \frac{\sigma^2}{n}$ (unabhängig von γ) ist. Die Verteilung von $\hat{\gamma}_{stand(X)}$ ist die Standardnormalverteilung.

Meist hat man kein Glück (s.o.). Für den Fall, daß der Erwartungswert mit einer einfachen Stichprobe mit Zurücklegen zu schätzen ist, hilft folgende Überlegung weiter: Verwendet man die Schätzfunktion $\hat{\gamma}(x) = \frac{1}{n} \sum_{i=1}^{n} x_i$, die erwartungstreu für den Erwartungswert ist, so ist nach dem zentralen Grenzwertsatz ($\gamma = E(Y), \sigma^2 = Var(Y)$).

$$\frac{\gamma - \hat{\gamma}(X)}{\frac{\sigma}{\sqrt{n}}} \tag{35}$$

näherungsweise standardnormalverteilt (für große n), und man erhält zumindest näherungsweise eine Konfidenzintervallschätzung, wobei mit wachsendem n diese Näherung gegen die korrekte Konfidenzintervallschätzung konvergiert (asymptotische Konfidenzintervallschätzung). Ist σ nicht bekannt, so ist dabei σ durch einen konsistenten[6] Schätzer (z.B. $S^*(X)$, vgl. Beispiel 7.3) zu ersetzen.

Man beachte aber, daß man eben nur Näherungswerte erhält, und über das Konvergenzverhalten („Konvergenzgeschwindigkeit") nichts ausgesagt ist. Beim konkreten Stichprobenumfang ist es also zunächst nicht klar, um wieviel die ermittelte Intervallschätzung von der gesuchten Konfidenzintervallschätzung abweicht. Aufgrund dessen wird man, wenn irgend möglich, nicht auf die Approximation durch die Normalverteilung zurückgreifen, sondern versuchen, exakte Konfidenzintervalle zu bestimmen.

7.5 Beispiel: Bernoulli-Verteilung

Gesucht ist ein $(1 - \alpha)$-Konfidenzintervall für den Parameter p der Bernoulli-Verteilung.

---

[6]Eine Schätzfunktion heißt konsistent, wenn sie mit wachsendem n stochastisch gegen den zu schätzenden Parameter konvergiert. Zu stochastischer Konvergenz s. Wahrscheinlichkeitstheorie § 14.

Benutzt man die Approximation über die Normalverteilung, so erhält man (falls σ bekannt)

$$\delta_1(x) = \bar{x} - \frac{\sigma}{\sqrt{n}} u_{1-\frac{\alpha}{2}}, \delta_2(x) = \bar{x} + \frac{\sigma}{\sqrt{n}} u_{1-\frac{\alpha}{2}} \tag{36}$$

wobei $u_{1-\frac{\alpha}{2}}$ das $(1 - \frac{\alpha}{2})$-Quantil der Standardnormalverteilung ist, also $\Phi(u_{1-\frac{\alpha}{2}}) = 1 - \frac{\alpha}{2}$ gilt.

Da bei der Bernoulli-Verteilung $\sigma^2 = p(1-p)$ gilt, dürfte σ^2, wenn p zu schätzen ist, ebenfalls nicht bekannt sein. Dann ist σ durch einen Schätzwert zu ersetzen, wobei man statt der korrigierten Stichprobenstandardabweichung im allgemeinen die Schätzfunktion

$$\hat{\sigma}(x) = \sqrt{\bar{x}(1 - \bar{x})} \tag{37}$$

verwendet. Da das Kriterium für die Verwendung der Approximation $np \geq 5$ und $n(1-p) \geq 5$ (Bamberg/Baur (1993), S. 131) bzw. $np(1-p) \geq 9$ (Hartung (1993), S. 122) vom unbekannten p abhängt, wird auch dabei p durch $\bar{x}$ ersetzt. Allerdings ist damit dann auch die Beurteilung über die Verwendbarkeit der Approximation stichprobenabhängig.

Exakte Konfidenzintervallschätzung:

Wie wir wissen, besteht die relevante Information der Stichprobe in der Anzahl der Einheiten mit der betrachteten Eigenschaft A. Sei x diese Anzahl und X die zugehörige Zufallsvariable. Verteilungsfunktion von X ist

$$F(c) = P_p(X \leq c) = \sum_{k=0}^{c} \binom{n}{k} p^k (1 - p)^{n-k} =: L_{n,c}(p). \tag{38}$$

Da die Argumentation etwas einfacher ist, bestimmen wir ein offenes Konfidenzintervall.

Gesucht sind somit Funktionen $\delta_1(x), \delta_2(x)$ mit

$$\left. \begin{array}{l} P_p(\delta_1(X) \geq p) \leq \frac{\alpha}{2} \\ P_p(\delta_2(X) \leq p) \leq \frac{\alpha}{2} \end{array} \right\} \text{ für alle } p. \tag{39}$$

Die Aussage

$$P_p(\delta_2(X) \leq p) \leq \frac{\alpha}{2} \quad \text{bzw.} \quad P_p(p \leq \delta_1(X)) \leq \frac{\alpha}{2} \tag{40}$$

ist in geeigneter Form auf eine Aussage über die Zufallsvariable X der Stichprobe zurückzuführen.

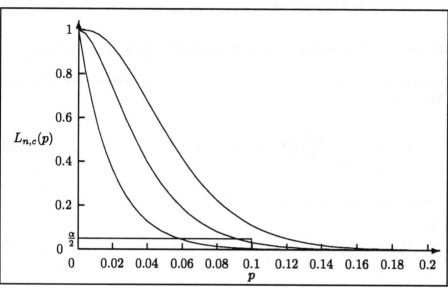

Abbildung 7.2: $L_{n,c}(p) \leq \frac{\alpha}{2} \Leftrightarrow c \leq c_{p,\frac{\alpha}{2}}$ $(\frac{\alpha}{2} = 0.05, p = 0.1, c_{p,\frac{\alpha}{2}} = 1)$.

Fordert man etwa $P_p(X \leq c) \leq \frac{\alpha}{2}$, so ist dies bei gegebenem p wegen

$$L_{n,c_1}(p) \leq L_{n,c_2}(p) \quad \Leftrightarrow \quad c_1 \leq c_2 \tag{41}$$

genau dann erfüllt, wenn

$$c \leq \max\{c' \mid L_{n,c'}(p) \leq \frac{\alpha}{2}\} =: c_{p,\frac{\alpha}{2}} \tag{42}$$

gilt. Also gilt

$$L_{n,c_{p,\frac{\alpha}{2}}}(p) = P_p(X \leq c_{p,\frac{\alpha}{2}}) \leq \frac{\alpha}{2}. \tag{43}$$

Folglich gilt

$$X \leq c_{p,\frac{\alpha}{2}} \quad \Leftrightarrow \quad L_{n,X}(p) \leq L_{n,c_{p,\frac{\alpha}{2}}}(p) \tag{44}$$
$$\Leftrightarrow \quad L_{n,X}(p) \leq \frac{\alpha}{2}$$

und damit

$$P_p(X \leq c_{p,\frac{\alpha}{2}}) = P_p(L_{n,X}(p) \leq \frac{\alpha}{2}) \leq \frac{\alpha}{2} \tag{45}$$

Mit der Umkehrfunktion $L_{n,x}^{-1}$ folgt daraus $P_p(L_{n,X}^{-1}(\frac{\alpha}{2}) \leq p) \leq \frac{\alpha}{2}$ für alle p.

Damit setzt man $\delta_2(X) = L_{n,X}^{-1}(\frac{\alpha}{2})$, d.h. zum Stichprobenergebnis x sucht man das p_0 mit

$$L_{n,x}(p_o) = \sum_{k=0}^{x} \binom{n}{k} p_o^k (1-p_o)^{n-k} = \frac{\alpha}{2}. \tag{46}$$

Analog ergibt sich mit $G_{n,c}(p) = 1 - L_{n,c}(p)$

$$P_p\left(p \leq G_{n,X-1}^{-1}(\frac{\alpha}{2})\right) \leq \frac{\alpha}{2}. \tag{47}$$

Man sucht also p_u mit

$$G_{n,x-1}(p_u) = \sum_{k=x}^{n} \binom{n}{k} p_u^k (1-p_u)^{n-k} = \frac{\alpha}{2}. \tag{48}$$

oder

$$L_{n,x-1}(p_u) = 1 - \sum_{k=x}^{n} \binom{n}{k} p_u^k (1-p_u)^{n-k} = 1 - \frac{\alpha}{2}. \tag{49}$$

Diese Werte erhält man mit Hilfe der F-Verteilung (s. Anhang B.1.). Es gilt:

$$L_{n,c}(p) = 1 - F_{2(c+1),2(n-c)}\left(\frac{n-c}{c+1}\frac{p}{1-p}\right) \tag{50}$$

und damit

$$G_{n,c}(p) = F_{2(c+1),2(n-c)}\left(\frac{n-c}{c+1}\frac{p}{1-p}\right). \tag{51}$$

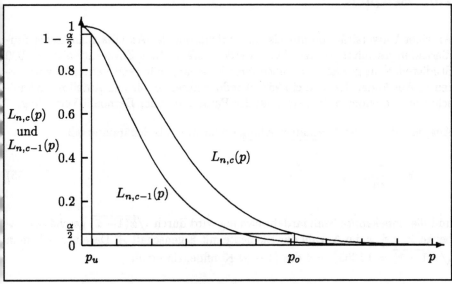

Abbildung 7.3: Zur Berechnung der Unter- und Obergrenze des Konfidenzintervalls.

Ferner ist

$$F_{n_1,n_2}^{-1}(1-\gamma) = \frac{1}{F_{n_2,n_1}^{-1}(\gamma)}. \tag{52}$$

Daraus ergibt sich

$$p_o = \frac{(x+1)F_{2(x+1),2(n-x)}^{-1}(1-\frac{\alpha}{2})}{n-x+(x+1)F_{2(x+1),2(n-x)}^{-1}(1-\frac{\alpha}{2})} \tag{53}$$

und

$$\begin{aligned} p_u &= \frac{xF_{2x,2(n-x+1)}^{-1}(\frac{\alpha}{2})}{(n-x+1)+xF_{2x,2(n-x+1)}^{-1}(\frac{\alpha}{2})} \\ &= \frac{x}{x+(n-x+1)F_{2(n-x+1),2x}^{-1}(1-\frac{\alpha}{2})}. \end{aligned} \tag{54}$$

7.6   Beispiel

An einer Universität soll mittels einer Stichprobe der Anteil ausländischer Studierender geschätzt werden. Dazu werden zufällig (mit Zurücklegen) $n = 1000$ Studierende ausgewählt und nach ihrer Staatsangehörigkeit befragt. Dabei waren 19 Ausländer. Es wird ein 95%-Konfidenzintervall für den Anteil p ausländischer Studierender bestimmt. p ist der Parameter einer Bernoulli-Verteilung.

Ausgehend von der Normalverteilung erhält man als Schätzintervall

$$\bar{x} - \frac{\sigma}{\sqrt{n}} u_{1-\frac{\alpha}{2}}, \bar{x} + \frac{\sigma}{\sqrt{n}} u_{1-\frac{\alpha}{2}} \tag{55}$$

und die unbekannte Standardabweichung wird durch $\sqrt{\bar{x}(1-\bar{x})}$ geschätzt. Dabei ist $\bar{x} = \frac{x}{n}, x$ die Anzahl der Elemente mit Eigenschaft A. Daraus erhält man $\sqrt{\bar{x}(1-\bar{x})} = 0.1365$[7] und das $(1-\alpha)$-Konfidenzintervall

$$[\frac{x}{n} - \frac{1}{n}\sqrt{x(1-\frac{x}{n})}u_{1-\frac{\alpha}{2}}, \frac{x}{n} + \frac{1}{n}\sqrt{x(1-\frac{x}{n})}u_{1-\frac{\alpha}{2}}]. \tag{56}$$

Für $1 - \alpha = 0.95$ ist $u_{1-\frac{\alpha}{2}} = 1.96$ und damit ist

$$\delta_1(x) = \frac{19}{1000} - \frac{1}{1000}\sqrt{19(1-0.019)}1.96 = 0.011 \tag{57}$$

und

$$\delta_2(x) = \frac{19}{1000} + \frac{1}{1000}\sqrt{19(1-0.019)}1.96 = 0.027 \tag{58}$$

Andererseits kann man versuchen, die Ungleichung

$$-u_{1-\frac{\alpha}{2}} \leq \frac{p - \frac{x}{n}}{\sqrt{\frac{p(1-p)}{n}}} \leq u_{1-\frac{\alpha}{2}} \tag{59}$$

umzuformen in eine Ungleichung der Art

$$\delta_1(x) \leq p \leq \delta_2(x) \tag{60}$$

---

[7]Bei Schätzung durch die korr. Stichprobenvarianz erhält man 0.1366.

mit geeigneten Funktionen $\delta_1(x), \delta_2(x)$. Man erhält hier

$$\delta_1(x)/\delta_2(x) = \frac{2x + u_{1-\frac{\alpha}{2}}^2 \pm u_{1-\frac{\alpha}{2}} \sqrt{u_{1-\frac{\alpha}{2}}^2 + 4x(1 - \frac{x}{n})}}{2(n + u_{1-\frac{\alpha}{2}}^2)} \qquad (61)$$

und folglich $\delta_1(x) = 0.012, \delta_2(x) = 0.029$.

Auf der Grundlage der Binomialverteilung erhält man

$$\begin{aligned}
\delta_2(x) &= \frac{20 F_{40,1962}^{-1}(1 - \frac{\alpha}{2})}{981 + 20 F_{40,1962}^{-1}(1 - \frac{\alpha}{2})} \\
&= \frac{20 \cdot 1.484}{981 + 20 \cdot 1.484} = 0.029, \\
\delta_1(x) &= \frac{19}{19 + 982 F_{1964,38}^{-1}(1 - \frac{\alpha}{2})} = \frac{19}{19 + 982 \cdot 1.637} \\
&= 0.012.
\end{aligned} \qquad (62)$$

Häufig wird die Situation vorliegen, daß ein Konfidenzintervall für die Varianz gesucht wird. Auf der Basis der Normalverteilung bereitet dies keine Probleme.

7.7 Beispiel: Konfidenzintervalle für die Varianz der Normalverteilung

Ausgangsbasis ist also eine einfache Stichprobe mit Zurücklegen zu einer Zufallsvariable Y, die $N(\mu, \sigma^2)$-verteilt ist. Behandeln wir zunächst den Fall, daß μ bekannt ist. Suffiziente und vollständige Statistik für σ^2 ist in diesem Fall

$$\sum_{i=1}^{m}(x_i - \mu)^2. \qquad (63)$$

Die zugehörige Zufallsvariable dividiert durch σ^2

$$\frac{\sum_{i=1}^{n}(X_i - \mu)^2}{\sigma^2} \qquad (64)$$

ist dann $\chi^2(n)$-verteilt (vgl. Anhang A.5.).

Mit den Quantilen $\chi^2(n)_{\frac{\alpha}{2}}$ und $\chi^2(n)_{1-\frac{\alpha}{2}}$ gilt dann

$$P\left(\chi^2(n)_{\frac{\alpha}{2}} \leq \frac{\sum\limits_{i=1}^{n}(X_i - \mu)^2}{\sigma^2} \leq \chi^2(n)_{1-\frac{\alpha}{2}}\right) = 1 - \alpha. \tag{65}$$

Da

$$P\left(\chi^2(n)_{\frac{\alpha}{2}} \leq \frac{\sum\limits_{i=1}^{n}(X_i - \mu)^2}{\sigma^2} \leq \chi^2(n)_{1-\frac{\alpha}{2}}\right)$$

$$= P\left(\frac{1}{\chi^2(n)_{1-\frac{\alpha}{2}}} \leq \frac{\sigma^2}{\sum\limits_{i=1}^{n}(X_i - \mu)^2} \leq \frac{1}{\chi^2(n)_{\frac{\alpha}{2}}}\right) \tag{66}$$

$$= P\left(\frac{\sum\limits_{i=1}^{n}(X_i - \mu)^2}{\chi^2(n)_{1-\frac{\alpha}{2}}} \leq \sigma^2 \leq \frac{\sum\limits_{i=1}^{n}(X_i - \mu)^2}{\chi^2(n)_{\frac{\alpha}{2}}}\right)$$

ist, erhalten wir das $(1 - \alpha)$-Konfidenzintervall

$$\left[\frac{\sum\limits_{i=1}^{n}(x_i - \mu)^2}{\chi^2(n)_{1-\frac{\alpha}{2}}} \quad , \quad \frac{\sum\limits_{i=1}^{n}(x_i - \mu)^2}{\chi^2(n)_{\frac{\alpha}{2}}}\right]. \tag{67}$$

Ist μ unbekannt, verwenden wir die erwartungstreue Schätzfunktion

$$S^{*2}(x) = \frac{1}{n-1}\sum_{i=1}^{n}(x_i - \bar{x})^2. \tag{68}$$

Dann ist die Zufallsvariable

$$\frac{(n-1)S^{*2}(X)}{\sigma^2} \tag{69}$$

$\chi^2(n-1)$-verteilt und die analoge Rechnung zeigt, daß

$$\left[\frac{(n-1)S^{*^2}(x)}{\chi^2(n-1)_{1-\frac{\alpha}{2}}} \quad , \quad \frac{(n-1)S^{*^2}(x)}{\chi^2(n-1)_{\frac{\alpha}{2}}}\right] \tag{70}$$

ein $(1-\alpha)$-Konfidenzintervall ist.

Eine andere Vorgehensweise zur Bestimmung eines Konfidenzintervalls benutzt die Möglichkeit, mit Hilfe der Verteilungsfunktion eine stetige Zufallsvariable in eine auf dem Intervall $[0,1]$ gleichverteilte Zufallsvariable zu transformieren.

7.8 Lemma:

Sei X eine beliebige stetige Zufallsvariable mit Verteilungsfunktion F. Dann ist $F(X)$ bzw. $1-F(X)$ auf $[0,1]$ gleichverteilt.

Beweis:

Aus

$$P(F(X) \leq F(t)) = P(X \leq t) = F(t) \tag{71}$$

bzw.

$$P(1 - F(X) \leq 1 - F(t)) = P(X \geq t) = 1 - F(t) \tag{72}$$

folgt

$$P(F(X) \leq \alpha) = \alpha \tag{73}$$

bzw.

$$P(1 - F(X) \leq \alpha) = \alpha \tag{74}$$

für alle $\alpha \in [0,1)$, da F alle Werte aus $(0,1)$ annimmt.

Durch Logarithmieren läßt sich diese auf $(0,1)$-gleichverteilte Zufallsvariable dann in eine exponentialverteilte Zufallsvariable überführen.

7.9 Lemma:

Sei X auf $(0,1)$-gleichverteilt, dann ist

$$- \ln X \tag{75}$$

exponentialverteilt mit Parameter 1.

Beweis:

$$
\begin{aligned}
P(-\ln X \leq t) &= P(\ln X \geq -t) \\
&= P(X \geq e^{-t}) = 1 - P(X \leq e^{-t}) \\
&= 1 - e^{-t}.
\end{aligned}
\tag{76}
$$

Sei jetzt Y eine stetige Zufallsvariable mit parametrischer Verteilungsannahme $\{P_\gamma \mid \gamma \in \Gamma\}, \Gamma \subset \mathbf{R}$. Verteilungsfunktion von Y sei F_γ mit

$$F_{\gamma_1}(t) \leq F_{\gamma_2}(t) \qquad \text{für alle} \quad \gamma_1, \gamma_2 \in \Gamma \quad \text{mit} \quad \gamma_1 < \gamma_2 \tag{77}$$

bzw.

$$F_{\gamma_1}(t) \geq F_{\gamma_2}(t) \qquad \text{für alle} \quad \gamma_1, \gamma_2 \in \Gamma \quad \text{mit} \quad \gamma_1 < \gamma_2. \tag{78}$$

Sei $X_1, \ldots, X_n$ eine einfache Stichprobe mit Zurücklegen zu Y.

Dann sind $F_\gamma(X_i), i = 1, \ldots, n$ unabhängig und $(0,1)$-gleichverteilt und

$$- \ln F_\gamma(X_i), i = 1, \ldots, n, \tag{79}$$

unabhängig und exponentialverteilt mit Parameter 1. Daraus folgt, daß

$$T_\gamma(X) := \sum_{i=1}^{n} -\ln F_\gamma(X_i) \tag{80}$$

Erlang-verteilt ist mit Stufenzahl n und Parameter 1. Seien $er(n)_{\frac{\alpha}{2}}$ und $er(n)_{1-\frac{\alpha}{2}}$ das $\frac{\alpha}{2}$- bzw. $(1-\frac{\alpha}{2})$-Quantil [8] dieser Verteilung, dann gilt

$$P(er(n)_{\frac{\alpha}{2}} \leq T_\gamma(X) \leq er(n)_{1-\frac{\alpha}{2}}) = 1 - \alpha. \tag{81}$$

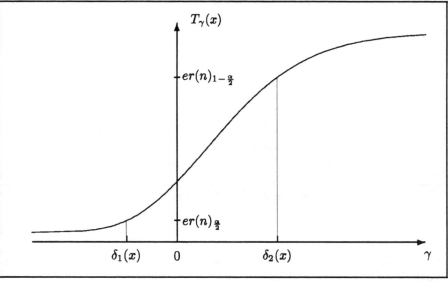

Abbildung 7.4: $T_\gamma(x)$ monoton steigend.

Da $T_\gamma(x)$ monoton steigend (bzw. fallend) in γ ist, gibt es zu jedem $x \in \mathcal{X}$ Schranken $\delta_1(x)$ und $\delta_2(x)$ mit (vgl. Abb. 7.4 bzw. 7.5)

$$er(n)_{\frac{\alpha}{2}} \leq T_\gamma(x) \leq er(n)_{\frac{1-\alpha}{2}} \Leftrightarrow \delta_1(x) \leq \gamma \leq \delta_2(x). \tag{82}$$

Damit ist dann

$$P(\delta_1(X) \leq \gamma \leq \delta_2(X)) = 1 - \alpha. \tag{83}$$

7.10   Beispiel: Exponentialverteilung

Sei Y exponentialverteilt mit Parameter λ. In diesem Fall können wir uns die Transformation in die $(0,1)$-gleichverteilte und anschließend in die exponential-

---

[8]Zur Ermittlung dieser Quantile s. Anhang A.4

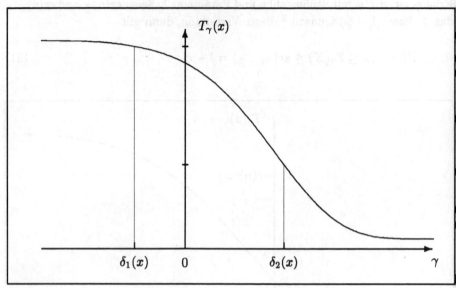

Abbildung 7.5: $T_\gamma(x)$ monoton fallend.

verteilte Zufallsvariable sparen. Wir erhalten nämlich direkt, daß λY exponentialverteilt mit Parameter 1 ist:

$$P(\lambda Y \leq t) = P(Y \leq \frac{t}{\lambda}) = 1 - e^{-\lambda \frac{t}{\lambda}} = 1 - e^{-t}. \tag{84}$$

Es ist

$$P\left(er(n)_{\frac{\alpha}{2}} \leq \lambda \sum_{i=1}^{n} X_i \leq er(n)_{1-\frac{\alpha}{2}}\right) = 1 - \alpha \tag{85}$$

und folglich

$$P\left(\frac{1}{\sum\limits_{i=1}^{n} X_i} er(n)_{\frac{\alpha}{2}} \leq \lambda \leq \frac{1}{\sum\limits_{i=1}^{n} X_i} er(n)_{1-\frac{\alpha}{2}}\right) = 1 - \alpha. \tag{86}$$

Damit ist

$$
\left[\frac{1}{\sum\limits_{i=1}^{n} x_i} er(n)_{\frac{\alpha}{2}} \quad , \quad \frac{1}{\sum\limits_{i=1}^{n} x_i} er(n)_{1-\frac{\alpha}{2}} \right] \tag{87}
$$

ein $(1-\alpha)$-Konfidenzintervall für λ. Für den Erwartungswert $\frac{1}{\lambda}$ folgt aus (87), daß

$$
\left[\frac{1}{er(n)_{1-\frac{\alpha}{2}}} \sum\limits_{i=1}^{n} x_i \quad , \quad \frac{1}{er(n)_{\frac{\alpha}{2}}} \sum\limits_{i=1}^{n} x_i \right] \tag{88}
$$

ein $(1-\alpha)$-Konfidenzintervall ist.

Nach der zuerst beschriebenen Methode gehen wir zur Ermittlung eines Konfidenzintervalls für $\frac{1}{\lambda}$ von der GBE-Schätzfunktion $\frac{1}{n} \sum\limits_{i=1}^{n} x_i$ aus. Diese hat die Varianz

$$
Var(\frac{1}{n} \sum\limits_{i=1}^{n} X_i) = \frac{1}{n\lambda^2}. \tag{89}
$$

Damit ist

$$
\begin{aligned}
\frac{\frac{1}{\lambda} - \frac{1}{n} \sum\limits_{i=1}^{n} X_i}{\frac{1}{\sqrt{n}\lambda}} &= \sqrt{n}(1 - \frac{1}{n}\lambda \sum\limits_{i=1}^{n} X_i) \\
&= \frac{1}{\sqrt{n}}(n - \lambda \sum\limits_{i=1}^{n} X_i)
\end{aligned} \tag{90}
$$

und die Verteilung ergibt sich mit einer einfachen Transformation aus $\lambda \sum\limits_{i=1}^{n} X_i$, ist also unabhängig von λ und aus der Erlang-Verteilung zu ermitteln. Die Berechnung des Konfidenzintervalls führt damit zwangsläufig zum Ergebnis in (87).

In der Approximation durch die Standardnormalverteilung ergibt sich

$$
P(-u_{1-\frac{\alpha}{2}} \leq \frac{1}{\sqrt{n}}(n - \lambda \sum\limits_{i=1}^{n} X_i) \leq u_{1-\frac{\alpha}{2}}) = 1 - \alpha \tag{91}
$$

und daraus ermitteln wir das $(1 - \alpha)$-Konfidenzintervall für $\frac{1}{\lambda}$ mit

$$\left[\frac{\sum\limits_{i=1}^{n} x_i}{n + \sqrt{n}u_{1-\frac{\alpha}{2}}} \quad , \quad \frac{\sum\limits_{i=1}^{n} x_i}{n - \sqrt{n}u_{1-\frac{\alpha}{2}}} \right] . \qquad (92)$$

Eine Möglichkeit zur - allerdings meist groben - Abschätzung eines Konfidenzintervalls bietet die Tschebyscheffsche[9] Ungleichung (vgl. Wahrscheinlichkeitstheorie S. 180f.)

$$P(|\ X - E(X)\ | \geq c) \leq \frac{Var(X)}{c^2} . \qquad (93)$$

Falls also der Erwartungswert μ einer Zufallsvariable zu schätzen ist, so ist $\bar{x} = \frac{1}{n}\sum x_i$ - häufig auch eine gleichmäßig beste - erwartungstreue Schätzfunktion
mit $Var(\bar{x}) = \frac{1}{n}\sigma^2$, wobei σ^2 die Varianz der Zufallsvariable ist. Ist σ^2 bekannt
so setzen wir

$$\frac{\frac{1}{n}\sigma^2}{c^2} = \alpha, \qquad (94)$$

also

$$c = \sqrt{\frac{\sigma^2}{n\alpha}} \qquad (95)$$

und erhalten mit

$$\left[\bar{x} - \sqrt{\frac{\sigma^2}{n \cdot \alpha}} \quad , \quad \bar{x} + \sqrt{\frac{\sigma^2}{n \cdot \alpha}} \right] \qquad (96)$$

einen Bereich, der ein $(1 - \alpha)$-Konfidenzintervall umfaßt:

$$P_\mu\left(\mu \in \left(\bar{X} - \sqrt{\frac{\sigma^2}{n \cdot \alpha}} \quad , \quad \bar{X} + \sqrt{\frac{\sigma^2}{n \cdot \alpha}} \right) \right) = P_\mu\left(|\ \bar{X} - \mu\ | < \sqrt{\frac{\sigma^2}{n \cdot \alpha}} \right)$$

$$1 - P_\mu\left(|\ \bar{X} - E(\bar{X})\ | \geq \sqrt{\frac{\sigma^2}{n \cdot \alpha}} \right) \geq 1 - \frac{\frac{\sigma^2}{n}}{\frac{\sigma^2}{n \cdot \alpha}} = 1 - \alpha \qquad (97)$$

---

[9]Tschebyscheff, Pafnutij, 1821-1894, russ. Mathematiker.

Ein Problem dabei ist, daß die Varianz σ^2 meist nicht bekannt sein dürfte und geschätzt werden muß. Ersetzt man in (97) σ^2 durch einen Schätzwert, so ist die Tschebyscheffsche Ungleichung nicht mehr anwendbar, die Abschätzung ist also in diesem Fall nicht nachgewiesen.

Übungsaufgaben zu § 7

Übungsaufgabe 7.1:

Aus früheren Experimenten ist bekannt, daß bei Messungen eine Standardabweichung von $\sigma = 2$ auftritt.

(a) Welchen Stichprobenumfang muß man wählen, um den unbekannten Mittelwert mit mindestens 95% Sicherheit auf 0.5 genau durch das arithmetische Mittel zu schätzen (Hinweis: Verwenden Sie die Ungleichung von Tschebyscheff.)

(b) Welchen Stichprobenumfang muß man in (a) wählen, wenn das Beobachtungsmaterial normalverteilt ist ?

Übungsaufgabe 7.2:

In einer Stichprobe von 250 Studenten einer Universität waren 22 Linkshänder.

(a) In welchem Bereich liegt der Anteil p der Linkshänder unter den Studenten dieser Universität mit mindestens 95% Wahrscheinlichkeit?

(Hinweis: Verwenden Sie die Ungleichung von Tschebyscheff; ersetzen Sie darin die unbekannte Varianz des Anteils der Linkshänder durch einen geeigneten Schätzwert.)

(b) Bestimmen Sie ein exaktes Konfidenzintervall für p.

Übungsaufgabe 7.3:

Bei der Herstellung eines Spezialteils werden mittels eines Schneidegeräts Rohre zugeschnitten, die eine bestimmt Länge μ_0 haben sollen. Auch bei fest gewählter Einstellung treten zufällige Schwankungen in der Länge der abgeschnittenen Rohre auf. Aus langjähriger Erfahrung sieht man die Länge der Rohre als normalverteilt an mit dem Erwartungswert μ und der Varianz σ^2. Aus einem Produktionslos werden $n = 10$ Stücke zufällig entnommen und ihre Länge nachgemessen. Als Werte ergaben sich:

$$185.5, 184.8, 183.6, 186.7, 183.2, 184.9, 183.6, 186.5, 187.3, 187.5$$

(a) Nehmen Sie an, daß die Varianz der Rohrstücke bekannt sei mit $\sigma^2 = 3.4$. Berechnen Sie das 95%- und das 99%-Konfidenzintervall für den Erwartungswert μ.

(b) Berechnen Sie die 95%- und 99%-Konfidenzintervalle für den Erwartungswert μ, falls die Varianz σ^2 unbekannt ist.

(c) Berechnen Sie 95%- und 99%-Konfidenzintervalle für die Varianz σ^2.

(d) Berechnen Sie 95%- und 99%-Konfidenzintervalle für die Varianz σ^2, falls der Erwartungswert μ mit $\mu = 185$ bekannt ist.

Übungsaufgabe 7.4:

Für die Planung der Produktion benötigt ein Unternehmen Angaben über die mittlere Bestellmenge eines bestimmten Ersatzteils. Von 25 zufällig ausgewählten Kunden werden im Durchschnitt 27 Ersatzteile pro Vierteljahr bestellt. Die Standardabweichung der vierteljährlichen Bestellmenge eines Kunden ist aus früheren Untersuchungen mit $\sigma = 8.1$ bekannt.

Bestimmen Sie ein 95%-Konfindenzintervall für die mittlere Bestellmenge pro Vierteljahr dieses Ersatzteils

(a) ohne Annahmen über die Verteilung der Bestellmenge zu treffen,

(b) unter Annahme normalverteilter Bestellmengen,

(c) wie bei (b), aber ohne Kenntnis der Standardabweichung der Bestellmenge. In der Stichprobe ergibt sich eine korrigierte Bestellmengenstandardabweichung von 8.1.

8 Tests zum Niveau α

Im folgenden wollen wir uns dem dritten Hauptbereich der univariaten induktiven Statistik zuwenden, den Tests (vgl. § 3 und die Einführung). Es geht also darum, eine Entscheidung bezüglich des (unbekannten) Parameters der Verteilung einer Zufallsvariable zu treffen. Dabei bestehen nur zwei Entscheidungsalternativen, d.h. wir wollen nicht einen (ungefähren) Wert für den Parameter ermitteln, sondern nur feststellen, in welchem von zwei Teilbereichen des Parameterraums sich der „wahre" Parameter befindet. Typisches Beispiel ist die Frage, ob der Ausschußanteil einer Warenpartie einen „tolerierbaren" Ausschußanteil überschreitet oder nicht, ob eine Maschine – ausgedrückt durch die Parameter der Verteilung der Meßwerte bei den gefertigten Produktionseinheiten – ordentlich arbeitet oder nicht, ob eine Werbekampagne erfolgreich war oder nicht (d.h. ob der mittlere Umsatz nach der Kampagne größer ist als der alte bekannte Wert), usw.

Betrachten wir nochmals die Ausgangssituation bei einem Test über den Parameter einer Zufallsvariable Y (vgl. § 3 und die Beispiele aus § 2). Der Parameterraum Γ ist in einer Testsituation zerlegt in zwei disjunkte Teilmengen Γ_0 und Γ_1:

$$\Gamma = \Gamma_0 \cup \Gamma_1 \quad \text{mit} \quad \Gamma_0 \neq \emptyset \neq \Gamma_1 \quad \text{und} \quad \Gamma_0 \cap \Gamma_1 = \emptyset.$$

Für den „wahren" Parameter γ von Y muß also

$$H_0 : \gamma \in \Gamma_0 \quad (\textit{Nullhypothese}) \tag{1}$$

oder

$$H_1 : \gamma \in \Gamma_1 \quad (\textit{Gegenhypothese}) \tag{2}$$

richtig sein[1].

Aufgrund einer Stichprobe soll jetzt entschieden werden, welche der Hypothesen als richtig angesehen wird. Die Entscheidungsmöglichkeiten sind also

$d_0 : H_0$ wird als richtig betrachtet $\left.\begin{array}{l}\\\end{array}\right\}$
  $(H_0$ *wird angenommen*$)$

und

$d_1 : H_0$ wird als falsch angesehen,
  $(H_0$ *wird abgelehnt*$)$

Alternativtest

---

[1]Grundlegende Arbeiten zur Theorie des Testens von Hypothesen sind die Arbeiten von J. Neyman und E.S. Pearson (1928), (1933), (1936a), (1936b). In diesen Arbeiten wird auch erstmals die Unterscheidung in Fehler 1. und 2. Art (siehe unten) gemacht.

d_0 und d_1 können natürlich auch bzgl. der Hypothese H_1 formuliert werden.

Gelegentlich wird man aufgrund der Aufgabenstellung die Entscheidungen auch in anderer Weise formulieren, etwa

d_0 :   keine Entscheidung über die
          Gültigkeit von H_0 oder H_1

und   Signifikanztest

$d_1 : H_0$ wird abgelehnt.

Bei der ersten Wahl der Entscheidungsmöglichkeiten spricht man auch von einem Alternativtest, bei der zweiten von einem Signifikanztest.

8.1   Beispiel für die Situation eines Signifikanztests:

Signifikanztests treten häufig bei medizinischen Fragestellungen auf, beispielsweise ob Produkte gesundheitsschädlich sind, Medikamente wirksam sind, etc.. Wegen der Fehlermöglichkeiten, die bei jeder Entscheidung auf der Grundlage von Stichproben nicht ausgeschlossen werden können, möchte man sich nur für eine der beiden Alternativen festlegen, wenn dazu eine ausreichende Grundlage, also hinreichender „Tatverdacht", besteht. Beispielsweise bei den Hypothesen

H_0 : Medikament ist unwirksam

und

H_1 : Medikament ist wirksam

lautet dann

d_0: Das Medikament ist möglicherweise unwirksam, könnte aber auch wirksam sein. Eine Entscheidung darüber wird nicht getroffen,

d_1: Das Medikament ist wirksam.

Vor allem bei gravierenden Nebenerscheinungen des Medikaments ist eine solche Entscheidungssituation plausibel. Je nach Krankheit und der Art der Nebeneffekte (oder auch dem Preis des Medikaments) kann eine Vertauschung der Hypothesen H_0 und H_1 sinnvoll sein. Dabei geht es dann darum, die Unwirksamkeit des Medikaments abzusichern.

Auf die Unterscheidung zwischen Alternativtest und Signifikanztest werden wir noch zurückkommen. Betrachten wir im folgenden die „klarere" Situation des Alternativtests.

Offensichtlich sind hier folgende Fehler möglich:

1. H_0 wird verworfen (Entscheidung d_1), obwohl H_0 richtig ist, oder m.a.W. H_0 wird fälschlicherweise abgelehnt. Man nennt dies den *Fehler 1. Art*.

2. H_0 wird angenommen (Entscheidung d_0), obwohl H_0 falsch ist, oder m.a.W. H_0 wird fälschlicherweise angenommen. Man spricht hier vom *Fehler 2. Art*.

Der entstehende Schaden hängt sicherlich davon ab, ob ein Fehler gemacht wird und, wenn ja, welcher Art dieser Fehler ist. Die Schadensfunktion

$$S : \{d_0, d_1\} \times \Gamma \to \mathbf{R}$$

wird sich dann in ihrer Gestalt in folgenden Bereichen wesentlich unterscheiden:

a) Entscheidung d_0 bei $\gamma \in \Gamma_0$, d.h. korrekte Entscheidung,

b) Entscheidung d_0 bei $\gamma \in \Gamma_1$, d.h. Fehler 2. Art,

c) Entscheidung d_1 bei $\gamma \in \Gamma_0$, d.h. Fehler 1. Art,

d) Entscheidung d_1 bei $\gamma \in \Gamma_1$, d.h. korrekte Entscheidung.

| | | γ aus | |
		Γ_0	Γ_1
	d_0	korrekt	Fehler 2. Art
Entscheidung			
	d_1	Fehler 1. Art	korrekt

Obwohl die Höhe des Schadens in diesen vier Bereichen sicherlich noch von dem wahren Wert γ abhängen wird, betrachten wir die folgende „undifferenzierte" Schadensfunktion:

$$S(d, \gamma) = \begin{cases} c_1 & \gamma \in \Gamma_0, d = d_1 \quad \text{„Fehler 1. Art"} \\ c_2 & \gamma \in \Gamma_1, d = d_0 \quad \text{„Fehler 2. Art"} \\ 0 & \text{sonst} \quad \text{korrekte Entscheidung} \end{cases}$$

Der Schaden wird hier in den vier Bereichen als konstant angesehen, wobei bei einer korrekten Entscheidung kein Schaden entsteht. Sei nun $\delta : \mathcal{X} \rightarrow \{d_0, d_1\}$ eine Entscheidungsfunktion, d.h. $\delta(x)$ die Entscheidung beim Stichprobenergebnis x.

8.2 Bezeichnung:

Eine Entscheidungsfunktion $\delta : \mathcal{X} \rightarrow \{d_0, d_1\}$ wird *Test* genannt.

Man erhält dann als Risikofunktion

$$
\begin{aligned}
R(\delta, \gamma) &= E_\gamma[S(\delta(X), \gamma)] \\
&= S(d_0, \gamma) P_\gamma(\delta(X) = d_0) + S(d_1, \gamma) P_\gamma(\delta(X) = d_1)
\end{aligned}
\tag{3}
$$

$$
= \begin{cases}
0 P_\gamma(\delta(X) = d_0) + c_1 P_\gamma(\delta(X) = d_1) & \text{für} \quad \gamma \in \Gamma_0 \\
c_2 P_\gamma(\delta(X) = d_0) + 0 P_\gamma(\delta(X) = d_1) & \text{für} \quad \gamma \in \Gamma_1.
\end{cases}
$$

Bei dieser Schadensfunktion sind damit für das Risiko bei einer Entscheidungsfunktion (eines Tests) δ die Wahrscheinlichkeiten

$P_\gamma(\delta(X) = d_1)$ für $\gamma \in \Gamma_0$: Wahrscheinlichkeit für den Fehler 1. Art (kurz: *„Fehlerwahrscheinlichkeit 1. Art"*):

$$
P_I(\delta, \gamma)
\tag{4}
$$

und $P_\gamma(\delta(X) = d_0)$ für $\gamma \in \Gamma_1$: Wahrscheinlichkeit für den Fehler 2. Art (kurz: *„Fehlerwahrscheinlichkeit 2. Art"*):

$$
P_{II}(\delta, \gamma)
\tag{5}
$$

ausschlaggebend.

Ein gleichmäßig bester Test zu dieser Schadens- bzw. Risikofunktion hätte damit für jede Wahl von $\gamma \in \Gamma$ ein minimales Risiko, d.h. also eine minimale Fehlerwahrscheinlichkeit. Bis auf pathologische Ausnahmefälle gibt es damit keine gleichmäßig besten Tests, wie folgende Überlegung zeigt. Ein Test $\delta : \mathcal{X} \rightarrow \{d_0, d_1\}$ ist durch die Teilbereiche, in denen die Entscheidung d_0 bzw. d_1 getroffen wird, eindeutig festgelegt:

$A_\delta := \{x \in \mathcal{X} \mid \delta(x) = d_0\}$ heißt *Annahmebereich*,

$K_\delta := \{x \in \mathcal{X} \mid \delta(x) = d_1\}$ heißt *kritischer Bereich* oder *Ablehnungsbereich*

bei δ. Es gilt $A_\delta \cup K_\delta = \mathcal{X}$, $A_\delta \cap K_\delta = \emptyset$ und, wenn δ sinnvoll ist, $A_\delta \neq \emptyset \neq K_\delta$. Damit ist

$$P_I(\delta,\gamma) = P_\gamma(X \in K_\delta) \quad \text{für} \quad \gamma \in \Gamma_0$$

$$P_{II}(\delta,\gamma) = P_\gamma(X \in A_\delta) \quad \text{für} \quad \gamma \in \Gamma_1$$

(6)

und es ist klar, daß ausgehend von δ

$P_I(\delta,\gamma)$ verkleinert werden kann durch eine Verkleinerung von K_δ,

$P_{II}(\delta,\gamma)$ verkleinert werden kann durch eine Verkleinerung von A_δ.

Da eine Verkleinerung von K_δ einer Vergrößerung von A_δ entspricht und umgekehrt, geht also eine Verkleinerung der Fehlerwahrscheinlichkeit 1. Art –bis auf Ausnahmefälle– immer Hand in Hand mit einer Vergrößerung der Fehlerwahrscheinlichkeit 2. Art.

Daß es Ausnahmefälle gibt, liegt daran, daß beim Fehler 1. und 2. Art verschiedene Parameterwerte der Wahrscheinlichkeitsverteilung vorliegen. Wir machen dies an folgendem Beispiel deutlich.

8.3 Beispiel

Y sei auf $[0,\gamma]$ gleichverteilt, wobei für γ die Werte $\gamma_0 = 10$ und $\gamma_1 = 15$ in Frage kommen. Mit einer Stichprobe mit Zurücklegen vom Umfang n soll getestet werden, ob

$$H_0 : \gamma = \gamma_0 \quad \text{oder} \quad H_1 : \gamma = \gamma_1 \tag{7}$$

als richtig angesehen wird. Naheliegend ist es, den Maximalwert der Stichprobenergebnisse als die relevante Information anzusehen und die Entscheidung von ihm abhängig zu machen. Sei $T(x) = \max\{x_1, \ldots, x_n\}$, so betrachten wir den Test

$$\delta_c(x) = \left\{ \begin{array}{ll} d_0 & T(x) \leq c \\ d_1 & T(x) > c \end{array} \right. \tag{8}$$

und suchen eine geeignete „Testschranke" $c > 0$. Die Wahrscheinlichkeit für den Fehler 1. Art bei δ_c ist

$$P_{\gamma_0}(T(X) > c) = 1 - P_{\gamma_0}(T(X) \leq c) = 1 - F_{T(X),\gamma_0}(c), \tag{9}$$

wobei $F_{T(X),\gamma_0}$ die Verteilungsfunktion von $T(X)$ bei γ_0 sei. Nach Wahrscheinlichkeitstheorie, S.162, ist

$$F_{T(X),\gamma_0}(t) = F_{Y,\gamma_0}^n(t) = \frac{1}{\gamma_0^n} t^n \qquad \text{für} \quad 0 \leq t \leq \gamma_0. \tag{10}$$

Die Fehlerwahrscheinlichkeit 1. Art ist somit

$$P_{\gamma_0}(T(X) > c) = \left\{ \begin{array}{ll} 1 - \frac{1}{\gamma_0^n} c^n & 0 \leq c \leq \gamma_0 \\ & \\ 0 & \gamma_0 \leq c \end{array} \right. \tag{11}$$

Das heißt, eine weitere Vergrößerung des Annahmebereichs

$$\{x \in \mathcal{X} \mid T(x) \leq c\}$$

durch eine Vergrößerung von c über γ_0 hinaus, wirkt sich bei der Fehlerwahrscheinlichkeit 1. Art nicht mehr aus. Bei γ_0 können eben keine Stichprobenwerte größer als γ_0 auftreten. Wie sieht dies beim Fehler 2. Art aus? Die Wahrscheinlichkeit für ihn beträgt

$$P_{\gamma_1}(T(X) \leq c) = F_{T(X),\gamma_1}(c) = \left\{ \begin{array}{ll} \frac{1}{\gamma_1^n} c^n & 0 < c \leq \gamma_1 \\ 1 & \gamma_1 \leq c. \end{array} \right. \tag{12}$$

Eine Vergrößerung von c vergrößert die Fehlerwahrscheinlichkeit 2. Art im gesamten Bereich $[0, \gamma_1]$, also auch im Bereich $[\gamma_0, \gamma_1]$ (vgl. Abbildung 8.1).

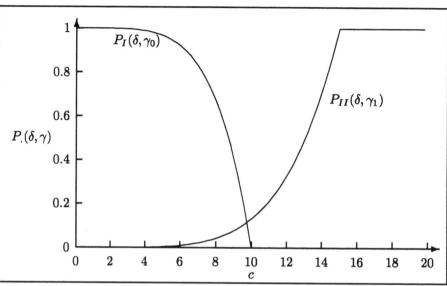

Abbildung 8.1: Verlauf der Fehlerwahrscheinlichkeiten in Abhängigkeit von c ($n = 5$).

Gegenüber z.B. $c = 12$ ist bei $c = 10$ die Fehlerwahrscheinlichkeit 2. Art kleiner, die Fehlerwahrscheinlichkeit 1. Art aber unverändert (jeweils 0). Es ist eben nicht sinnvoll, bei einem Stichprobenwert etwa von 11 die Nullhypothese einer Gleichverteilung auf $[0, 10]$ als richtig anzusehen. Wir haben hier also ein Beispiel, bei dem eine Vergrößerung des Annahmebereichs (von $c = 10$ auf $c = 12$) die Fehlerwahrscheinlichkeit 1.Art nicht verringert, wohl aber die Fehlerwahrscheinlichkeit 2.Art vergrößert. Erscheint aber die Fehlerwahrscheinlichkeit 2. Art bei $c = 10$ von etwa 0.13 für $n = 5$ zu hoch, so muß c auf Kosten einer Erhöhung der Fehlerwahrscheinlichkeit 1. Art verringert werden (oder der Stichprobenumfang muß erhöht werden).

Das Beispiel zeigt auch, daß man nicht einfach von *dem* Stichprobenraum sprechen kann, da die Menge der möglichen Stichprobenrealisationen auch vom Parameter abhängen kann (vgl. Bemerkung 3.9)

Da es nun einen gleichmäßig besten Test in der Regel nicht gibt, geht man im allgemeinen so vor, daß man an die Fehlerwahrscheinlichkeit 1. Art eine Mindestanforderung stellt und unter allen Tests, die diese Anforderung erfüllen, denjenigen aussucht, der sich bzgl. der Fehlerwahrscheinlichkeit 2. Art am besten verhält.

8.4   Definition

Ein Test $\delta : \mathcal{X} \to \{d_0, d_1\}$ heißt *Test zum Niveau* α, $0 < \alpha < 1$, falls

$$P_I(\delta, \gamma) = P_\gamma(\delta(X) = d_1) \le \alpha \quad \text{für alle} \quad \gamma \in \Gamma_0 \tag{13}$$

gilt.

Ein Test δ zum Niveau α heißt *gleichmäßig bester Test zum Niveau* α, falls für jeden Test δ' zum Niveau α

$$P_{II}(\delta, \gamma) = P_\gamma(\delta(X) = d_0) \le P_{II}(\delta', \gamma) = P_\gamma(\delta'(X) = d_0) \quad \text{für alle} \quad \gamma \in \Gamma_1 \tag{14}$$

gilt.

Übliche Werte für α sind 0.05 und 0.01.

Die Gleichmäßigkeit bezieht sich in dieser Definition also darauf, daß die Fehlerwahrscheinlichkeit 2.Art bei jeder Wahl von $\gamma \in \Gamma_1$ bei δ im Vergleich zu anderen Tests zum Niveau α am günstigsten ist (vgl. auch Definition 1.13).

Bei dieser asymmetrischen Betrachtungsweise liegt der folgende Grundgedanke vor:

Entscheidet man sich bei einem Test zum Niveau α für d_1, so gilt die Hypothese H_1 als „statistisch" gesichert: Denn die Entscheidung ist nur falsch, wenn H_0 richtig ist. Die Wahrscheinlichkeit für diesen Fehler 1. Art ist aber kleiner oder gleich α. Naheliegend ist dann die Überlegung, daß damit die Entscheidung d_1, wenn man aufgrund der Stichprobe zu dieser Entscheidung kommt meist (oder gar mit Wahrscheinlichkeit $1 - \alpha$) richtig ist. Diese Überlegung ist formal nicht haltbar, denn dazu würde ein Wahrscheinlichkeitsmaß auf dem Parameterraum benötigt, so daß etwa die bedingte Wahrscheinlichkeit für $\gamma \in \Gamma_1$ („Hypothese H_1 ist wahr") unter der Bedingung $\delta(X) = d_1$ berechnet werden könnte. Ein Wahrscheinlichkeitsmaß auf Γ ist aber (zumindest im Rahmen dieses Textes) nicht vorausgesetzt.[2] Außerdem sagt die Fehlerwahrscheinlichkeit 1. Art nichts darüber aus, wie groß die Wahrscheinlichkeit ist, bei Vorliegen der Gegenhypothese die richtige Entscheidung – also d_1 – zu treffen. Diese kann durchaus vergleichbar niedrig sein. Betrachten wir dazu nochmals das Beispiel der Gleichverteilung (Beispiel 8.3), jetzt mit vertauschten Hypothesen und kleinerem Abstand der beiden Parameterwerte.

---

[2]Dies würde einer Vorabinformation über den Parameter entsprechen (vgl. § 1). Untersuchungen dazu werden in der „Bayesschen Statistik" , vgl. z.B. Bamberg/Baur (1993), S. 156ff. durchgeführt.

8.5 Beispiel

Bei gegenüber Beispiel 8.3 vertauschten Hypothesen und geändertem Parameterwert

$$H_0 : \gamma = 11 \qquad \text{gegen} \qquad H_1 : \gamma = 10 \qquad (15)$$

vertauscht man sinnvollerweise auch die Entscheidungen

$$\delta_c(x) = \begin{cases} d_0 & T(x) > c \\ d_1 & T(x) \leq c \end{cases} \qquad (16)$$

und damit ergibt sich das Niveau

$$P_{\gamma=11}(T(X) \leq c) = \frac{1}{11^n} c^n \qquad (17)$$

und die Wahrscheinlichkeit

$$P_{\gamma=10}(T(X) \leq c) = \frac{1}{10^n} c^n, \qquad (18)$$

bei Gültigkeit der Gegenhypothese die richtige Entscheidung zu treffen. Für $c \approx 6.04$ ist das Niveau 0.05 und

$$P_{\gamma=10}(T(X) \leq c) = 0.08. \qquad (19)$$

Die beiden Wahrscheinlichkeiten unterscheiden sich also nicht wesentlich. Dies liegt natürlich in erster Linie an der schwierigen Testsituation, die Verteilungen unterscheiden sich nur sehr wenig (siehe Abbildung 8.2).

Über den Fehler 2. Art ist bei einem Test zum Niveau α hingegen zunächst nichts ausgesagt. Dieser Fehler kann also relativ häufig auftreten. Die Entscheidung d_0 besagt demnach nur, daß man die Nullhypothese H_0 nicht „mit statistischer Sicherheit" ausschließen kann. Je nach der Höhe der Fehlerwahrscheinlichkeit 2. Art, werden wir uns bei d_0 mehr oder weniger stark darauf verlassen, daß H_0 richtig ist. Bei hoher Fehlerwahrscheinlichkeit 2. Art im gesamten Bereich Γ_1 [3] werden wir d_0 im Sinne eines Signifikanztests interpretieren, also in der Form,

---

[3]Man spricht dann davon, daß der Test eine schlechte *Güte* oder *Power* hat (vgl. § 11)

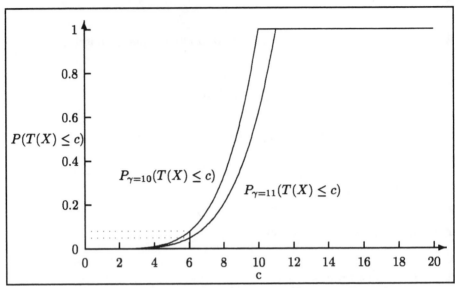

Abbildung 8.2: Annahmewahrscheinlichkeit von H_1 und Fehlerwahrscheinlichkeit 1.Art in Abhängigkeit von c.

daß die Entscheidung zwischen H_0 und H_1 offen bleibt. Ist also der Schaden beim Fehler 1. Art und 2. Art unterschiedlich, so wird man H_0 und H_1 so festlegen[4], daß der größere Schaden beim Fehler 1. Art auftritt. Dementsprechend werden wir in den folgenden Abschnitten, in denen wir uns mit Tests zum Niveau α beschäftigen, d_0 immer in dieser Weise interpretieren:

d_0 entspricht „H_0 wird nicht abgelehnt" im Sinne von „H_0 ist möglicherweise richtig, aber es besteht noch ein erhebliches Maß an Unsicherheit".

Übungsaufgaben zu § 8

Übungsaufgabe 8.1:

Um beurteilen zu können, wie sich eine 10%-ige Preiserhöhung für die Eintrittspreise eines Filmtheaters auf die Zuschauerzahlen auswirkt, werden verschiedene Filme ausgewählt, bei denen probeweise eine Preiserhöhung durchgeführt wird. Die Preiserhöhung soll generell dann durchgeführt werden, wenn mit einem durchschnittlichen Zuschauerrückgang von höchstens 8% zu rechnen ist. Es

---

[4]Notfalls vertauscht man gerade die Hypothesen.

werden nun zufällig n Filme ausgewählt und die sich dort ergebenden Zuschauerzahlen bestimmt.

(a) Formulieren Sie ein geeignetes statistisches Entscheidungsproblem (Modell und Hypothese).

(b) Welche Fehlentscheidungen können in diesem Fall auftreten?

(c) Welcher Zusammenhang besteht zwischen den Entscheidungen und der Wahl der Nullhypothese?

(d) Wie beeinflußt die Nullhypothese bei einem Test zum Niveau α die Entscheidung des Testverfahrens?

Übungsaufgabe 8.2:

In einer Stadt werden Tbc-Untersunchungen durch Röntgenaufnahmen durchgeführt. Aus Voruntersuchungen ist bekannt, daß 95% der Kranken als infiziert erkannt werden, und von den Gesunden 1% als Tbc verdächtig registriert werden. Es soll die Hypothese $\gamma_0 = $ „Patient krank" gegen die Alternative $\gamma_1 = $„Patient gesund" getestet werden. Geben Sie die Fehlerwahrscheinlichkeiten 1. und 2. Art für alle möglichen Tests an ($\Delta = \{d_0, d_1\}$; d_0 bedeutet „Patient behandeln").

Welcher Zusammenhang besteht zwischen der Risikofunktion und den Fehlerwahrscheinlichkeiten, wenn folgende Schadensfunktion S benutzt wird:

S	γ_0	γ_1
d_0	0	1
d_1	5	0

Übungsaufgabe 8.3:

Aufgrund einer Stichprobe vom Umfang $n = 4$ soll getestet werden, ob der Parameter einer Bernoulli-Verteilung den Wert $p_0 = 0.5$ (Nullhypothese) oder $p_1 = 0.3$ (Gegenhypothese) hat. Geben Sie den besten Test auf der Basis einer suffizienten Statistik an, für den die Fehlerwahrscheinlichkeit 1. Art kleiner oder gleich 0.32 ist.

Bemerkung: Eine Betrachtung aller Tests würde die Einbeziehung aller Entscheidungsfunktionen bedeuten. Da der Stichprobenraum in dieser Aufgabe 2^4 Elemente enthält, gibt es 2^{16} verschiedene Entscheidungsfunktionen. Da aber eine suffiziente Statistik die relevante Information der Stichprobe über den Parameter enthält, kann ihr Ergebnis als Entscheidungsgrundlage benutzt werden. Dadurch reduziert sich die Anzahl der Tests (hier auf 32).

9 Neyman-Pearson-Tests[1]

Für die Bestimmung eines gleichmäßig besten Tests zum Niveau α betrachten wir zunächst die einfache Situation, daß Γ genau zwei Elemente enthält:

$$\Gamma = \{\gamma_0, \gamma_1\}, \Gamma_0 = \{\gamma_0\}, \Gamma_1 = \{\gamma_1\} \tag{1}$$

also:

$$H_0 : \gamma = \gamma_0, \qquad H_1 : \gamma = \gamma_1. \tag{2}$$

9.1 Beispiel:

Mit Hilfe der Messung des radioaktiven Zerfalls soll entschieden werden, um welche von zwei in Frage kommenden radioaktiven Substanzen es sich handelt. Die Anzahl der radioaktiven Impulse ist Poisson-verteilt. Um die Rechnung zu vereinfachen, nehmen wir für die Parameter die Werte $\lambda_0 = 1$ (Substanz A) und $\lambda_1 = 2$ (Substanz B). Die Stichprobenrealisation sei $x = (x_1, \ldots, x_n) = (0, 2, 1, 0, 1)$ und die Wahrscheinlichkeit für dieses Ergebnis ist bei Parameter λ_i:

$$P_{\lambda_i}(X = x) = \frac{\lambda_i^{\sum\limits_{j=1}^{n} x_j} e^{-n\lambda_i}}{x_1! x_2! \ldots x_n!} \qquad \text{für } i = 0, 1 \tag{3}$$

$$= \begin{cases} \frac{e^{-5}}{2} & = 0.003 & \text{für } i = 0 \\ 8 \cdot e^{-10} & = 0.0004 & \text{für } i = 1 \end{cases} \tag{4}$$

Da $P_{\lambda_0}(X = x) > P_{\lambda_1}(X = x)$ ist, treffen wir die Entscheidung, daß es sich um Substanz A handelt. Bei Formulierung der Hypothesen

H_0:   Es handelt sich um Substanz A
      (Der Parameter ist $\lambda_0 = 1$)

H_1:   Es handelt sich um Substanz B
      (Der Parameter ist $\lambda_1 = 2$)

$$(5)$$

verwenden wir demnach die Entscheidungsfunktion

$$\delta(x) = \begin{cases} d_0 & P_{\lambda_0}(X = x) > P_{\lambda_1}(X = x) \\ d_1 & \text{sonst.} \end{cases} \tag{6}$$

---

[1] Pearson, Egon Sharpe, 1895-1980, engl. Mathematiker und Statistiker.

Für die Fehlerwahrscheinlichkeiten ergibt sich daraus

$$
\begin{aligned}
P_I(\delta) &= P_{\lambda_0}(\delta(X) = d_1) \tag{7}\\
&= P_{\lambda_0}\left(\frac{\lambda_0^{\sum_{j=1}^n X_j} e^{-n\lambda_0}}{X_1!\ldots X_n!} \leq \frac{\lambda_1^{\sum_{j=1}^n X_j} e^{-n\lambda_1}}{X_1!\ldots X_n!}\right)\\
&= P_{\lambda_0}\left(1^{\sum_{j=1}^n X_j} e^{-n} \leq 2^{\sum_{j=1}^n X_j} e^{-2n}\right)\\
&= P_{\lambda_0}\left(e^n \leq 2^{\sum_{j=1}^n X_j}\right)\\
&= P_{\lambda_0}\left(\frac{n}{\ln 2} \leq \sum_{j=1}^n X_j\right).
\end{aligned}
$$

$\sum_{j=1}^n X_j$ ist Poisson-verteilt mit Parameter $n\lambda_i$ $(i = 0, 1$ je nachdem, welcher Parameter zutrifft), also gilt

$$
\begin{aligned}
P_{\lambda_0}\left(\sum_{j=1}^n X_j \geq \frac{n}{\ln 2}\right) &= P_{\lambda_0}\left(\sum_{j=1}^n X_j \geq z\right) {}^2 = \sum_{k=z}^\infty \frac{(n\lambda_0)^k}{k!} e^{-n\lambda_0}\\
&= \sum_{k=z}^\infty \frac{n^k}{k!} e^{-n} = 1 - \sum_{k=0}^{z-1} \frac{n^k}{k!} e^{-n},
\end{aligned} \tag{8}
$$

wobei z die kleinste ganze Zahl größer oder gleich $\frac{n}{\ln 2}$ ist. Für $n = 5$ ist $\frac{n}{\ln 2} = 7.21$ und δ demnach ein Test zum Niveau $\alpha = 1 - \sum_{k=0}^{7} \frac{5^k}{k!} e^{-5} = 0.133$.

Für den Fehler 2. Art gilt:

$$
\begin{aligned}
P_{II}(\delta) &= P_{\lambda_1}(\delta(X) = d_0)\\
&= P_{\lambda_1}\left(\frac{\lambda_0^{\sum_{j=1}^n X_j} e^{-n\lambda_0}}{X_1!\ldots X_n!} > \frac{\lambda_1^{\sum_{j=1}^n X_j} e^{-n\lambda_1}}{X_1!\ldots X_n!}\right)\\
&= P_{\lambda_1}\left(1^{\sum_{j=1}^n X_j} e^{-n} > 2^{\sum_{j=1}^n X_j} e^{-2n}\right) \tag{9}
\end{aligned}
$$

${}^2 \sum_{j=1}^n X_j$ kann nur ganzzahlig sein.

$$= P_{\lambda_1}(e^n > 2^{\sum_{j=1}^{n} X_j})$$

$$= P_{\lambda_1}(\frac{n}{\ln 2} > \sum_{j=1}^{n} X_j)$$

$$= \sum_{k=0}^{z'} \frac{(2n)^k}{k!} e^{-2n} = \sum_{k=0}^{7} \frac{10^k}{k!} e^{-10} = 0.220,$$

wobei z' größte ganze Zahl kleiner $\frac{n}{\ln 2}$ ist[3].

Eine Verkleinerung der Fehlerwahrscheinlichkeit 1. Art kann man dadurch erreichen, daß man den Annahmebereich vergrößert, d.h. daß man z.B. die Hypothese
H_0 auch dann noch annimmt, wenn die Wahrscheinlichkeit für das Stichprobenergebnis bei λ_0 bis zu einem bestimmten Faktor kleiner ist als bei λ_1:

$$\delta_k(x) = \left\{ \begin{array}{ll} d_0 & \frac{P_{\lambda_1}(X=x)}{P_{\lambda_0}(X=x)} \leq k \\ d_1 & \text{sonst} \end{array} \right. \tag{10}$$

Durch die Wahl des Faktors k können wir die Fehlerwahrscheinlichkeit 1. Art
(und damit auch die 2. Art) variieren:

Wählen wir $k > 1$, verringert sich die Fehlerwahrscheinlichkeit 1. Art, bei $k < 1$
vergrößert sie sich. Damit ist

$$P_I(\delta_k) = P_{\lambda_0}(\frac{n + \ln k}{\ln 2} \leq \sum_{j=1}^{n} X_j)$$

$$= P_{\lambda_0}(z_k \leq \sum_{j=1}^{n} X_j) \tag{11}$$

$$= \sum_{m=z_k}^{\infty} \frac{n^m}{m!} e^{-n},$$

wobei z_k kleinste ganze Zahl größer oder gleich $\frac{n+\ln k}{\ln 2}$ ist, und

$$P_{II}(\delta_k) = P_{\lambda_1}(\frac{n + \ln k}{\ln 2} > \sum_{j=1}^{n} X_j)$$

$$\tag{12}$$

$$= \sum_{m=0}^{z_k-1} \frac{(2n)^m}{m!} e^{-2n}.$$

---

[3] Es gilt also $z' = z - 1$ (vgl. oben).

Für einige Werte von z_k gibt Tabelle 9.1 die Fehlerwahrscheinlichkeiten 1. und 2. Art bei $\lambda_0 = 1$ und $\lambda_1 = 2$ wieder. Man erkennt deutlich, wie sich eine Verringerung der Fehlerwahrscheinlichkeit 1. Art mit einer Vergrößerung bei der Fehlerwahrscheinlichkeit 2. Art einhergeht.

$z_k{}^4$	$P_I(\delta_k)$	$P_{II}(\delta_k)$
1	0.9933	0.0000
2	0.9596	0.0005
3	0.8753	0.0028
4	0.7350	0.0103
5	0.5595	0.0293
6	0.3840	0.0671
7	0.2378	0.1301
8	0.1334	0.2202
9	0.0681	0.3328
10	0.0318	0.4579
11	0.0137	0.5830
12	0.0055	0.6968

Tabelle 9.1: Fehlerwahrscheinlichkeiten für $\lambda_0 = 1$ und $\lambda_1 = 2$.

Zu einem Stichprobenergebnis $x = (x_1, \ldots, x_n)$ können wir also wie im Beispiel die Wahrscheinlichkeiten $P_{\gamma_0}(X = x)$ und $P_{\gamma_1}(X = x)$ vergleichen. Diese Wahrscheinlichkeiten können ja berechnet werden, da die Abhängigkeit der Wahrscheinlichkeitsverteilung von X bzgl. γ_0 bzw. γ_1 nach den Grundannahmen der Statistik bekannt ist. Es liegt dann nahe, daß wir die Nullhypothese $H_0 : \gamma = \gamma_0$ ablehnen, wenn $P_{\gamma_1}(X = x)$ groß gegenüber $P_{\gamma_0}(X = x)$ ist. Für $P_{\gamma_0}(X = x) \neq 0$ drücken wir das Verhältnis dieser Wahrscheinlichkeiten durch den Quotienten

$$\frac{P_{\gamma_1}(X = x)}{P_{\gamma_0}(X = x)} =: Q(x) \tag{14}$$

aus. Für $P_{\gamma_0}(X = x) = 0$ setzen wir $Q(x) = \infty$. Wir entscheiden uns dann für d_1, wenn dieser Quotient größer k ist. Durch geeignete Wahl von k können wir

---

[4]Der Wert von k ist ohne Bedeutung, da das Entscheidungskriterium direkt mit z_k formuliert werden kann, nämlich

$$\delta(x) = \begin{cases} d_0 & \sum\limits_{j=1}^{n} x_i < z_k \\ d_1 & \sum\limits_{j=1}^{n} x_i \geq z_k \end{cases} \tag{13}$$

dann versuchen, die Fehlerwahrscheinlichkeit 1. Art entsprechend der festgeleg-
ten Mindestanforderung α zu begrenzen.

Diese Überlegung scheitert bei einer stetigen Zufallsvariable, da in diesem Fall
$P_{\gamma_0}(X = x) = P_{\gamma_1}(X = x) = 0$ ist. Analog wie beim Maximum-Likelihood-
Prinzip (§ 6) ersetzen wir $P_{\gamma_i}(X = x)$ durch die Dichtefunktion f_{X,γ_i} an der
Stelle x und bilden den Quotienten

$$\frac{f_{X,\gamma_1}(x)}{f_{X,\gamma_0}(x)} =: Q(x) \text{ für } x \text{ mit } f_{X,\gamma_0}(x) \neq 0 \tag{15}$$

bzw. $Q(x) = \infty$ für x mit $f_{X,\gamma_0}(x) = 0$.

9.2 Bezeichnung:

$Q(x)$ mit (14) im diskreten und (15) im stetigen Fall heißt *Wahrscheinlichkeitsquotient*.

Damit ergibt sich der folgende Test:[5]

$$\delta_k(x) = \begin{cases} d_0 & Q(x) \leq k \\ d_1 & Q(x) > k \end{cases} \tag{16}$$

Als Fehlerwahrscheinlichkeit 1. Art von δ_k erhält man dann

$$P_I(\delta_k, \gamma_0) = P_{\gamma_0}(Q(X) > k) = 1 - P_{\gamma_0}(Q(X) \leq k)$$

$$= 1 - F_{Q(X)}(k), \tag{17}$$

wobei $F_{Q(X)}$ die Verteilungsfunktion von $Q(X)$ sei. Ist nun ein Niveau
$\alpha, 0 < \alpha < 1$, vorgegeben, so ist k so zu bestimmen, daß

$$1 - F_{Q(X)}(k) \leq \alpha \quad \text{und damit} \quad F_{Q(X)}(k) \geq 1 - \alpha \tag{18}$$

gilt.

Falls $Q(X)$ eine stetige Zufallsvariable ist, ist $F_{Q(X)}$ stetig und wir wählen k_α
mit $F_{Q(X)}(k_\alpha) = 1 - \alpha$ (vgl. Abbildung 9.1).

---

[5]Wir nehmen zunächst einmal an, daß $P_{\gamma_0}(X = x) \neq 0$ bzw. $f_{X,\gamma}(x) \neq 0$ für alle $x \in \mathcal{X}$
ist.

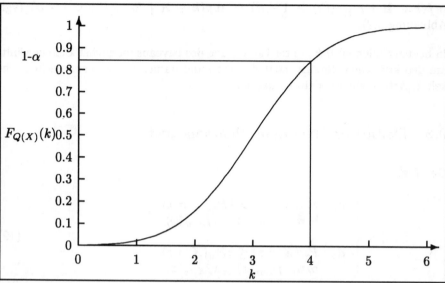

Abbildung 9.1: Verteilungsfunktion des Wahrscheinlichkeitsquotienten (stetig).

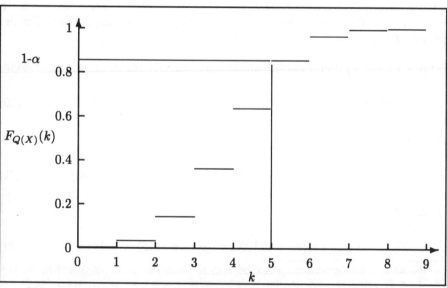

Abbildung 9.2: Verteilungsfunktion des Wahrscheinlichkeitsquotienten
(diskret).

Falls $Q(X)$ diskret ist, setzen wir $k_\alpha = inf\{k \in \mathbf{R} \mid 1 - F_{Q(X)}(k) \leq \alpha\} = inf\{k \in \mathbf{R} \mid F_{Q(X)}(k) \geq 1 - \alpha\} = sup\{k \in \mathbf{R} \mid F_{Q(X)}(k) < 1 - \alpha\}$ (vgl. Abbildung 9.2).

In beiden Fällen wird k_α unter Einhaltung des Niveaus möglichst klein gewählt, um den kritischen Bereich möglichst groß und damit die Fehlerwahrscheinlichkeit 2. Art möglichst klein zu halten.

9.3 Definition: Neyman/Pearson-Test

Der Test

$$
\delta_k(x) = \begin{cases} d_1 & P_{\gamma_1}(X = x) > k P_{\gamma_0}(X = x) \\ & \text{bzw. } f_{X,\gamma_1}(x) > k f_{X,\gamma_0}(x) \\[2mm] d_0 & P_{\gamma_1}(X = x) \leq k P_{\gamma_0}(X = x) \\ & \text{bzw. } f_{X,\gamma_1}(x) \leq k f_{X,\gamma_0}(x) \end{cases} \tag{19}
$$

mit $k \in \mathbf{R}, k > 0$, heißt *Neyman/Pearson-Test mit Niveau* $P_I(\delta_k, \gamma_0)$.[6]

Bei Neyman/Pearson-Tests wird also das Niveau über die Wahl von k gesteuert. Bei diskreten Zufallsvariablen sind aber nur diskrete Werte für dieses Niveau möglich. Bezüglich diesen Niveaus ist aber der Neyman/Pearson-Test der (gleichmäßig)[7] beste:

Sei $\alpha = P_I(\delta_k, \gamma_0)$ und δ ein beliebiger Test zum Niveau α. Zu zeigen ist dann

$$
P_{II}(\delta_k, \gamma_1) \leq P_{II}(\delta, \gamma_1). \tag{20}
$$

Dazu betrachten wir

$$
A_{\delta_k} = \{x \in \mathcal{X} \mid \delta_k(x) = d_0\} \quad \text{und} \quad A_\delta = \{x \in \mathcal{X} \mid \delta(x) = d_0\}. \tag{21}
$$

Damit ist

$$
K_{\delta_k} = \{x \in \mathcal{X} \mid \delta_k(x) = d_1\}, K_\delta = \{x \in \mathcal{X} \mid \delta(x) = d_1\} \tag{22}
$$

---

[6]Wir können die Entscheidungsfunktion auch so formulieren, daß bei Gleichheit die Entscheidung d_1 getroffen wird. Ist der Wahrscheinlichkeitsquotient $Q(X)$ stetig, ändert sich dadurch nichts, da dann der Wert k mit Wahrscheinlichkeit 0 angenommen wird. Ist $Q(X)$ diskret, kann k so gewählt werden, daß der Wert k nicht angenommen wird.

[7]Gleichmäßigkeit hat hier keine Bedeutung, da nur ein Parameterwert (nämlich γ_1) bei der Fehlerwahrscheinlichkeit 2.Art betrachtet werden muß (vgl. Definition 8.4).

und

$$P_{II}(\delta_k, \gamma_1) = P_{\gamma_1}(X \in A_{\delta_k}) = 1 - P_{\gamma_1}(X \in K_{\delta_k}), \qquad (23)$$

$$P_{II}(\delta, \gamma_1) = P_{\gamma_1}(X \in A_\delta) = 1 - P_{\gamma_1}(X \in K_\delta). \qquad (24)$$

Da δ ein Test zum Niveau α ist, gilt:

$$\alpha = P_I(\delta_k, \gamma_0) = P_{\gamma_0}(X \in K_{\delta_k}) \geq P_I(\delta, \gamma_0) = P_{\gamma_0}(X \in K_\delta). \qquad (25)$$

Der Test δ hat also möglicherweise gegenüber δ_k eine Verbesserung bezüglich des Fehlers 1. Art. Diese beträgt:

$$P_I(\delta_k, \gamma_0) - P_I(\delta, \gamma_0). \qquad (26)$$

Diese kommt durch die Veränderung des kritischen Bereichs zustande. Betrachten wir die Situation genauer. Der Stichprobenraum besteht jetzt aus vier Teilbereichen (vgl. Tabelle 9.2).

	A_δ	K_δ
A_{δ_k}	$A_{\delta_k} \cap A_\delta$	$A_{\delta_k} \cap K_\delta$
K_{δ_k}	$K_{\delta_k} \cap A_\delta$	$K_{\delta_k} \cap K_\delta$

Tabelle 9.2: Teilbereiche zum Vergleich von δ_k und δ.

Die Bereiche, in denen die Tests unterschiedlich entscheiden, sind oben rechts und unten links. Diese wirken sich auf die Unterschiede in den Fehlerwahrscheinlichkeiten 1. und 2. Art aus. So ist

$$P_I(\delta_k, \gamma_0) = P_{\gamma_0}(X \in K_{\delta_k}) = P_{\gamma_0}(X \in K_{\delta_k} \cap K_\delta) + P_{\gamma_0}(X \in K_{\delta_k} \cap A_\delta) \qquad (27)$$

und

$$P_I(\delta, \gamma_0) = P_{\gamma_0}(X \in K_\delta) = P_{\gamma_0}(X \in K_\delta \cap K_{\delta_k}) + P_{\gamma_0}(X \in K_\delta \cap A_{\delta_k}) \qquad (28)$$

Der Unterschied beträgt demnach

$$P_I(\delta_k, \gamma_0) - P_I(\delta, \gamma_0) = P_{\gamma_0}(X \in K_{\delta_k} \cap A_\delta) - P_{\gamma_0}(X \in K_\delta \cap A_{\delta_k}) \qquad (29)$$

und ist aufgrund der Annahme, daß δ Test zum Niveau $\alpha = P_I(\delta_k, \gamma_0)$ ist, nichnegativ, also wie erwähnt möglicherweise eine Verbesserung für δ gegenüber δ_k. Entsprechend ist

$$P_{II}(\delta_k, \gamma_1) = P_{\gamma_1}(X \in A_{\delta_k}) = P_{\gamma_1}(X \in A_{\delta_k} \cap A_\delta) + P_{\gamma_1}(X \in A_{\delta_k} \cap K_\delta) \qquad (30)$$

und

$$P_{II}(\delta, \gamma_1) = P_{\gamma_1}(X \in A_\delta) = P_{\gamma_1}(X \in A_\delta \cap A_{\delta_k}) + P_{\gamma_1}(X \in A_\delta \cap K_{\delta_k}). \qquad (31)$$

Der Unterschied ist jetzt

$$P_{II}(\delta_k, \gamma_1) - P_{II}(\delta, \gamma_1) = P_{\gamma_1}(X \in A_{\delta_k} \cap K_\delta) - P_{\gamma_1}(X \in A_\delta \cap K_{\delta_k}). \qquad (32)$$

Ist dieser Ausdruck positiv, so bringt δ auch beim Fehler 2. Art eine Verbesserung im Widerspruch zur Behauptung.

Es sind also jeweils die zweiten Summanden bei den Fehlerwahrscheinlichkeiten, die uns interessieren (siehe Tabelle 9.3).

	γ_0	γ_1
K_{δ_k}	$P_{\gamma_0}(X \in K_{\delta_k} \cap A_\delta)$	$P_{\gamma_1}(X \in K_{\delta_k} \cap A_\delta)$
A_{δ_k}	$P_{\gamma_0}(X \in K_\delta \cap A_{\delta_k})$	$P_{\gamma_1}(X \in K_\delta \cap A_{\delta_k})$
Differenz	Verbesserung bei Fehler 1. Art	Verschlechterung beim Fehler 2. Art
	von δ gegenüber δ_k	

Tabelle 9.3: Vergleich der Fehlerwahrscheinlichkeiten.

Als nächstes nützen wir aus, daß in der ersten Zeile der Tabelle Wahrscheinlichkeiten für Teilbereiche des kritischen Bereichs von δ_k und in der zweiten für Teilbereiche des Annahmebereiches von δ_k stehen. In diesen gelten aber Relationen bezüglich der Wahrscheinlichkeiten bzw. der Werte der Dichtefunktionen bei den Parameterwerten γ_0 und γ_1. Dadurch können wir eine Beziehung zwischen den Wahrscheinlichkeiten in den einzelnen Zeilen herstellen.

9.4 Lemma:

a) Für jede Teilmenge $S \subset A_{\delta_k}$ gilt:

$$P_{\gamma_1}(X \in S) \leq k P_{\gamma_0}(X \in S) \qquad (33)$$

b) Für jede Teilmenge $T \subset K_{\delta_k}$ gilt:

$$P_{\gamma_1}(X \in T) \geq k P_{\gamma_0}(X \in T) \tag{34}$$

Dabei gilt das =-Zeichen nur, falls

$$P_{\gamma_1}(X \in T) = P_{\gamma_0}(X \in T) = 0 \tag{35}$$

ist.

Beweis:

a) Für $x \in S \subset A_{\delta_k}$ gilt:

$$P_{\gamma_1}(X = x) \leq k P_{\gamma_0}(X = x) \text{ bzw. } f_{X,\gamma_1}(x) \leq k f_{X,\gamma_0}(x). \tag{36}$$

Damit folgt im diskreten Fall

$$P_{\gamma_1}(X \in S) = \sum_{x \in S} P_{\gamma_1}(X = x) \leq \sum_{x \in S} k P_{\gamma_0}(X = x) = k P_{\gamma_0}(X \in S) \tag{37}$$

und im stetigen Fall

$$
\begin{aligned}
P_{\gamma_1}(X \in S) &= \int_S \cdots \int f_{X,\gamma_1}(x) dx_1 \ldots dx_n \\
&\leq \int_S \cdots \int k f_{X,\gamma_0}(x) dx_1 \ldots dx_n \\
&= k P_{\gamma_0}(X \in S)
\end{aligned}
\tag{38}
$$

b) Die Ungleichung ergibt sich zunächst analog. Im diskreten Fall haben wir für jeden Summanden die $>$-Beziehung, also nur für $T = \emptyset$ gilt Gleichheit. Im stetigen Fall ist

$$f_{\gamma_1}(x) - k f_{\gamma_0}(x) > 0 \text{ für alle } x \in T \tag{39}$$

und damit

$$\int_T \cdots \int (f_{\gamma_1}(x) - k f_{\gamma_0}(x)) dx_1 \ldots dx_n = 0 \tag{40}$$

nur, wenn T „so klein" ist, daß

$$\int_T \cdots \int f_{\gamma_0}(x)dx_1 \ldots dx_n = \int_T \cdots \int f_{\gamma_1}(x)dx = 0 \qquad (41)$$

gilt.

Damit können wir in Tabelle 9.4 den Faktor k einfügen und sie durch Ungleichheitszeichen ergänzen. In der ersten und damit auch der dritten Zeile gilt dabei das Gleichheitszeichen nach Teil b des Lemmas nur, wenn $P_{\gamma_0}(X \in K_{\delta_k} \cap A_\delta) = P_{\gamma_1}(X \in K_{\delta_k} \cap A_\delta) = 0$ ist.

	γ_0		γ_1
K_{δ_k}	$kP_{\gamma_0}(X \in K_{\delta_k} \cap A_\delta)$	$\overset{<}{(-)}$	$P_{\gamma_1}(X \in K_{\delta_k} \cap A_\delta)$
A_{δ_k}	$kP_{\gamma_0}(X \in K_\delta \cap A_{\delta_k})$	$\geq$	$P_{\gamma_1}(X \in K_\delta \cap A_{\delta_k})$
Differenz	$k \cdot \begin{pmatrix} \text{Verbesserung bei} \\ \text{Fehler 1. Art} \end{pmatrix}$	$\overset{<}{(-)}$	Verschlechterung beim Fehler 2. Art
		von δ gegenüber δ_k	

Tabelle 9.4: Beziehung zwischen den Fehlerwahrscheinlichkeiten 1. und 2. Art.

Da die Verbesserung nichtnegativ ist, ist auch die Verschlechterung nichtnegativ. Eine Verbesserung bei der Fehlerwahrscheinlichkeit 2. Art ist nicht möglich. δ_k ist also (gleichmäßig) bester Test zum Niveau α. Eine formale Herleitung der Ungleichung aus der letzten Zeile von Tabelle 9.4 ist im folgenden gegeben.

Mit Hilfe des Lemmas ist:

$$
\begin{aligned}
& P_{II}(\delta, \gamma_1) - P_{II}(\delta_k, \gamma_1) \\
& = \; 1 - P_{\gamma_1}(X \in K_\delta) - (1 - P_{\gamma_1}(X \in K_{\delta_k})) \\
& = \; P_{\gamma_1}(X \in K_{\delta_k}) - P_{\gamma_1}(X \in K_\delta) \\
& = \; P_{\gamma_1}(X \in K_{\delta_k} \cap A_\delta) + P_{\gamma_1}(X \in K_{\delta_k} \cap K_\delta) \\
& \quad\; -P_{\gamma_1}(X \in A_{\delta_k} \cap K_\delta) - P_{\gamma_1}(X \in K_{\delta_k} \cap K_\delta) \\
& = \; P_{\gamma_1}(X \in K_{\delta_k} \cap A_\delta) - P_{\gamma_1}(X \in A_{\delta_k} \cap K_\delta) \\
& \geq \; kP_{\gamma_0}(X \in K_{\delta_k} \cap A_\delta) - kP_{\gamma_0}(X \in A_{\delta_k} \cap K_\delta) \\
& = \; k(P_{\gamma_0}(X \in K_{\delta_k} \cap A_\delta) + P_{\gamma_0}(X \in K_{\delta_k} \cap K_\delta) \\
& \quad\; -P_{\gamma_0}(X \in A_{\delta_k} \cap K_\delta) - P_{\gamma_0}(X \in K_{\delta_k} \cap K_\delta)) \\
& = \; k(P_{\gamma_0}(X \in K_{\delta_k}) - P_{\gamma_0}(X \in K_\delta)) \\
& = \; k(P_I(\delta_k, \gamma_0) - P_I(\delta, \gamma_0)) \geq 0.
\end{aligned}
\qquad (42)
$$

Keine Verschlechterung beim Fehler 2. Art ergibt sich bei δ gegenüber δ_k nur, wenn die Verbesserung beim Fehler 1. Art Null ist und das Gleichheitszeichen in der unteren Zeile von Tabelle 9.4 gilt (In den anderen Fällen ist die Verschlechterung positiv). Dies bedeutet aber, daß (in der oberen Ungleichung muß Gleichheit gelten)

$$P_{\gamma_0}(X \in K_{\delta_k} \cap A_\delta) = P_{\gamma_1}(X \in K_{\delta_k} \cap A_\delta) = 0 \tag{43}$$

ist und daraus folgt, da die „Verbesserung" $= 0$ ist, daß

$$P_{\gamma_0}(X \in K_\delta \cap A_{\delta_k}) = 0 \tag{44}$$

und ebenso, da die „Verschlechterung" $= 0$ ist, daß

$$P_{\gamma_1}(X \in K_\delta \cap A_{\delta_k}) = 0 \tag{45}$$

gilt.

Damit ist in diesem Fall, in dem die Fehlerwahrscheinlichkeit 1. und 2. Art bei beiden Tests übereinstimmen, die Wahrscheinlichkeit ein Stichprobenergebnis x zu erhalten, bei dem die Tests sich unterscheiden, bei beiden Parametern Null:

$$P_{\gamma_0}(\delta_k(X) \neq \delta(X)) = P_{\gamma_1}(\delta_k(X) \neq \delta(X)) = 0 \tag{46}$$

$\delta(X)$ stimmt also fast sicher (mit Wahrscheinlichkeit 1) mit $\delta_k(X)$ überein.

Damit ist bewiesen:

9.5   Satz von Neyman/Pearson[8]:

Der Test (Neyman/Pearson-Test)

$$\delta_k(x) = \begin{cases} d_0 & P_{\gamma_1}(X = x) \leq kP_{\gamma_0}(X = x) \\ & \text{bzw. } f_{X,\gamma_1}(x) \leq kf_{X,\gamma_0}(x) \\[2mm] d_1 & P_{\gamma_1}(X = x) > kP_{\gamma_0}(X = x) \\ & \text{bzw. } f_{X,\gamma_1}(x) > kf_{X,\gamma_0}(x) \end{cases} \tag{47}$$

---

[8]Neymann, J., Pearson, E.S. (1935). Dieser Satz wird häufig auch als „fundamental lemma" bezeichnet.

für $k \in \mathbf{R}, k > 0$, ist (gleichmäßig) bester Test zum Niveau $P_I(\delta_k, \gamma_0) = P_{\gamma_0}(\delta_k(X) = d_1)$, um

$$H_0 : \gamma = \gamma_0 \quad \text{gegen} \quad H_1 : \gamma = \gamma_1 \tag{48}$$

zu testen. Sei δ ein gleichmäßig bester Test zum Niveau $P_I(\delta_k, \gamma_0)$, so stimmt $\delta(X)$ fast sicher mit $\delta_k(X)$ bei γ_0 und γ_1 überein.

Betrachten wir nochmals das Testproblem aus Beispiel 9.1 in allgemeiner Form.

9.6 Beispiel

Y sei Poisson-verteilt mit Parameter λ. Zu testen sei die Hypothese $H_0 : \lambda = \lambda_0$ gegen $H_1 : \lambda = \lambda_1$. (vgl. Beispiel 9.1) Für eine einfache Stichprobe mit Zurücklegen gilt:

$$P_\lambda(X = x) = \prod_{i=1}^n \frac{\lambda^{x_i}}{x_i!} e^{-\lambda} = e^{-n\lambda} \frac{\lambda^{\sum_{i=1}^n x_i}}{\prod_{i=1}^n x_i!} \tag{49}$$

Damit ist

$$Q(x) = \frac{P_{\lambda_1}(X = x)}{P_{\lambda_0}(X = x)} = \frac{e^{-n\lambda_1} \lambda_1^{\sum_{i=1}^n x_i}}{e^{-n\lambda_0} \lambda_0^{\sum_{i=1}^n x_i}} \tag{50}$$

$$= e^{-n(\lambda_1 - \lambda_0)} \left(\frac{\lambda_1}{\lambda_0}\right)^{\sum_{i=1}^n x_i}$$

und es gilt

$$Q(x) \leq k \quad \Leftrightarrow \quad e^{-n(\lambda_1 - \lambda_0)} \left(\frac{\lambda_1}{\lambda_0}\right)^{\sum_{i=1}^n x_i} \leq k \tag{51}$$

$$\Leftrightarrow \quad -n(\lambda_1 - \lambda_0) + \sum_{i=1}^n x_i (\ln \lambda_1 - \ln \lambda_0) \leq \ln k$$

$$\Leftrightarrow \sum_{i=1}^{n} x_i \leq \frac{\ln k + n(\lambda_1 - \lambda_0)}{\ln \lambda_1 - \ln \lambda_0} =: c_k.$$

Der Neyman/Pearson-Test lautet also:

$$\delta_k(x_1, \ldots, x_n) = \begin{cases} d_0 & \sum_{i=1}^{n} x_i \leq c_k \\ d_1 & \sum_{i=1}^{n} x_i > c_k \end{cases} \tag{52}$$

Da $\sum_{i=1}^{n} x_i \in \{0, 1, \ldots, \} = \mathbb{N} \cup \{0\}$ ist, kann man sich bei c_k ebenfalls auf Werte aus $\mathbb{N} \cup \{0\}$ beschränken. Für den Fehler 1. Art erhält man

$$P_I(\delta_k, \lambda_0) = P_{\lambda_0}\left(\sum_{i=1}^{n} X_i > c_k\right), \tag{53}$$

für den Fehler 2. Art

$$P_{II}(\delta_k, \lambda_1) = P_{\lambda_1}\left(\sum_{i=1}^{n} X_i \leq c_k\right). \tag{54}$$

Da $\sum_{i=1}^{n} X_i$ Poisson-verteilt ist mit Parameter $n\lambda_j, j \in \{0, 1\}$, können die Fehlerwahrscheinlichkeiten bestimmt werden.

Für $\lambda_0 = 0.5, \lambda_1 = 1$ und $n = 10$ sind diese Werte in Tabelle 9.5 wiedergegeben.

Man sieht dort deutlich, wie sich bei zunehmendem c_k die Fehlerwahrscheinlichkeit 1.Art verkleinert, die Fehlerwahrscheinlichkeit 2.Art aber immer stärker anwächst. Das übliche Niveau von $\alpha = 0.05$ wird erstmals bei $c_k = 9$ unterschritten. Dann ist aber die Wahrscheinlichkeit für den Fehler 2. Art mit 0.4579 doch recht beachtlich. Eine Verbesserung läßt sich bei diesem Stichprobenumfang für das Niveau 0.0318 nach dem Satz von Neyman/Pearson nicht erreichen.

Nicht weiter überraschend ist, daß auch hier wie bei den Schätzproblemen die Entscheidung nur vom Wert $\sum_{i=1}^{n} x_i$ der für λ vollständigen und suffizienten Stichprobenfunktion $T(x) = \sum_{i=1}^{n} x_i$ abhängt, denn, da $T(x)$ alle Information des Stichprobenergebnisses x über λ enthält, sollte eine gute Entscheidungsfunktion δ,

c_k	$P_I(\delta_k)$	$P_{II}(\delta_k)$
0	0.9933	0.0000
1	0.9596	0.0005
2	0.8753	0.0028
3	0.7350	0.0103
4	0.5595	0.0293
5	0.3840	0.0671
6	0.2378	0.1301
7	0.1334	0.2202
8	0.0681	0.3328
9	0.0318	0.4579
10	0.0137	0.5830

Tabelle 9.5: Fehlerwahrscheinlichkeiten für $\lambda_0 = 0.5$ und $\lambda_1 = 1$, $n = 10$.

hier also ein Test, bei übereinstimmendem Wert von T ($T(x) = T(x')$) auch dieselbe Entscheidung treffen ($\delta(x) = \delta(x')$).

Da der Wahrscheinlichkeitsquotient $Q(x)$ als Entscheidungskriterium dient, ist dies dann gewährleistet, wenn

$$T(x) \leq T(x') \Leftrightarrow Q(x) \leq Q(x') \tag{55}$$

(in $T(X)$ wachsender Wahrscheinlichkeitsquotient)

bzw. (im Beispiel bei $\lambda_0 > \lambda_1$)

$$T(x) \leq T(x') \Leftrightarrow Q(x) \geq Q(x') \tag{56}$$

(in $T(X)$ fallender Wahrscheinlichkeitsquotient)

gilt.

Im ersten Fall sagen wir, der Wahrscheinlichkeitsquotient steigt, im zweiten er fällt monoton in $T(x)$.

Übungsaufgaben zu § 9

Übungsaufgabe 9.1:

Sei Y eine Poisson-verteilte Zufallsvariable mit unbekanntem Parameter λ. Mit einer Stichprobe vom Umfang $n = 6$ sollen die Hypothesen $H_0 : \lambda = \lambda_0 = 1$ gegen $H_1 : \lambda = \lambda_1 = 3$ getestet werden.

(a) Wie lautet der beste Test mit einem Niveau $\alpha \leq 0.06$?

(b) Bestimmen Sie das Niveau α für den besten Test, wenn k den Wert 0.363 hat, wobei k als kritischer Wert für den Wahrscheinlichkeitsquotienten $\frac{P_{\lambda_1}}{P_{\lambda_0}}$ verwendet wird.

Übungsaufgabe 9.2:

Y sei eine normalverteilte Zufallsvariable mit bekannter Varianz σ^2 und unbekanntem Erwartungswert μ. Mit Hilfe einer Stichprobe vom Umfang n soll die Alternative $H_0 : \mu = \mu_0$ gegen die Alternative $H_1 : \mu = \mu_1$ mit $\mu_1 > \mu_0$ getestet werden.

(a) Bestimmen Sie einen besten Test zum Niveau α.

(b) Nehmen Sie nun an, Sie wollen die Hypothese $H_0 : \mu = \mu_0 = 3$ gegen $H_1 : \mu = \mu_1 = 5$ bei einer Varianz von $\sigma^2 = 3$ zum Niveau $\alpha = 0.05$ testen. Wie entscheiden Sie sich bei einem Stichprobenergebnis von $\sum_{i=1}^{10} x_i = 40$?

Übungsaufgabe 9.3:

Ein Unternehmen erhält einen Anruf von einem Lieferanten, daß eine gelieferte Warenpartie mit 10000 Teilen möglicherweise nicht wie „normal" einen Ausschußanteil von 5%, sondern wegen eines Fehlers in der Produktionsanlage von 15% habe. Daraufhin wird eine Stichprobe vom Umfang $n = 30$ entnommen. Mit einem gleichmäßig besten Test mit einem Niveau von höchstens 0.1 soll „statistisch" gesichert werden, daß die Partie wie normal einen Ausschußanteil von 5% hat. Gewährleistet das Testergebnis dies nicht, wird die Partie zurückgeschickt.

Übungsaufgabe 9.4:

Y sei eine Zufallsvariable mit parametrischer Verteilung, Γ sei der Parameterraum. Mit einer Stichprobe vom Umfang n mit Zurücklegen soll

$$H_0 : \gamma = \gamma_0 \quad \text{gegen} \quad H_1 : \gamma = \gamma_1 \tag{57}$$

getestet werden. δ sei der Neyman-Pearson-Test zum Niveau α für dieses Testproblem, T sei eine suffiziente und vollständige Statistik.

Man zeige:
Gilt für zwei Stichprobenergebnisse x^1 und x^2 $\quad T(x^1) = T(x^2)$,
so folgt $\delta(x^1) = \delta(x^2)$.

10 Gleichmäßig beste Tests zum Niveau α

Betrachten wir nun die allgemeine Situation

$$\Gamma = \Gamma_0 \cup \Gamma_1, \Gamma_0 \neq \emptyset \neq \Gamma_1, \Gamma_0 \cap \Gamma_1 = \emptyset. \tag{1}$$

Gesucht wird ein gleichmäßig bester Test δ für $H_0 : \gamma \in \Gamma_0$ gegen $H_1 : \gamma \in \Gamma_1$ vom Niveau α, d.h.

$$P_I(\delta, \gamma_0) \leq \alpha \quad \text{für alle} \quad \gamma_0 \in \Gamma_0 \tag{2}$$

und für jeden anderen Test δ' vom Niveau α gilt

$$P_{II}(\delta, \gamma_1) \leq P_{II}(\delta', \gamma_1) \quad \text{für alle} \quad \gamma_1 \in \Gamma_1. \tag{3}$$

Aus (2) ergibt sich sofort, daß jeder Test δ zum Niveau α für $H_0 : \gamma \in \Gamma_0$ gegen $H_1 : \gamma \in \Gamma_1$ auch einen Test zum Niveau α liefert für die einfachere Situation $H_0 : \gamma = \gamma_0$ gegen $H_1 : \gamma = \gamma_1$, wie auch immer man $\gamma_0 \in \Gamma_0$ und $\gamma_1 \in \Gamma_1$ auswählt. Wählen wir aber $\gamma_0 \in \Gamma_0$ und $\gamma_1 \in \Gamma_1$ beliebig aus, so liefert uns der Neyman/Pearson-Test δ_k zu $k \in \mathbf{R}_{++}$ einen gleichmäßig besten Test zum Niveau $P_I(\delta_k, \gamma_0)$ für

$$H_0 : \gamma = \gamma_0 \quad \text{gegen} \quad H_1 : \gamma = \gamma_1. \tag{4}$$

Gelingt es, eine Synthese all dieser Tests herzustellen, die man durch Wahl von γ_0 und γ_1 erhält, so ist dies ein guter Kandidat für einen gleichmäßig besten Test. Sei also $\alpha, 0 < \alpha < 1$, vorgegeben: Zu $\gamma_0 \in \Gamma_0, \gamma_1 \in \Gamma_1$ sei k_{γ_0, γ_1} so klein wie möglich gewählt, daß der Neyman/Pearson-Test $\delta_{k_{\gamma_0, \gamma_1}}$ vom Niveau α ist, also $P_I(\delta_{k_{\gamma_0, \gamma_1}}, \gamma_0) \leq \alpha$ (möglicherweise gilt im diskreten Fall $P_I(\delta_{k_{\gamma_0, \gamma_1}}, \gamma_0) < \alpha$). Bei einem vorliegenden Stichprobenergebnis $x = (x_1, \ldots, x_n)$ können wir damit für jede Wahl von $\gamma_0 \in \Gamma_0$ und $\gamma_1 \in \Gamma_1$ prüfen, ob man sich für γ_0 oder für γ_1 entscheidet. Da wir die Fehlerwahrscheinlichkeit 1. Art niedrig halten wollen, werden wir $H_0 : \gamma \in \Gamma_0$ nur dann ablehnen, wenn wir uns in jeder Situation $\gamma_0 \in \Gamma_0$ und $\gamma_1 \in \Gamma_1$ gegen γ_0 entscheiden würden. Also setzen wir

$$\delta^*(x) = d_1 : \gamma \in \Gamma_1 \tag{5}$$
$$\Leftrightarrow \delta_{k_{\gamma_0, \gamma_1}}(x) = d_1 : \gamma = \gamma_1 \quad \text{für alle} \quad \gamma_0 \in \Gamma_0, \gamma_1 \in \Gamma_1$$

oder

$$\delta^*(x) = \begin{cases} d_1 & \begin{array}{l} P_{\gamma_1}(X = x) > k_{\gamma_0, \gamma_1} P_{\gamma_0}(X = x) \\ \text{für } \underline{\text{alle}} \quad \gamma_0 \in \Gamma_0 \text{ und } \gamma_1 \in \Gamma_1 \end{array} \\[2ex] d_0 & \qquad\qquad \text{sonst} \end{cases} \tag{6}$$

im diskreten Fall bzw. im stetigen Fall

$$\delta^*(x) = \begin{cases} d_1 & \begin{array}{l} f_{X,\gamma_1}(x) > k_{\gamma_0,\gamma_1} f_{X,\gamma_0}(x) \\ \text{für \underline{alle}} \quad \gamma_0 \in \Gamma_0 \text{ und } \gamma_1 \in \Gamma_1 \end{array} \\[2em] d_0 & \text{sonst} \end{cases} \qquad (7)$$

10.1 Beispiel

Ein Maschinenhersteller bietet eine gegenüber dem alten Modell verbesserte Maschine an. Die alte Maschine soll durch die neue ersetzt werden, wenn sie tatsächlich einen geringeren Ausschußanteil produziert. Der Ausschußanteil bei der alten Maschine beträgt $\tilde{p} = 0.1$. Zur Überprüfung, ob das neue Modell einen Ausschußanteil von weniger als 0.1 produziert, wird bei einem Probelauf über eine Woche an jedem Werktag eine Stichprobe vom Umfang 6 entnommen. Die Anzahlen der schlechten Teile an den einzelnen Wochentagen sind $(x_1, x_2, x_3, x_4, x_5) = (0, 0, 0, 1, 0)$. Da gegebenfalls statistisch gesichert sein soll, daß das neue Modell einen geringeren Ausschußanteil erstellt, erhält man den Test $H_0 : p \geq \tilde{p} = 0.1$ gegen $H_1 : p < 0.1$. Stichprobenumfang ist also $n = 5$. Jede Einzelstichprobe X ist binomialverteilt: $B(m, p)$-verteilt mit $m = 6$.

Zu $1 \geq p_0 \geq \tilde{p}$ und $0 < p_1 < \tilde{p}$ erhält man

$$Q(x) = \frac{P_{p_1}(X = x)}{P_{p_0}(X = x)} = \frac{p_1^{\sum_{i=1}^{n} x_i} (1 - p_1)^{nm - \sum_{i=1}^{n} x_i}}{p_0^{\sum_{i=1}^{n} x_i} (1 - p_0)^{nm - \sum_{i=1}^{n} x_i}} \qquad (8)$$

und

$$\begin{aligned} \ln Q(x) &= \sum_{i=1}^{n} x_i (\ln p_1 - \ln p_0) + (nm - \sum_{i=1}^{n} x_i)(\ln(1 - p_1) - \ln(1 - p_0)) \\ &= \sum_{i=1}^{n} x_i (\ln p_1 - \ln p_0 + \ln(1 - p_0) - \ln(1 - p_1)) \\ &\quad + nm(\ln(1 - p_1) - \ln(1 - p_0)). \end{aligned} \qquad (9)$$

Da $p_1 < p_0$ ist, folgt $\ln p_1 - \ln p_0 + \ln(1-p_0) - \ln(1-p_1) < 0$ und damit, daß $Q(x)$ monoton fallend in $T(x) = \sum_{i=1}^{n} x_i$ ist. Daher gibt es ein geeignetes $c_k \in \mathbb{N} \cup \{0\}$

mit

$$Q(x) > k \Leftrightarrow \sum_{i=1}^{n} x_i \leq c_k. \tag{10}$$

(Man beachte, daß $\sum_{i=1}^{n} x_i$ ganzzahlig ist.) Damit läßt sich der Neyman/Pearson-Test zu $p = p_0$ gegen $p = p_1$ schreiben als

$$\delta_{p_0,p_1}(x) = \begin{cases} d_1 : p = p_1 & \sum_{i=1}^{n} x_i \leq c_{p_0,p_1} \\ d_0 : p = p_0 & \sum_{i=1}^{n} x_i > c_{p_0,p_1} \end{cases} \tag{11}$$

und c_{p_0,p_1} wird möglichst groß gewählt mit $P_I(\delta_{p_0,p_1}, p_0) \leq \alpha$. Für δ^* gilt dann

$$\delta^*(x) = \begin{cases} d_1 : p < \tilde{p} & \sum_{i=1}^{n} x_i \leq c_{p_0,p_1} \\ & \text{für alle } p_0 \geq \tilde{p} \text{ und } p_1 < \tilde{p} \\ d_0 : p \geq \tilde{p} & \text{sonst} \end{cases} \tag{12}$$

oder mit

$$c := \min\{c_{p_0,p_1} \mid p_0 \geq \tilde{p}, p_1 < \tilde{p}\} \tag{13}$$

$$\delta^*(x) = \begin{cases} d_1 : p < \tilde{p} & \sum_{i=1}^{n} x_i \leq c \\ d_0 : p \geq \tilde{p} & \sum_{i=1}^{n} x_i > c \end{cases} \tag{14}$$

Da $\sum_{i=1}^{n} x_i \in \{0, 1, 2, \ldots, mn\}$, $m = 6, n = 5$, ist, ist es nicht erforderlich, die Zahlen c_{p_0,p_1} auszurechnen, sondern man prüft für $c = 0, 1, 2, 3, \ldots, nm - 1$ die Eigenschaften von δ^*, nämlich:

1. Welches Niveau hat δ^*?

2. Ist δ^* gleichmäßig bester Test zu diesem Niveau?

$$P_I(\delta^*, p) \;=\; P_p(\delta^*(X) = d_1) = P_p(\sum_{i=1}^{n} X_i \leq c) \tag{15}$$

$$= \sum_{k=0}^{c} \binom{nm}{k} p^k (1-p)^{nm-k} \quad \text{für} \;\; p \geq \tilde{p},$$

da $\sum_{i=1}^{n} X_i \; B(nm, p)$-verteilt ist. Dieser Ausdruck ist monoton fallend in p, so daß

$$P_I(\delta^*, p) \leq P_I(\delta^*, \tilde{p}) = \sum_{k=0}^{c} \binom{nm}{k} \tilde{p}^k (1-\tilde{p})^{nm-k} =: \alpha_c \quad \text{für alle} \;\; p \geq \tilde{p} \tag{16}$$

ist.

δ^* ist also vom Niveau α_c.

δ^* ist aber auch gleichmäßig bester Test zum Niveau α_c:

Sei nämlich δ' ein Test zum Niveau α_c und $p_1 < \tilde{p}$. Zunächst ist

$$\delta_c(x) = \begin{cases} d_1 : p = p_1 & \sum_{i=1}^{n} x_i \leq c \\[2mm] d_0 : p = \tilde{p} & \sum_{i=1}^{n} x_i > c \end{cases} \tag{17}$$

ein Neyman/Pearson-Test zum Niveau

$$P_I(\delta_c, \tilde{p}) = P_{\tilde{p}}(\sum_{i=1}^{n} X_i \leq c) = \alpha_c, \tag{18}$$

also gleichmäßig bester Test zum Niveau α_c für $p = \tilde{p}$ gegen $p = p_1$ und es gilt:

$$P_{II}(\delta_c, p_1) \;=\; P_{p_1}(\delta_c(X) = d_0) = P_{p_1}(\sum_{i=1}^{n} X_i > c) \tag{19}$$

$$= P_{p_1}(\delta^*(X) = d_0) = P_{II}(\delta^*, p_1).$$

Da aber auch δ' Test zum Niveau α_c ist für $H_0 : p = \tilde{p}$ gegen $H_1 : p = p_1$, ist

$$P_{II}(\delta^*, p_1) = P_{II}(\delta_c, p_1) \leq P_{II}(\delta', p_1), \tag{20}$$

was zu zeigen war.

Entscheidender Punkt in diesem Beispiel ist, daß für jedes $p_0 \geq \tilde{p}$ und $p_1 < \tilde{p}$ der Koeffizient von $\sum_{i=1}^{n} x_i$ in der Funktion $\ln Q(x)$ dasselbe Vorzeichen hat, so daß für jede Wahl von $p_0 \geq \tilde{p}$ und $p_1 < \tilde{p}$ $Q(x)$ monoton fallend in $T(x) = \sum_{i=1}^{n} x_i$ ist. Es liegt also ein einheitliches Monotonieverhalten vor.

10.2   Definition:

Sei X Stichprobe zu Y, Y habe eine parametrische Verteilungsannahme mit Parameterraum $\Gamma = \Gamma_0 \cup \Gamma_1, \Gamma_0 \cap \Gamma_1 = \emptyset$. $T : \mathcal{X} \to \mathbf{R}$ sei eine Statistik ($\mathcal{X}$ Stichprobenraum). Wir sagen:

Die Wahrscheinlichkeitsquotienten

$$Q_{\gamma_0,\gamma_1}(x) = \frac{P_{\gamma_1}(X = x)}{P_{\gamma_0}(X = x)} \quad \text{bzw.} \quad \frac{f_{X,\gamma_1}(x)}{f_{X,\gamma_0}(x)} \tag{21}$$

falls $P_{\gamma_0}(X = x) \neq 0$ bzw. $f_{X,\gamma_0}(x) \neq 0$ und $Q_{\gamma_0,\gamma_1}(x) = \infty$, falls $P_{\gamma_0}(X = x) = 0$ bzw. $f_{X,\gamma_0}(x) = 0$ sind *einheitlich monoton steigend (fallend) in* T, wenn für alle $\gamma_0 \in \Gamma_0$ und $\gamma_1 \in \Gamma_1$ und $x, x' \in \mathcal{X}$

$$T(x) \leq T(x') \Leftrightarrow Q_{\gamma_0,\gamma_1}(x) \leq Q_{\gamma_0,\gamma_1}(x') \quad (Q_{\gamma_0,\gamma_1}(x) \geq Q_{\gamma_0,\gamma_1}(x')) \tag{22}$$

gilt.

Wichtig ist hierbei also die Einheitlichkeit des Monotonieverhaltens. Es kommt wesentlich darauf an, daß bei jeder Wahl von γ_0 und γ_1 dasselbe Monotonieverhalten vorliegt.

Für $\Gamma \subset \mathbf{R}$ ist dieses einheitliche Monotonieverhalten meist dann gegeben, wenn ein sogenanntes „einseitiges"[1] Testproblem vorliegt, d.h. wie im Beispiel gibt es ein $\tilde{\gamma}$ und es ist

$$H_0 : \gamma \leq \tilde{\gamma} \quad \text{gegen} \quad H_1 : \gamma > \tilde{\gamma} \tag{23}$$

bzw.

$$H_0 : \gamma \geq \tilde{\gamma} \quad \text{gegen} \quad H_1 : \gamma < \tilde{\gamma} \tag{24}$$

---

[1]einseitig, da Γ_1 nur auf einer Seite von Γ_0 zu finden ist.

zu testen. Einheitliches Monotonieverhalten ergibt sich dann -unabhängig von der konkreten Testsituation-, wenn der Wahrscheinlichkeitsquotient

$$Q_{\gamma_2,\gamma_1}(x) = \frac{P_{\gamma_1}(X=x)}{P_{\gamma_2}(X=x)} \quad \text{bzw.} \quad \frac{f_{X,\gamma_1}(x)}{f_{X,\gamma_2}(x)} \tag{25}$$

falls $P_{\gamma_2}(X=x) \neq 0$ bzw. $f_{X,\gamma_2}(x) \neq 0$ und $Q_{\gamma_2,\gamma_1}(x) = \infty$, falls $P_{\gamma_2}(X = x) = 0$ bzw. $f_{X,\gamma_2}(x) = 0$ für alle $\gamma_1 > \gamma_2$ ein einheitliches Monotonieverhalten besitzt.

10.3 Definition:

Sei $\Gamma \subset \mathbf{R}$ der Parameterraum einer Verteilungsannahme. $T : \mathcal{X} \to \mathbf{R}$ eine zugehörige Stichprobenfunktion. Man sagt, die Verteilungsannahme *besitzt einen einheitlich*[2] *monoton wachsenden (fallenden) Wahrscheinlichkeitsquotienten in* T, wenn der Wahrscheinlichkeitsquotient Q_{γ_2,γ_1} einheitlich monoton wachsend (fallend) in $T(x)$ ist für jede Wahl von γ_1 und γ_2 mit $\gamma_1 > \gamma_2$:

$$T(x_1) \leq T(x_2) \Leftrightarrow Q_{\gamma_2,\gamma_1}(x_1) \leq \quad (\geq) \, Q_{\gamma_2,\gamma_1}(x_2). \tag{26}$$

10.4 Beispiele

a) Poisson-Verteilung:

$T(x) = \sum_{i=1}^{n} x_i$ ist suffizient und vollständig für den Parameter $\lambda > 0$. Sei $\lambda_1 > \lambda_2$, dann gilt (vgl. Beispiel 9.6)

$$\frac{P_{\lambda_1}(X=x)}{P_{\lambda_2}(X=x)} = e^{-n(\lambda_1-\lambda_2)}(\frac{\lambda_1}{\lambda_2})^{\sum_{i=1}^{n} x_i}. \tag{27}$$

Da $\frac{\lambda_1}{\lambda_2} > 1$ ist, ist damit der Wahrscheinlichkeitsquotient monoton wachsend in $T(x)$.

b) Exponentialverteilung:

Für eine Stichprobe mit Zurücklegen vom Umfang n gilt:

$$f_{X,\lambda}(x) = \prod_{i=1}^{n} f_\lambda(x_i) = \prod_{i=1}^{n} \lambda e^{-\lambda x_i} \tag{28}$$

---

[2]In der Literatur wird der Zusatz einheitlich meist weggelassen.

$$= \lambda^n e^{-\lambda \sum_{i=1}^{n} x_i}$$

Für $\lambda_1 > \lambda_2$ folgt damit, daß der Wahrscheinlichkeitsquotient

$$\frac{f_{X,\lambda_1}(x)}{f_{X,\lambda_2}(x)} = (\frac{\lambda_1}{\lambda_2})^n e^{-\sum_{i=1}^{n} x_i(\lambda_1 - \lambda_2)} \tag{29}$$

monoton fallend in $T(x) = \sum_{i=1}^{n} x_i$ ist. T ist (vgl. § 4) eine suffiziente und vollständige Statistik für λ.

c) Normalverteilung:

- Parameter μ bei bekanntem σ^2 : s. folgendes Beispiel 10.5
- Parameter σ^2 bei bekanntem μ:

    Für $\sigma_1^2 > \sigma_2^2$ ist der Wahrscheinlichkeitsquotient

$$\frac{f_{X,\sigma_1^2}(x)}{f_{X,\sigma_2^2}(x)} = \frac{(\frac{1}{\sqrt{2\pi}\sigma_1})^n e^{-\sum_{i=1}^{n} \frac{(x_i-\mu)^2}{2\sigma_1^2}}}{(\frac{1}{\sqrt{2\pi}\sigma_2})^n e^{-\sum_{i=1}^{n} \frac{(x_i-\mu)^2}{2\sigma_2^2}}} \tag{30}$$

$$= (\frac{\sigma_2}{\sigma_1})^n e^{-\sum_{i=1}^{n} \frac{(x_i-\mu)^2}{2}(\frac{1}{\sigma_1^2} - \frac{1}{\sigma_2^2})}$$

und dieser Ausdruck ist monoton wachsend in $T(x) = \sum_{i=1}^{n} (x_i - \mu)^2$.

Bei einem einheitlich monoton wachsenden (fallenden) Wahrscheinlichkeitsquotienten ist es jetzt leicht, gleichmäßig beste Tests zum Niveau α zu ermitteln. Für den Mittelwert einer Normalverteilung bei bekannter Varianz sei dies im folgenden demonstriert.

10.5 Beispiel: Einseitiger Test für den Mittelwert einer Normalverteilung mit bekannter Varianz.

Nach Beispiel 4.9 2. ist $T(x) = \sum_{i=1}^{n} x_i$ eine suffiziente und vollständige Stichprobenfunktion für den Parameter μ. Sei $\mu \leq \tilde{\mu}$ gegen $\mu > \tilde{\mu}$ zu testen, $\mu_0 \leq \tilde{\mu} < \mu_1$ beliebig ausgewählt:

Dann ist

$$
Q_{\mu_0,\mu_1}(x) = \frac{e^{-\frac{\sum\limits_{i=1}^{n}(x_i-\mu_1)^2}{2\sigma^2}}}{e^{-\frac{\sum\limits_{i=1}^{n}(x_i-\mu_0)^2}{2\sigma^2}}} \tag{31}
$$

$$
= e^{-\frac{1}{2\sigma^2}[\sum\limits_{i=1}^{n}(x_i-\mu_1)^2-\sum\limits_{i=1}^{n}(x_i-\mu_0)^2]}
$$

Da $(x_i - \mu_1)^2 - (x_i - \mu_0)^2 = -2x_i(\mu_1 - \mu_0) + \mu_1^2 - \mu_0^2$ ist, gilt

$$
Q_{\mu_0,\mu_1}(x) = e^{\frac{(\mu_1-\mu_0)}{\sigma^2}\sum\limits_{i=1}^{n}x_i} \cdot e^{\frac{n(\mu_0^2-\mu_1^2)}{2\sigma^2}} \tag{32}
$$

Da e^y monoton steigend in y ist, ist wegen $\frac{\mu_1-\mu_0}{\sigma^2} > 0$ und $e^{\frac{n(\mu_0^2-\mu_1^2)}{2\sigma^2}} > 0$ $Q_{\mu_0,\mu_1}(x)$ monoton wachsend in $T(x) = \sum\limits_{i=1}^{n} x_i$. Dies gilt für alle $\mu_1 > \mu_0$. Damit werden wir $T(x) = \sum\limits_{i=1}^{n} x_i$ als Testgröße verwenden und eine Testschranke k_α in Abhängigkeit vom gewünschten Niveau α festlegen:

$$
\delta_\alpha(x) = \begin{cases} d_1 & \sum\limits_{i=1}^{n} x_i > k_\alpha \\ d_0 & \sum\limits_{i=1}^{n} x_i \leq k_\alpha. \end{cases} \tag{33}
$$

Da $\sum\limits_{i=1}^{n} X_i$ $N(n\mu, n\sigma^2)$-verteilt ist, erhält man als Fehlerwahrscheinlichkeit 1. Art für $\mu \leq \tilde{\mu}$

$$
P_I(\delta_\alpha, \mu) = P_\mu(\sum\limits_{i=1}^{n} X_i > k_\alpha) = 1 - F_{n\mu,n\sigma^2}(k_\alpha) \tag{34}
$$

$$
= 1 - \Phi(\frac{k_\alpha - n\mu}{\sqrt{n}\sigma}).
$$

Da Φ als Verteilungsfunktion monoton steigt, ist $P_I(\delta_\alpha, \mu)$ ebenfalls monoton steigend, d.h. für alle $\mu \leq \tilde{\mu}$ gilt:

$$
P_I(\delta_\alpha, \mu) \leq P_I(\delta_\alpha, \tilde{\mu}). \tag{35}
$$

Damit ist das Niveau von δ_α gegeben durch den Maximalwert der Fehlerwahrscheinlichkeit 1. Art:

$$P_I(\delta_\alpha, \tilde{\mu}) = 1 - \Phi(\frac{k_\alpha - n\tilde{\mu}}{\sqrt{n}\sigma}). \tag{36}$$

Sei α als Niveau vorgegeben, also die Forderung

$$P_I(\delta_\alpha, \tilde{\mu}) = 1 - \Phi(\frac{k_\alpha - n\tilde{\mu}}{\sqrt{n}\sigma}) = \alpha \tag{37}$$

bzw.

$$\Phi(\frac{k_\alpha - n\tilde{\mu}}{\sqrt{n}\sigma}) = 1 - \alpha, \tag{38}$$

so sucht man zunächst $u_{1-\alpha}$ mit $\Phi(u_{1-\alpha}) = 1 - \alpha$ (also das $(1-\alpha)$-Quantil) in einer Tabelle (oder mit Rechner) und setzt

$$\frac{k_\alpha - n\tilde{\mu}}{\sqrt{n}\sigma} = u_{1-\alpha}, \tag{39}$$

also

$$k_\alpha = n\tilde{\mu} + \sqrt{n}\sigma u_{1-\alpha}. \tag{40}$$

Zusammenfassend erhalten wir:

$$\delta_\alpha(x) = \begin{cases} d_1 & \sum\limits_{i=1}^{n} x_i > n\tilde{\mu} + \sqrt{n}\sigma u_{1-\alpha} \\ d_0 & \sum\limits_{i=1}^{n} x_i \le n\tilde{\mu} + \sqrt{n}\sigma u_{1-\alpha} \end{cases} \tag{41}$$

ist Test zum Niveau α.

Analog wie in Beispiel 10.1 zeigt man auch, daß δ_α gleichmäßig bester Test zum Niveau α ist.

Für $n = 100, \alpha = 0.05, \sigma = 1$ erhält man beispielsweise mit $u_{0.95} = 1.645$ die Testschranke

$$100\tilde{\mu} + 10 \cdot 1 \cdot 1.645. \tag{42}$$

Natürlich kann man den Test auch bezüglich des Stichprobenmittelwertes formulieren und erhält dann die Testschranke

$$\tilde{\mu} + \frac{\sigma}{\sqrt{n}} u_{1-\alpha} = \tilde{\mu} + \frac{1}{10} \cdot 1.645. \tag{43}$$

Gehört die Verteilung von Y einer einparametrigen Exponentialfamilie an:

$$P_\gamma(Y = y) = a(\gamma)h(y)e^{\tau(y)b(\gamma)} \tag{44}$$

bzw.

$$f_{Y,\gamma}(y) = a(\gamma)h(y)e^{\tau(y)b(\gamma)}, \tag{45}$$

so gehört die Verteilung einer einfachen Stichprobe $(X_1, \ldots, X_n)$ mit Zurücklegen zu Y ebenfalls einer einparametrigen Exponentialfamilie an (vgl. Beispiel 4.9 1.):

$$P_\gamma(X = x) = (a(\gamma))^n \prod_{k=1}^{n} h(x_k)e^{b(\gamma)\sum_{i=1}^{n}\tau(x_i)} \tag{46}$$

bzw.

$$f_{X,\gamma}(x) = (a(\gamma))^n \prod_{k=1}^{n} h(x_k)e^{b(\gamma)\sum_{i=1}^{n}\tau(x_i)} \tag{47}$$

und der Wahrscheinlichkeitsquotient für $\gamma_1 > \gamma_2$

$$Q_{\gamma_2,\gamma_1}(x) = \left(\frac{a(\gamma_1)}{a(\gamma_2)}\right)^n e^{\sum_{i=1}^{n}\tau(x_i)(b(\gamma_1)-b(\gamma_2))} \tag{48}$$

wächst (fällt) monoton in $T(x) = \sum_{i=1}^{n} \tau(x_i)$, falls $b(\gamma_1) - b(\gamma_2) \geq 0$ (≤ 0) ist[3].

Wir erhalten also ein einheitliches Monotonieverhalten für alle $\gamma_1 > \gamma_2$, falls b monoton wachsend (oder fallend) ist.

---

[3]Vorausgesetzt $(\frac{a(\gamma_1)}{a(\gamma_2)})^n > 0$. Bei negativem Vorzeichen wechselt das Monotonieverhalten entsprechend.

10.6 Beispiel

Y sei $N(\mu, \sigma_0^2)$-verteilt mit festem (bekanntem oder unbekanntem) σ_0^2. Mit $a(\mu) = e^{-\frac{\mu^2}{2\sigma_0^2}}, h(x) = \frac{1}{\sqrt{2\pi\sigma_0^2}} e^{-\frac{x^2}{2\sigma_0^2}}, b(\mu) = \frac{\mu}{\sigma_0^2}, \tau(x) = x$ liegt eine einparametrige Exponentialfamilie vor, wobei b monoton wachsend in μ ist (vgl. Beispiel 10.5). Damit erhalten wir einen einheitlich monoton wachsenden Wahrscheinlichkeitsquotienten in $T(x) = \sum\limits_{i=1}^{n} x_i$.

Wie in den Beispielen gesehen können wir bei einem Testproblem über den Parameter einer Verteilung

$$H_0 : \gamma \in \Gamma_0 \qquad H_1 : \gamma \in \Gamma_1 \tag{49}$$

nach folgendem Prinzip vorgehen:

1. Man bestimme eine vollständige und suffiziente Stichprobenfunktion[4].

2. Man prüfe, ob das Monotonieverhalten des Wahrscheinlichkeitsquotienten einheitlich ist in T für jede Wahl von $\gamma_0 \in \Gamma_0$ und $\gamma_1 \in \Gamma_1$.

3. Ist einheitliches Monotonieverhalten gegeben (o.B.d.A[5] sei der Wahrscheinlichkeitsquotient monoton wachsend in T), so legt man zu vorgegebenem Niveau α, $0 < \alpha < 1$, den Ablehnungsbereich (kritischen Bereich) $K = \{x \in \mathcal{X} \mid T(X) > c\}$ so fest, daß $P_\gamma(T(X) \in K) \leq \alpha$ für alle $\gamma \in \Gamma_0$ gilt.

4. Die Entscheidungsfunktion lautet dann

$$\delta(x) = \begin{cases} d_0 : H_0 \text{ wird nicht abgelehnt} & \text{für } T(x) \notin K \\ d_1 : H_1 \text{ wird angenommen} & \text{für } T(x) \in K. \end{cases} \tag{50}$$

Falls es in Γ_0 eine Maximalstelle γ^* für den Fehler 1. Art, also von

$$P_\gamma(T(X) \in K), \tag{51}$$

---

[4]Wenn keine vollständige und/oder suffiziente Stichprobenfunktion zu ermitteln ist, kann auch jede Stichprobenfunktion mit einheitlichem Monotonieverhalten des Wahrscheinlichkeitsquotienten benutzt werden.

[5]Andernfalls multipliziert man $T(x)$ für jedes x mit -1, bzw. legt den kritischen Bereich mit $K = \{x \in \mathcal{X} \mid T(x) < c'\}$ fest.

gibt, erhält man so –wie in den Beispielen 10.1 und 10.5 – einen gleichmäßig besten Test zum Niveau

$$\alpha^* = P_{\gamma^*}(T(X) \in K), \tag{52}$$

vorausgesetzt es gilt $\alpha^* > 0$.

10.7 Satz:[6]

Gegeben sei das Testproblem $H_0 : \gamma \in \Gamma_0$ gegen $H_1 : \gamma \in \Gamma_1$. $T : \mathcal{X} \to \mathbf{R}$ sei eine Stichprobenfunktion derart, daß der Wahrscheinlichkeitsquotient Q_{γ_0,γ_1} ein für jede Wahl von $\gamma_0 \in \Gamma_0$ und $\gamma_1 \in \Gamma_1$ einheitliches (o.B.d.A. monoton wachsendes) Monotonieverhalten in T hat. Zu $K = \{x \in \mathcal{X} \mid T(x) > c\} \in \mathcal{X}$ gebe es ein $\gamma^* \in \Gamma_0$ mit

$$\alpha^* = P_{\gamma^*}(T(X) > c) = \max_{\gamma \in \Gamma_0} P_\gamma(T(X) > c) > 0. \tag{53}$$

Dann ist

$$\delta(x) = \begin{cases} d_0 & \text{für} \quad T(x) \le c \\ d_1 & \text{für} \quad T(x) > c \end{cases} \tag{54}$$

gleichmäßig bester Test zum Niveau α^*.

Sei δ' ein weiterer gleichmäßig bester Test zum Niveau α^*, so stimmt $\delta'(X)$ mit $\delta(X)$ fast sicher für γ^* und alle $\gamma \in \Gamma_1$ überein.

Beweis:

Offensichtlich ist δ ein Test zum Niveau α^*. Sei δ' ein Test zum Niveau α und $\gamma_1 \in \Gamma_1$. Zu zeigen ist

$$P_{\gamma_1}(T(X) \le c) \le P_{\gamma_1}(\delta'(X) = d_0). \tag{55}$$

Da δ ein Neyman-Pearson Test zum Niveau α^* für das Testproblem $\gamma = \gamma^*$ gegen $\gamma = \gamma_1$ ist, ist δ ein gleichmäßig bester Test für dieses eingeschränkte Testproblem. Da auch δ' ein Test zum Niveau α^* für $\gamma = \gamma^*$ gegen $\gamma = \gamma_1$ ist, folgt die Behauptung.

---

[6]Neymann J.; Pearson E.S. (1933).

Ist δ' gleichmäßig bester Test zum Niveau α^* für das Ausgangsproblem, so ist δ' auch gleichmäßig bester Test zum Niveau α^* für $\gamma = \gamma^*$ gegen $\gamma = \gamma_1$. Damit stimmen $\delta'(X)$ und $\delta(X)$ für γ^* und γ_1 fast sicher überein. Da $\gamma_1 \in \Gamma_1$ beliebig gewählt werden kann, gilt diese Übereinstimmung für alle $\gamma_1 \in \Gamma_1$.

Der Beweis entspricht damit genau der Vorgehensweise in den Beispielen 10.1 und 10.5.

10.8 Folgerung

Sei $\Gamma \subset \mathbf{R}, T : \mathcal{X} \to \mathbf{R}$ eine Stichprobenfunktion mit einheitlich monoton wachsenden Wahrscheinlichkeitsquotienten. Für einen einseitigen Test

$$H_0 : \gamma \leq \gamma_0 \text{ gegen } H_1 : \gamma > \gamma_0 \tag{56}$$

ist die Entscheidungsfunktion

$$\delta(x) = \begin{cases} d_0 & T(x) \leq c \\ d_1 & T(x) > c \end{cases} \tag{57}$$

zu $c \in \mathbf{R}$ ein gleichmäßig bester Test zum Niveau

$$\alpha = P_{\gamma_0}(T(X) > c), \text{ falls } \alpha > 0 \text{ ist.} \tag{58}$$

Sei δ' ein (weiterer) gleichmäßig bester Test zum Niveau $\alpha = P_{\gamma_0}(T(X) > c) > 0$, so stimmen $\delta(X)$ und $\delta'(X)$ für alle $\gamma \geq \gamma_0$ fast sicher überein.

Beweis:

Nach Satz 10.7 ist nur noch zu zeigen, daß γ_0 die Maximalstelle von

$$P_\gamma(T(X) \in K) = P_\gamma(T(X) > c) \tag{59}$$

ist.

Es gilt aber, daß

$$P_\gamma(T(X) > c) \tag{60}$$

monoton wachsend in γ ist:

Sei nämlich $\gamma_1 > \gamma_2; \gamma_1, \gamma_2 \in \Gamma$. Nach Voraussetzung gibt es zu c ein k mit

$$T(x) \leq c \Leftrightarrow Q_{\gamma_2,\gamma_1}(x) \leq k. \tag{61}$$

Damit gilt für alle x mit $T(x) > c$ und $P_{\gamma_2}(X = x) \neq 0$ bzw. $f_{X,\gamma_2}(x) \neq 0$

$$P_{\gamma_1}(X = x) > kP_{\gamma_2}(X = x) \tag{62}$$

bzw.

$$f_{X,\gamma_1}(x) > kf_{X,\gamma_2}(x). \tag{63}$$

Daraus folgt, daß

$$P_{\gamma_1}(T(X) > c) > kP_{\gamma_2}(T(X) > c) \tag{64}$$

ist.

Ebenso gilt

$$P_{\gamma_1}(T(X) \leq c) \leq kP_{\gamma_2}(T(X) \leq c). \tag{65}$$

Sei $\kappa = P_{\gamma_2}(T(X) > c)$, dann ist

$$\begin{aligned}
0 & \leq & (1-\kappa)((P_{\gamma_1}(T(X) > c) - kP_{\gamma_2}(T(X) > c)) \\
& & -\kappa(P_{\gamma_1}(T(X) \leq c) - kP_{\gamma_2}(T(X) \leq c)) \\
& = & (1-\kappa)(P_{\gamma_1}(T(X) > c) - kP_{\gamma_2}(T(X) > c)) \\
& & -\kappa(1 - P_{\gamma_1}(T(X) > c) - k + kP_{\gamma_2}(T(X) > c)) \\
& = & P_{\gamma_1}(T(X) > c) - kP_{\gamma_2}(T(X) > c) - \kappa + \kappa k \\
& = & P_{\gamma_1}(T(X) > c) - \kappa
\end{aligned} \tag{66}$$

und damit

$$P_{\gamma_1}(T(X) > c) \geq \kappa = P_{\gamma_2}(T(X) > c). \tag{67}$$

Daraus folgt

$$\max_{\gamma \leq \gamma_0} P_\gamma(T(X) > c) = P_{\gamma_0}(T(X) > c) \tag{68}$$

und damit die Behauptung.

10.9 Bemerkung:

1. Betrachtet man das umgekehrte Testproblem

$$H_0 : \gamma \geq \gamma_0 \text{ gegen } H_1 : \gamma < \gamma_0, \tag{69}$$

so sind Annahmebereich und kritischer Bereich zu vertauschen:

$$\delta(x) = \left\{ \begin{array}{ll} d_0 & T(x) \geq c \\ d_1 & T(x) < c \end{array} \right. \tag{70}$$

ist gleichmäßig bester Test zum Niveau $P_{\gamma_0}(T(X) < c)$. Wichtig ist dabei, daß die Schranke γ_0 zur Nullhypothese gehört, da sonst das Maximum für die Fehlerwahrscheinlichkeit 1. Art nicht existiert, genauer das Supremum nicht angenommen wird. Bei monoton fallendem Wahrscheinlichkeitsquotienten in T sind entsprechend die Entscheidungsfunktionen auszutauschen:

(70) für das Testproblem (56); (57) für das Testproblem (69)

sind dann jeweils gleichmäßig beste Tests zu dem entsprechenden Niveau. Soll das Testniveau nach Vertauschung der Hypothesen gleichbleiben, ist also die Testschranke c neu zu bestimmen.

2. Satz und Folgerung beinhalten implizit, daß das Niveau nicht beliebig gewählt werden kann, sondern sich aus der Festlegung des kritischen Bereiches K, also aus der Testschranke c, ergibt. Ist $T(X)$ eine stetige Zufallsvariable, so sieht man aus (58), daß zumindest bei einseitigen Tests jedes Niveau eingestellt werden kann. Nicht so bei diskretem $T(X)$, wie auch Beispiel 9.1 (siehe auch Beispiel 10.1) schon gezeigt hat.[7]

3. Um das Niveau eines so formulierten Tests tatsächlich berechnen zu können, benötigen wir die Wahrscheinlichkeitsverteilung von $T(X)$, also einer Funktion der mehrdimensionalen Zufallsvariable $X_1, \ldots, X_n$. In den meisten praktischen Anwendungsfällen wurde diese Arbeit schon von Statistikern früherer Generationen durchgeführt. Die wichtigsten Verteilungen sind im Anhang aufgeführt.

---

[7]Ein Ausweg besteht darin, die Entscheidung für den Fall, daß die Testgröße mit der Testschranke übereinstimmt, von einem Zufallsprozeß abhängig zu machen („Randomisierte Tests", vgl. etwa Henn/Kischka(1981)

10.10   Anwendungen

Nach den bisherigen Vorbereitungen macht es nun keine Probleme, gleichmäßig beste Tests zum Niveau α für einparametrige ($\Gamma \subset \mathbf{R}$) einseitige Testprobleme der geläufigen Verteilungen zu ermitteln:

a) Bernoulli-Verteilung:

$T(x) = \sum_{i=1}^{n} x_i$ ist suffizient und vollständig mit monoton wachsendem Wahrscheinlichkeitsquotienten[8]. Damit ist für das einseitige Testproblem

$$H_0 : p \le p_0 \quad \text{gegen} \quad H_1 : p > p_0 \tag{71}$$

die Entscheidungsfunktion (c ganzzahlig, $0 \le c < n$)

$$\delta_c(x) = \begin{cases} d_0 & \sum_{i=1}^{n} x_i \le c \\ d_1 & \sum_{i=1}^{n} x_i > c \end{cases} \tag{72}$$

gleichmäßig bester Test zum Niveau

$$P_I(\delta_c) = P_{p_0}(\sum_{i=1}^{n} X_i > c). \tag{73}$$

$\sum_{i=1}^{n} X_i$ ist binomialverteilt, so daß

$$P_{p_0}(\sum_{i=1}^{n} X_i > c) = \sum_{k=c+1}^{n} \binom{n}{k} p_0^k (1 - p_0)^{n-k} \tag{74}$$

gilt. Ist ein Niveau α vorgegeben, so wählt man c so, daß das Niveau von δ_c möglichst nahe bei α liegt und α nicht überschreitet:

$$P_I(\delta_c) \le \alpha. \tag{75}$$

Auf die zweite Forderung kann unter Umständen auch verzichtet werden, wenn $P_I(\delta_c)$ nicht zu sehr von α abweicht. Auf jeden Fall sollte das tatsächliche Niveau des Tests angegeben werden.

---

[8]Dies folgt aus Beispiel 10.1 als Spezialfall mit $m = 1$.

b) Poisson-Verteilung:

$T(x) = \sum\limits_{i=1}^{n} x_i$ ist suffizient und vollständig für λ mit monoton wachsendem Wahrscheinlichkeitsquotienten. Damit ist für das einseitige Testproblem

$$H_0 : \lambda \leq \lambda_0 \quad \text{gegen} \quad H_1 : \lambda > \lambda_0 \tag{76}$$

die Entscheidungsfunktion (c ganzzahlig, $0 \leq c$)

$$\delta_c(x) = \begin{cases} d_0 & \sum\limits_{i=1}^{n} x_i \leq c \\ d_1 & \sum\limits_{i=1}^{n} x_i > c \end{cases} \tag{77}$$

gleichmäßig bester Test zum Niveau

$$P_I(\delta_c) = P_{\lambda_0}(\sum\limits_{i=1}^{n} X_i > c). \tag{78}$$

$\sum\limits_{i=1}^{n} X_i$ ist Poisson-verteilt mit Parameter $n\lambda$, so daß

$$P_{\lambda_0}(\sum\limits_{i=1}^{n} X_i > c) = 1 - \sum\limits_{k=0}^{c} \frac{(n\lambda_0)^k}{k!} e^{-(n\lambda_0)} \tag{79}$$

gilt.

c) Exponentialverteilung:

$T(x) = \sum\limits_{i=1}^{n} x_i$ ist suffizient und vollständig für λ mit monoton fallendem Wahrscheinlichkeitsquotienten. Damit ist für das einseitige Testproblem

$$H_0 : \lambda \leq \lambda_0 \quad \text{gegen} \quad H_1 : \lambda > \lambda_0 \tag{80}$$

die Entscheidungsfunktion

$$\delta_c(x) = \begin{cases} d_0 & \sum\limits_{i=1}^{n} x_i > c \\ d_1 & \sum\limits_{i=1}^{n} x_i \leq c \end{cases} \tag{81}$$

gleichmäßig bester Test zum Niveau

$$P_I(\delta_c) = P_{\lambda_0}(\sum\limits_{i=1}^{n} X_i \leq c). \tag{82}$$

$\sum\limits_{i=1}^{n} X_i$ ist Erlang-verteilt (siehe auch Folgerung 5.15 und die dort ange-
gebene Dichtefunktion (85) sowie Anhang A.4.) mit Parameter λ, so daß

$$P_{\lambda_0}(\sum_{i=1}^{n} X_i \leq c) = 1 - e^{-(\lambda_0 c)} \sum_{i=1}^{n} \frac{(\lambda_0 c)^{i-1}}{(i-1)!} \tag{83}$$

gilt.

d) Normalverteilung mit bekanntem σ^2:

$T(x) = \sum\limits_{i=1}^{n} x_i$ ist suffizient und vollständig für μ mit monoton wachsendem
Wahrscheinlichkeitsquotienten. Damit ist für das einseitige Testproblem

$$H_0 : \mu \leq \mu_0 \quad \text{gegen} \quad H_1 : \mu > \mu_0 \tag{84}$$

die Entscheidungsfunktion

$$\delta_c(x) = \begin{cases} d_0 & \sum\limits_{i=1}^{n} x_i \leq c \\ d_1 & \sum\limits_{i=1}^{n} x_i > c \end{cases} \tag{85}$$

gleichmäßig bester Test zum Niveau

$$P_I(\delta_c) = P_{\mu_0}(\sum_{i=1}^{n} X_i > c). \tag{86}$$

$$= 1 - F_{n\mu_0, n\sigma^2}(c) = 1 - \Phi(\frac{c - n\mu_0}{\sqrt{n}\sigma}),$$

da $\sum\limits_{i=1}^{n} X_i$ normalverteilt mit Erwartungswert $n\mu$ und Varianz $n\sigma^2$ ist.

e) Normalverteilung mit bekanntem μ:

$T(x) = \sum\limits_{i=1}^{n} (x_i - \mu)^2$ ist suffizient und vollständig für σ^2 mit monoton
wachsendem Wahrscheinlichkeitsquotienten. Damit ist für das einseitige
Testproblem

$$H_0 : \sigma^2 \leq \sigma_0^2 \quad \text{gegen} \quad H_1 : \sigma^2 > \sigma_0^2 \tag{87}$$

die Entscheidungsfunktion

$$\delta_c(x) = \begin{cases} d_0 & \sum\limits_{i=1}^{n} (x_i - \mu)^2 \leq c \\ d_1 & \sum\limits_{i=1}^{n} (x_i - \mu)^2 > c \end{cases} \tag{88}$$

gleichmäßig bester Test zum Niveau

$$P_I(\delta_c) = P_{\sigma_0^2}(\sum_{i=1}^{n}(X_i - \mu)^2 > c)$$

$$= 1 - P_{\sigma_0^2}(\sum_{i=1}^{n}\frac{(X_i - \mu)^2}{\sigma_0^2} \le \frac{c}{\sigma_0^2})$$

$$= 1 - F_{\chi^2(n)}(\frac{c}{\sigma_0^2}),$$

(89)

da die Summe der Quadrate von n $N(0,1)$-verteilten Zufallsvariablen χ^2-verteilt ist mit n Freiheitsgraden (siehe Anhang A.5.).

Übungsaufgaben zu § 10

Übungsaufgabe 10.1:

Eine Firma stellt Leuchtstoffröhren her. Es wurde ein neues Produktionsverfahren angewendet, aufgrund dessen sich die mittlere Lebensdauer der Röhren von bisher 1500 Stunden erhöhen soll. Man möchte nachprüfen, ob dies tatsächlich der Fall ist und entnimmt daher eine Stichprobe vom Umfang 10 aus der laufenden Produktion.

(a) Formulieren Sie die Nullhypothese und geben Sie einen gleichmäßig besten Test zum Niveau $\alpha = 0.05$ an, wenn angenommen wird, daß die Lebendauer der Röhren normalverteilt ist und die Standardabweichung $\sigma = 100h$ beträgt.

(b) Sei (1430, 1480, 1520, 1500, 1550, 1460, 1530, 1540, 1600, 1510) das Ergebnis der Stichprobe. Welche Entscheidung trifft das Unternehmen?

Übungsaufgabe 10.2:

Die Textilbranche in der Bundesrepublik möchte untersuchen lassen, ob es notwendig ist, die Hosenlänge in der Herrenkonfektion zu verändern. Hintergrund dieser Untersuchung ist die Vermutung, daß die Männer im Durchschnitt größer sind als früher. Bisher wurde davon ausgegangen, daß die Körpergröße des Männer annähernd normalverteilt ist mit dem Erwartungswert $\mu = 175$ cm. Es wird eine Stichprobe vom Umfang n verwendet.

(a) Formulieren Sie die Nullhypothese und geben Sie einen gleichmäßig besten Test zum Niveau $\alpha = 0.05$ an.

(b) Eine Stichprobe vom Umfang $n = 20$ brachte folgende Ergebnisse:

$$173, 183, 180, 168, 172, 193, 195, 189, 178, 173,$$

$$182, 177, 187, 187, 178, 182, 169, 180, 170, 175$$

Beurteilen Sie aufgrund der Stichprobenergebnisse, ob die Körpergröße größer ist als früher.

Übungsaufgabe 10.3:

Die Füllmenge einer Anlage zur Füllung von Waschmittelpaketen wird als normalverteilt angesehen. Bei einer Stichprobe vom Umfang $n = 10$ wurden folgende Füllungen in Gramm gemessen.

$$987, 1012, 1005, 992, 1003, 989, 991, 1017, 1012, 985$$

(a) Es soll überprüft werden, ob die Varianz der Füllmenge kleiner als $\sigma^2 = 140$ ist. Geben Sie zum Niveau $\alpha = 0.05$ einen geeigneten Test an und beurteilen Sie aufgrund der Stichprobenergebnisse die vorliegende Hypothesen.

(b) Beantworten Sie die Fragen aus (a), falls der Erwartungswert der Füllmenge mit $\mu = 1000$ bekannt ist.

11   Operationscharakteristik und Gütefunktion

Wie wir gesehen haben, ergibt sich das Niveau eines Test aus dem Maximum der Fehlerwahrscheinlichkeit 1. Art, d.h. zu einem Test δ ist

$$\max_{\gamma \in \Gamma_0} P_\gamma(\delta(X) = d_1) \tag{1}$$

zu bestimmen. Zur Beurteilung eines Tests ist aber nicht nur dieser eine Wert interessant, sondern daneben ist natürlich auch die Fehlerwahrscheinlichkeit 1. Art für alle Parameterwerte $\gamma \in \Gamma_0$ und der Verlauf der Fehlerwahrscheinlichkeit 2. Art für $\gamma \in \Gamma_1$ von Bedeutung.

11.1   Beispiel

Für das Testproblem $H_0 : \lambda \geq \lambda_0$ gegen $H_1 : \lambda < \lambda_0$, wobei λ der Parameter einer Exponentialverteilung ist, haben wir gegenüber Beispiel 10.10 c) vertauschte Hypothesen, so daß sich nach Bemerkung 10.9 1. der gleichmäßige beste Test

$$\delta(x) = \left\{ \begin{array}{ll} d_0 & \sum_{i=1}^n x_i \leq c \\ d_1 & \sum_{i=1}^n x_i > c \end{array} \right. \tag{2}$$

zum Niveau $\alpha = P_{\lambda_0}(\sum_{i=1}^n X_i > c)$ ergibt. Zu vorgegebenem α erhält man c mittels der Erlang-Verteilung.

Für ein $\lambda < \lambda_0$ ist dann die Wahrscheinlichkeit für den Fehler 2. Art

$$\begin{aligned} P_\lambda(\sum_{i=1}^n X_i \leq c) &= F_{\sum_{i=1}^n X_{i,\lambda}}(c) \\ &= 1 - e^{-\lambda c} \sum_{i=1}^n \frac{(\lambda c)^{i-1}}{(i-1)!}. \end{aligned} \tag{3}$$

Die Tabelle 11.1 gibt für $c = 10$ und $c = 20$ die Werte dieser Wahrscheinlichkeit für verschiedene Werte von λ an. Im Bereich $\lambda < \lambda_0$ handelt es sich um die

Wahrscheinlichkeit für den Fehler 2. Art, für $\lambda \geq \lambda_0$ um die Wahrscheinlichkeit, die Nullhypothese richtigerweise nicht abzulehnen, je nach dem konkreten Wert von λ_0. Betrachtet man diesen Wahrscheinlichkeitswert in Abhängigkeit von λ, so nennt man diese Funktion Operationscharakteristik oder OC-Funktion.

$$c = 10$$

λ	$n =$ 10	20	30	40	50	100
0.1	0.0	0.0	0.0	0.0	0.0	0.0
1	0.5421	0.0034	0.0	0.0	0.0	0.0
2	0.9950	0.5297	0.0218	0.00005	0.0	0.0
3	1	0.9781	0.5243	0.0462	0.00005	0.0
4	1	0.9998	0.9568	0.5210	0.0703	0.0
5	1	1	0.9991	0.9354	0.5188	0.0
6	1	1	1	0.9975	0.9156	0.0
7	1	1	1	1	0.9949	0.0004
8	1	1	1	1	0.9999	0.0171
9	1	1	1	1	1	1
10	1	1	1	1	1	1

$$c = 20$$

λ	$n =$ 10	20	30	40	50	100
0.1	0.00005	0.0	0.0	0.0	0.0	0.0
1	0.9950	0.5297	0.0218	0.00005	0.0	0.0
2	1	0.9998	0.9568	0.5210	0.0703	0.0
3	1	1	1	0.9975	0.9156	0.0
4	1	1	1	1	0.9999	0.0171
5	1	1	1	1	1	1
6	1	1	1	1	1	1
7	1	1	1	1	1	1
8	1	1	1	1	1	1
9	1	1	1	1	1	1
10	1	1	1	1	1	1

Tabelle 11.1: Wahrscheinlichkeiten für die Annahme der Nullhypothese im Beispiel 11.1.

Man sieht in Abb. 11.1, daß für $\lambda_0 = 2$ beispielsweise die Werte $n = 40, c = 20$ und $n = 50, c = 20$ in Frage kommen, wobei die Wahrscheinlichkeit für den Fehler 1.Art (also im Bereich $\lambda \geq 2$) bei $n = 40$ geringer ist als bei $n = 50$. Analoges gilt für $\lambda_0 = 4$ mit $n = 50$ bzw. $n = 40$ und $c = 10$, wobei hier bei

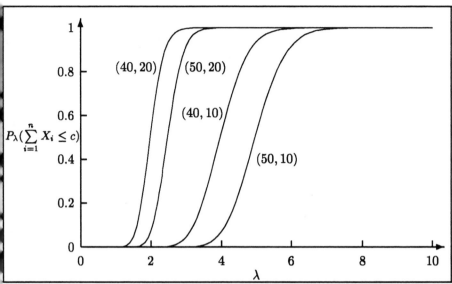

Abbildung 11.1: OC-Funktionen für $n = 40, 50$ und $c = 10, 20$ aus Tabelle 11.1.

beiden Tests die Annahmewahrscheinlichkeit langsamer ansteigt, die Tests also eine geringere Trennschärfe haben.

11.2 Definition

Sei δ eine Entscheidungsfunktion zu einem Testproblem mit Parameterraum Γ, so heißt die Funktion $L : \Gamma \to [0, 1]$ mit

$$L(\gamma) = P_\gamma(\delta(X) = d_0) \tag{4}$$

Operations-Charakteristik oder OC-Funktion.

11.3 Beispiel

Gleichmäßig bester Test zum Testproblem $H_0 : p \leq p_0$ gegen $H_1 : p > p_0$ für den Parameter p einer Bernoulli-Verteilung[1] ist

$$\delta(x) = \begin{cases} d_1 & \sum_{i=1}^{n} x_i > c \\ d_0 & \sum_{i=1}^{n} x_i \leq c \end{cases} \tag{5}$$

zum Niveau

$$P_{p_0}(\sum_{i=1}^{n} X_i > c). \tag{6}$$

Variieren kann man dann, um den Test den Erfordernissen anzupassen, die Testschranke c und den Stichprobenumfang n. Operations-Charakteristik zu diesem Test ist (vgl. Beispiel 10.10 a))

$$L_{n,c}(p) = \sum_{k=0}^{c} \binom{n}{k} p^k (1-p)^{n-k}. \tag{7}$$

Die Abbildung 11.2 zeigt, daß die Nichtablehnwahrscheinlichkeit der Nullhypothese mit wachsendem p fällt. Soll auch beim Schwellenwert $p_0 = 0.02$ diese Wahrscheinlichkeit noch hoch sein, so ist die Fehlerwahrscheinlichkeit für Werte von p knapp über 0.02 ebenfalls hoch. Ein schnelles Abfallen der OC-Funktion nach 0.02 kann durch geeignete Wahl von n und c erreicht werden.

Die OC-Funktion liefert damit den Verlauf der Fehlerwahrscheinlichkeit 2. Art für $\gamma \in \Gamma_1$, während sie im Bereich $\gamma \in \Gamma_0$ gerade die Annahmewahrscheinlichkeit bzw. Nichtablehnwahrscheinlichkeit der Nullhypothese angibt.

Da bei der Definition von Tests zum Niveau α der Fehler 1. Art im Vordergrund steht, betrachtet man häufig auch das wahrscheinlichkeitstheoretische Komplement

$$1 - L(\gamma). \tag{8}$$

---

[1] Also beispielsweise bei der Kontrolle einer Warenpartie, Meinungsumfrage zur Zustimmung zu einem politischem Vorhaben, etc.

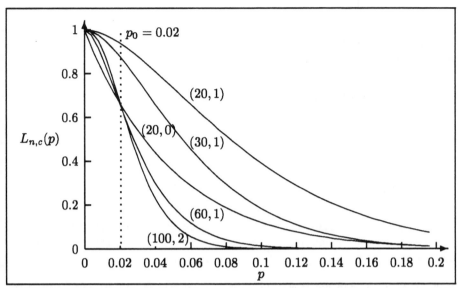

Abbildung 11.2: OC-Funktionen für verschiedene Parameterwerte zu Bsp. 11.3.

Dieses gibt dann für $\gamma \in \Gamma_0$ die Wahrscheinlichkeit für den Fehler 1. Art und für $\gamma \in \Gamma_1$ die Annahmewahrscheinlichkeit für die Gegenhypothese, also die Wahrscheinlichkeit für die richtige Entscheidung an. Bei Signifikanztests liegt das Augenmerk besonders auf der Gegenhypothese; d.h. wenn die Entscheidur g für die Gegenhypothese fällt, so soll sie mit hoher Sicherheit richtig sein. Dies bedeutet, daß die Fehlerwahrscheinlichkeit 1. Art niedrig sein soll und natürlich sollten wir auch mit hoher Wahrscheinlichkeit die Gegenhypothese annehmen, wenn sie richtig ist, obwohl wir dies als nachrangig gegenüber dem Fehler 1. Art ansehen. Diese Eigenschaft -also für $\gamma \in \Gamma_1$ mit hoher Wahrscheinlichkeit die Entscheidung d_1 zu treffen- können wir mit der Funktion

$$G(\gamma) = 1 - L(\gamma) \tag{9}$$

überprüfen.

11.4   Definition

Sei δ eine Entscheidungsfunktion zu einem Testproblem mit Parameterraum Γ, so heißt die Funktion $G : \Gamma \to [0,1]$ mit

$$G(\gamma) = P_\gamma(\delta(X) = d_1) \tag{10}$$

Gütefunktion (power) zu δ.

11.5   Beispiel

Ein Hersteller von Distanzscheiben, die dazu dienen, das Wellenspiel in Getrieben auszugleichen, behauptet, daß seine Scheiben die Sollstärke von 5 mm mit einer Standardabweichung von $\sqrt{0.2}$ mm einhalten.

Wir nehmen an, daß die tatsächliche Stärke normalverteilt ist mit Mittelwert $\mu = 5$ mm und unbekanntem σ^2. Durch einen Test wollen wir prüfen, ob $\sigma^2 < 0.2$ statistisch gesichert ist. Als Stichprobenumfang wählen wir 30, Testniveau sei $\alpha = 0.05$. Das Testproblem lautet damit:

$$H_0 : \sigma^2 \geq 0.2 = \tilde{\sigma}^2 \qquad H_1 : \sigma^2 < 0.2 \tag{11}$$

Die Dichte der Normalverteilung ist:

$$f_{Y,\sigma^2}(y) = \frac{1}{\sigma}\frac{1}{\sqrt{2\pi}}e^{-\frac{1}{2\sigma^2}(y-\mu)^2}, \tag{12}$$

also erhalten wir bei bekanntem μ eine einparametrige Exponentialfamilie mit

$$a(\sigma^2) = \frac{1}{\sigma}, h(y) = \frac{1}{\sqrt{2\pi}}, b(\sigma^2) = -\frac{1}{2\sigma^2}, t(y) = (y-\mu)^2$$

wobei $b(\sigma^2)$ monoton steigend in σ^2 ist.

Damit ist

$$T(x) = \sum_{i=1}^{n}(x_i - \mu)^2 \tag{13}$$

eine geeignete Testgröße und

$$\delta(x) = \begin{cases} d_1 & \sum\limits_{i=1}^{n}(x_i - \mu)^2 \leq c \\ d_0 & \sum\limits_{i=1}^{n}(x_i - \mu)^2 > c \end{cases} \tag{14}$$

ist gleichmäßig bester Test zum Niveau

$$P_{\tilde{\sigma}^2=0.2}(\sum\limits_{i=1}^{n}(X_i - \mu)^2 \leq c) \tag{15}$$

(Der Maximalwert der Fehlerwahrscheinlichkeit 1. Art liegt bei $\tilde{\sigma}^2 = 0.2$.)

Da $\frac{X_i-\mu}{\sigma}$ $N(0,1)$-verteilt ist, folgt $\sum\limits_{i=1}^{n}(\frac{X_i-\mu}{\sigma})^2$ ist $\chi^2(n)$-verteilt (siehe Anhang A.5.). Damit gilt

$$P_{\tilde{\sigma}^2=0.2}(\sum\limits_{i=1}^{n}(X_i - \mu)^2 \leq c) \tag{16}$$

$$= P_{\tilde{\sigma}^2=0.2}(\sum\limits_{i=1}^{n}\frac{(X_i - \mu)^2}{\tilde{\sigma}^2} \leq \frac{c}{\tilde{\sigma}^2}) = F_{\chi^2(n)}(\frac{c}{\tilde{\sigma}^2}) = \alpha = 0.05.$$

Aus einer Tabelle entnimmt man:

$$F_{\chi^2(30)}(18.49) = 0.05. \tag{17}$$

Folglich ist

$$c = \tilde{\sigma}^2 18.49 = 0.2 \cdot 18.49 = 3.698 \tag{18}$$

und

$$\delta^*(x) = \begin{cases} d_1 & \sum\limits_{i=1}^{n}(x_i - \mu)^2 \leq 3.698 \\ d_0 & \sum\limits_{i=1}^{n}(x_i - \mu)^2 > 3.698. \end{cases} \tag{19}$$

ist gleichmäßig bester Test zum Niveau $\alpha = 0.05$. Dieser Test wird üblicherweise als „χ^2-Test" bezeichnet.

Bildet man die mittlere quadratische Abweichung $\frac{1}{n}\sum(x_i - \mu)^2$ („Stichproben-varianz bei bekanntem μ") als Testgröße, so erhält man als Testschranke

$$\frac{1}{30} \cdot 3.698 = 0.123 \tag{20}$$

Die quadratische Abweichung darf im Mittel nicht größer als 0.123 sein. Die Gütefunktion zu diesem Test ist in Abbildung 11.3 dargestellt.

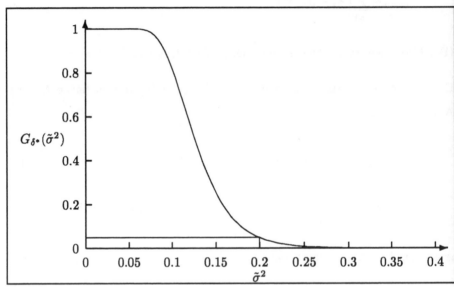

Abbildung 11.3: Gütefunktion zu δ^* aus Beispiel 11.5.

Wir erkennen am Verlauf der Gütefunktion, daß die Wahrscheinlichkeit für den Fehler 1. Art für $\sigma^2 > 0.2$ sehr schnell auf Werte nahe 0 absinkt. Für $\sigma^2 < 0.2$ steigt die Wahrscheinlichkeit, die Gegenhypothese – richtigerweise – anzunehmen, für fallende Werte von σ^2 allmählich an, liegt aber für $\sigma^2 = 0.1$ immer noch bei etwa 0.8.

11.6   Bemerkung

Im Beweis zu Folgerung 10.8 wurde gezeigt, daß bei einseitigen Testproblemen, die auf einer Statistik mit einheitlich monoton wachsendem Wahrscheinlichkeits-quotienten beruhen, die Wahrscheinlichkeit für den Fehler 1. Art monoton im

Parameter steigt (bzw. fällt)[2], wie dies ja auch in Beispiel 11.5 und indirekt anhand der OC-Funktion auch in Beispiel 11.3 zu erkennen ist. Daraus ergibt sich auch das Niveau α des Tests als Fehlerwahrscheinlichkeit 1. Art im Trennwert γ_0 des Testproblems. Bei einer stetigen Gütefunktion (OC-Funktion) -wie in den Beispielen- folgt daraus, daß $1 - \alpha$ Supremum der Fehlerwahrscheinlichkeit zweiter Art ist. Mehr ist nicht zu erreichen, wenn man sich auf das Niveau α festgelegt hat. Es kann also nur noch darum gehen, daß die Gütefunktion nach dem Trennwert möglichst schnell ansteigt. Ein gleichmäßig bester Test δ^* zum Niveau α für $H_0 : \gamma \leq \gamma_0$ gegen $H_1 : \gamma > \gamma_0$ hat damit die schöne Eigenschaft, daß die Gütefunktion jedes anderen Tests δ zum Niveau α (dessen Gütefunktion verläuft also für $\gamma \leq \gamma_0$ im Bereich $\leq \alpha$) für $\gamma > \gamma_0$ nirgendwo oberhalb der von δ^* liegt.

Was für eine Konsequenz hat die Verwendung einer vollständigen Statistik als Testfunktion? Dazu ist es sinnvoll, die Entscheidungsfunktion so umzuformulieren, daß für sie der Erwartungswert berechnet werden kann.

Wir codieren also die Entscheidungen d_1 und d_0 mit $d_1 = 1$ und $d_0 = 0$. Damit kann dann für eine Entscheidungsfunktion δ der Erwartungswert berechnet werden:

$$E_\gamma(\delta(X)) = 1 \cdot P_\gamma(\delta(X) = 1) + 0 \cdot P_\delta(\delta(X) = 0) \tag{21}$$

und man erhält gerade den Wert der Gütefunktion an der Stelle γ. Es gilt also

$$G(\gamma) = E_\gamma(\delta(X)). \tag{22}$$

Beruht also die Entscheidungsfunktion δ auf einer vollständigen Statistik T (vgl. Definition 4.14 und die daran anschließende Bemerkung), d.h. $\delta(x) = u(T(x))$ für eine geeignete Funktion u, so ist δ durch die Gütefunktion fast sicher festgelegt.

Mit Hilfe der Gütefunktion können auch die Schwierigkeiten deutlich gemacht werden, die bei der Suche nach gleichmäßig besten Tests zum Niveau α bei zweiseitigen Testproblemen entstehen. In folgendem Beispiel soll dies an einem zweiseitigen Testproblem zur Varianz einer Normalverteilung bei bekanntem Mittelwert verdeutlicht werden.

---

[2]Je nachdem, ob $H_0 : \gamma \leq \gamma_0$ gegen $H_1 : \gamma > \gamma_0$ oder $H_0 : \gamma \geq \gamma_0$ gegen $H_1 : \gamma < \gamma_0$ getestet wird.

11.7   Beispiel

Für die Normalverteilung bei bekanntem Mittelwert μ liege die folgende Testsituation vor:

$$H_0 : \sigma^2 = \tilde{\sigma}^2 = 0.2 \qquad \text{gegen} \qquad H_1 : \sigma^2 \neq \tilde{\sigma}^2 = 0.2 \tag{23}$$

Dieser zweiseitige Test läßt sich zerlegen in zwei einseitige Tests:

$$H_0^{(1)} : \sigma^2 = \tilde{\sigma}^2 \qquad H_1^{(1)} : \sigma^2 > \tilde{\sigma}^2 \tag{24}$$

und

$$H_0^{(2)} : \sigma^2 = \tilde{\sigma}^2 \qquad H_1^{(2)} : \sigma^2 < \tilde{\sigma}^2. \tag{25}$$

Zu diesen Testproblemen erhalten wir gleichmäßig beste Tests zum Niveau $\alpha > 0$ von folgender Art:

zu (24)

$$\delta_1(x) = \begin{cases} d_1 & \sum_{i=1}^{n}(x_i - \mu)^2 \geq c_{1,\alpha} \\ d_0 & \sum_{i=1}^{n}(x_i - \mu)^2 < c_{1,\alpha}, \end{cases} \tag{26}$$

und zu (25)

$$\delta_2(x) = \begin{cases} d_1 & \sum_{i=1}^{n}(x_i - \mu)^2 \leq c_{2,\alpha} \\ d_0 & \sum_{i=1}^{n}(x_i - \mu)^2 > c_{2,\alpha}. \end{cases} \tag{27}$$

Angenommen δ^* wäre ein gleichmäßig bester Test zum Niveau α für die Ausgangssituation, dann wäre δ^* auch gleichmäßig bester Test zum Niveau α für die beiden einseitigen Tests (24) und (25).

Die Gütefunktion von δ^* müßte nun einen Verlauf nehmen, der für $\sigma^2 > 0.2$ mit der Gütefunktion von δ_1 und für $\sigma^2 < 0.2$ mit der von δ_2 übereinstimmt.

Da nach Satz 10.7 und Folgerung 10.8 gleichmäßig beste Tests fast sicher für alle $\gamma \in \Gamma_1$ – hier also alle $\sigma > 0.2$ für δ_1 und alle $\sigma^2 < 0.2$ für δ_2 – übereinstimmen, folgt, daß δ^* bei Parameterwerten $\sigma^2 < 0.2$ mit δ_1 und bei Parameterwerten $\sigma^2 > 0.2$ fast sicher mit δ_2 übereinstimmt. Für $\alpha > 0$ ist aber $0 < c_{1,\alpha}, c_{2,\alpha} < \infty$ und die Tests δ_1 und δ_2 sind damit offensichtlich verschieden.

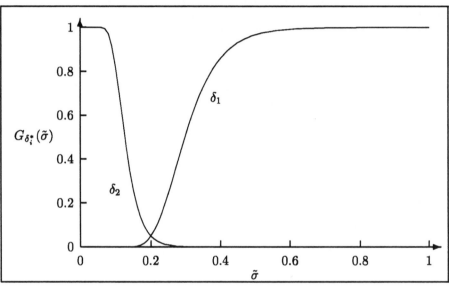

Abbildung 11.4: Gütefunktion zu δ_1 und δ_2 aus Beispiel 11.7.

Abbildung 11.4 gibt die Gütefunktionen der beiden einseitigen Tests (24) und (25) wieder (der Vollständigkeit halber auch für den Parameterbereich $\sigma^2 < 0.2$ bei (24) und $\sigma^2 > 0.2$ bei (25)). Man sieht, daß δ_1 als Entscheidungsfunktion zur Testsituation (23) zwar für $\sigma^2 > 0.2$ einen guten Verlauf der Gütefunktion hat (die Funktionswerte steigen rasch gegen 1 an), aber für $\sigma^2 < 0.2$ unbefriedigend ist, da die Wahrscheinlichkeit die Nullhypothese abzulehnen klein ist und schnell gegen Null geht. Umgekehrt ist δ_2 als Test für (23) gut im Bereich $\sigma^2 < 0.2$, aber schlecht im Bereich $\sigma^2 > 0.2$.

Übungsaufgabe zu § 11

Übungsaufgabe 11.1:

Der Hauptgesellschafter der „Elektroblitz Mobile GmbH & Co. KG" ist der Ansicht, daß mehr als 40% der Autofahrer bereit sind, ein Elektromobil wie den von ihm entwickelten „Elektroblitz" zu kaufen, wenn der Preis zwischen DM 20.000.- und DM 30.000.- liegt. Da er diese Aussage gegenüber den etwas skeptischeren Mitgesellschaftern untermauern will, entschließt er sich zur Durchführung einer stichprobenhaften Befragung unter Autofahrern aus dem gesamten Bundesgebiet.

(a) Formulieren Sie Null- und Gegenhypothese dieses Testproblems. Geben Sie die Teilbereiche Γ_0 und Γ_1 des Parameterraums an.

(b) Geben Sie eine sinnvolle Entscheidungsfunktion dazu an. Wie lautet die OC- und die Gütefunktion dieser Entscheidungsfunktion.

(c) Skizzieren Sie den Verlauf der OC- und der Gütefunktion und zeichnen Sie die Fehlerwahrscheinlichkeiten 1. und 2. Art ein.

(d) Wie ändert sich die Fehlerwahrscheinlichkeit 1.Art dieses Tests, wenn Sie nur den Stichprobenumfang n vergrößern?

(e) Wie können Sie eine höhere „Trennschärfe" des Tests erreichen?

Übungsaufgabe 11.2:

Eine Abfüllanlage, die Zuckertüten mit 1 kg Sollinhalt abfüllt, soll mit statistischen Methoden überwacht werden. Dazu wird angenommen, daß die tatsächliche Füllmenge normalverteilt ist mit Mittelwert μ und einer bekannten Varianz von $\sigma^2 = 9\ \mathrm{g}^2$.

Wie ist der Mittelwert einzustellen, daß mit einer Wahrscheinlichkeit von 90% der Sollinhalt mindestens erreicht wird?

Nachdem die Anlage auf diesen Wert justiert ist, wird alle Stunde eine Stichprobe von 5 Tüten aus der laufenden Produktion entnommen und ihr Inhalt gewogen. Mit einem Test wird überprüft, ob der Sollinhalt weiterhin mit 90% Wahrscheinlichkeit erreicht wird. Ist dies nicht der Fall, wird die Anlage neu justiert. Dabei soll ein Fehlalarm, d.h. eine unnötige Neujustierung mit höchstens 1% Wahrscheinlichkeit eintreten.

Wie lautet das Testproblem, welchen Test wird man sinnvollerweise verwenden? Geben Sie zu diesem Test die OC-Funktion und die Gütefunktion an und zeichnen Sie diese. Wie groß ist die Wahrscheinlichkeit höchstens, eine erforderliche Neujustierung aufgrund des Testergebnisses zu unterlassen?

12 Gleichmäßig beste unverfälschte Tests

In Beispiel 11.7 haben wir bei einem zweiseitigen Test der Form ($\Gamma = \mathbf{R}$)

$$H_0 : \gamma = \gamma_0 \qquad \text{gegen} \qquad H_1 : \gamma \neq \gamma_0, \tag{1}$$

also

$$\Gamma_0 = \{\gamma_0\}, \Gamma_1 = \{\gamma \in \Gamma \mid \gamma \neq \gamma_0\}, \tag{2}$$

den Teilbereich Γ_1 zerlegt in die Bereiche $\gamma < \gamma_0$ und $\gamma > \gamma_0$ und die beiden gleichmäßig besten Tests δ_1, δ_2 zum Niveau α für die einseitigen Testprobleme

$$H_0^{(1)} : \gamma = \gamma_0 \qquad \text{gegen} \qquad H_1^{(1)} : \gamma > \gamma_0 \tag{3}$$

und

$$H_0^{(2)} : \gamma = \gamma_0 \qquad \text{gegen} \qquad H_1^{(2)} : \gamma < \gamma_0 \tag{4}$$

betrachtet. Verwendet man diese Tests als Tests für das Ausgangsproblem, so ist (vgl. Abbildung 11.4) δ_1 optimal im Bereich $\gamma > \gamma_0$, aber „extrem" schlecht im Bereich $\gamma < \gamma_0$ und umgekehrt bei δ_2. Diese Tests kommen daher sinnvollerweise nicht in Betracht. Andererseits haben wir festgestellt, daß auch bei gleichmäßig besten Tests zum Niveau α als Supremum für die Fehlerwahrscheinlichkeit 2. Art meist $1 - \alpha$ akzeptiert werden muß. In Abbildung 11.4 sieht man, daß die Tests δ_1 und δ_2 als Supremum der Fehlerwahrscheinlichkeit 2. Art sogar 1 haben. Eine sinnvolle Forderung scheint demnach zu verlangen, daß wir nur solche Tests zulassen, deren Fehlerwahrscheinlichkeit 2. Art nirgendwo größer als $1 - \alpha$ ist.

12.1 Definition[1]

Ein Test $\delta : \mathcal{X} \to \{d_0, d_1\}$ zum Niveau α für $H_0 : \gamma \in \Gamma_0$ gegen $H_1 : \gamma \in \Gamma_1$ heißt *unverfälscht*, wenn

$$P_{II}(\delta, \gamma) \leq 1 - \alpha \quad \text{für alle} \quad \gamma \in \Gamma_1 \tag{5}$$

---

[1] Unverfälschtheit wurde in Neyman, J., Pearson, E.S. (1936a), (1938) eingeführt.

gilt.

Wegen $P_{II}(\delta,\gamma) = 1 - P_\gamma(\delta(X) = d_1)$ ist (5) gleichbedeutend mit $P_\gamma(\delta(X) = d_1) \geq \alpha$ für alle $\gamma \in \Gamma_1$, d.h. die Wahrscheinlichkeit, die Nullhypothese abzulehnen, wenn sie nicht zutrifft, ist mindestens α und damit mindestens so groß, wie die Wahrscheinlichkeit, die Nullhypothese abzulehnen, obwohl sie zutrifft. Auch in dieser Form ist die Forderung sicherlich sinnvoll.

12.2   Definition

Ein unverfälschter Test δ zum Niveau α heißt *gleichmäßig bester unverfälschter Test zum Niveau* α, wenn für jeden unverfälschten Test δ' zum Niveau α

$$P_{II}(\delta,\gamma) \leq P_{II}(\delta',\gamma) \quad \text{für alle } \gamma \in \Gamma_1 \tag{6}$$

gilt.

Auch bei der Suche nach gleichmäßig besten unverfälschten Tests sind Exponentialfamilien sehr hilfreich, wir benötigen allerdings eine etwas speziellere Gestalt.

12.3   Definition

Wir sagen, die Exponentialfamilie *hat einfache Gestalt*, falls ($\Gamma \subset \mathbf{R}$)

$$P_\gamma(Y = y) = a(\gamma)h(y)e^{\sum\limits_{i=1}^{r}\gamma_i\tau_i(y)} \tag{7}$$

bzw.

$$f_{Y,\gamma}(y) = a(\gamma)h(y)e^{\sum\limits_{i=1}^{r}\gamma_i\tau_i(y)} \tag{8}$$

gilt.

Gegenüber der allgemeinen Darstellung haben wir die Spezialisierung $b_i(\gamma) = \gamma_i$ für $i = 1,\ldots,r$ und damit, daß $T(x) = (\sum\limits_{j=1}^{n}\tau_1(x_j),\ldots,\sum\limits_{j=1}^{n}\tau_r(x_j))$ eine suffiziente und vollständige Statistik ist, wenn nur Γ einen Quader im $\mathbf{R}^r$ enthält (vgl. Satz 4.15), was z.B. immer dann erfüllt ist, wenn Γ eine offene Teilmenge enthält. Man erhält dann gleichmäßig beste unverfälschte Tests zum Niveau α, wenn man $T(x) \in \mathbf{R}^r$ als Testgröße benutzt und Annahmebereich und kritischen Bereich geeignet festlegt. Bei zweiseitigen und mehrparametrigen Tests ist diese Vorgehensweise häufig erfolgreich. Dies erfordert jedoch in vielen Fällen eine „Reparametrisierung" der Verteilungen, d.h. eine andere Wahl des Parameters als üblicherweise. Am Beispiel der Normalverteilung wird dies deutlich.

12.4 Beispiel

Die Dichte der Normalverteilung $N(\mu, \sigma^2)$ lautet

$$
\begin{aligned}
f_{\mu,\sigma^2}(y) &= \frac{1}{\sqrt{2\pi}\sigma} e^{-\frac{(y-\mu)^2}{2\sigma^2}} \\
&= \frac{1}{\sqrt{2\pi}\sigma} e^{-\frac{\mu^2}{2\sigma^2}} e^{\left(\frac{\mu}{\sigma^2}y - \frac{1}{2\sigma^2}y^2\right)}
\end{aligned} \tag{9}
$$

Damit liegt zwar eine Darstellung als Exponentialfamilie vor, aber nicht in einfacher Gestalt.

A. Setzt man nun bei unbekanntem μ und σ^2 $\gamma_1 = \frac{\mu}{\sigma^2}, \gamma_2 = -\frac{1}{2\sigma^2}$, so gilt

$$
f_{\gamma_1,\gamma_2}(y) = \frac{1}{\sqrt{\pi}}\sqrt{-\gamma_2}\, e^{-\frac{\gamma_1^2}{2\gamma_2}} e^{(\gamma_1 y + \gamma_2 y^2)} \tag{10}
$$

und man erhält eine Exponentialfamilie in einfacher Gestalt. Falls sich das ursprüngliche Testproblem mit Hilfe der Parameter γ_1 und γ_2 darstellen läßt, kann man diese Darstellung verwenden. Beispielsweise entspricht der Test

$$
H_0 : \mu = 0, \sigma^2 > 0 \quad \text{gegen} \quad H_1 : \mu \neq 0, \sigma^2 > 0
$$

bei unbekanntem σ^2 dem Test

$$
H_0 : \gamma_1 = 0, \gamma_2 < 0 \quad \text{gegen} \quad H_1 : \gamma_1 \neq 0, \gamma_2 < 0.
$$

B. Falls σ^2 bekannt ist ($\sigma^2 = \sigma_0^2$), sind auch andere Reparametrisierungen möglich:

$$
f_{\mu,\sigma_0^2}(y) = \frac{1}{\sqrt{2\pi}\sigma_0} e^{-\frac{\mu^2}{2\sigma_0^2}} e^{-\frac{y^2}{2\sigma_0^2}} e^{\frac{\mu}{\sigma_0^2}y}. \tag{11}
$$

a) Man setzt

$$a(\mu) = e^{-\frac{\mu^2}{2\sigma_0^2}} \quad h(y) = \frac{1}{\sqrt{2\pi}\sigma_0} e^{-\frac{y^2}{2\sigma_0^2}}$$
$$b(\mu) = \mu \quad \quad \tau(y) = \frac{1}{\sigma_0^2}y. \tag{12}$$

b) Man setzt $\gamma = \frac{\mu}{\sigma_0}$ und erhält

$$f_\gamma(y) = e^{-\frac{\gamma^2}{2}} h(y) e^{\gamma \frac{y}{\sigma_0}}. \tag{13}$$

c) Man setzt $\gamma = \frac{\mu}{\sigma_0^2}$ und erhält

$$f_\gamma(y) = e^{-\frac{\gamma^2}{2}\sigma_0^2} h(y) e^{\gamma y}. \tag{14}$$

Falls z.B. $\mu = \mu_0$ gegen $\mu \neq \mu_0$ zu testen ist, läßt sich dies bei b) und c) leicht in γ formulieren.

Betrachten wir zunächst zweiseitige Testprobleme bei einem Parameter ($\Gamma \subset \mathbf{R}$), also Testprobleme der Form

$$H_0 : \gamma = \gamma_0 \quad \text{gegen} \quad H_1 : \gamma \neq \gamma_0 \tag{15}$$

bzw.

$$H_0' : \gamma_1 \leq \gamma \leq \gamma_2 \quad \text{gegen} \quad H_1' : \gamma < \gamma_1 \quad \text{oder} \quad \gamma > \gamma_2. \tag{16}$$

Ferner liege eine Exponentialfamilie mit einfacher Gestalt vor ($r = 1$), als Testgröße verwenden wir also $T(x) = \sum_{i=1}^{n} \tau(x_i)$.

Nach § 10 ist der Wahrscheinlichkeitsquotient einheitlich monoton wachsend in $T(x)$, d.h. für $\gamma' = \gamma_0$ bzw. $\gamma' \in [\gamma_1, \gamma_2]$ und das Testproblem

$$H_0 : \gamma = \gamma' \quad \text{gegen} \quad H_1 : \gamma = \gamma'' \tag{17}$$

hängt das Verhalten des Wahrscheinlichkeitsquotienten davon ab, ob $\gamma'' < \gamma'$ oder $\gamma'' > \gamma'$ ist. In einem Fall erhält man als Annahmekriterium $T(x) \geq c$ im anderen $T(x) \leq c'$ (vgl. Beispiel 10.1). Es ist also naheliegend, die beiden Forderungen zu kombinieren.

Der folgende Satz bestätigt, daß diese Vorgehensweise die in sie gesetzten Erwartungen erfüllt.

12.5 Satz

Sei eine einparametrige Exponentialfamilie mit einfacher Gestalt gegeben, wobei der Parameterraum $\Gamma \subset \mathbf{R}$ eine offene Teilmenge enthalte. Seien $\gamma_0, \gamma_1, \gamma_2 \in \Gamma$ mit $\gamma_1 < \gamma_2$, so ist der Test

$$\delta(x) = \begin{cases} d_0 & T(x) \in [c_1, c_2] \\ d_1 & T(x) \notin [c_1, c_2] \end{cases} \tag{18}$$

ein gleichmäßig bester unverfälschter Test zum Niveau α

a) für das Testproblem

$$H_0 : \gamma_1 \le \gamma \le \gamma_2 \quad \text{gegen} \quad H_1 : \gamma < \gamma_1 \ \text{oder} \ \gamma > \gamma_2,$$

wenn c_1 und c_2 so gewählt werden, daß

$$P_{\gamma_1}(T(X) \notin [c_1, c_2]) = P_{\gamma_2}(T(X) \notin [c_1, c_2]) = \alpha \tag{19}$$

ist,

b) für das Testproblem

$$H_0 : \gamma = \gamma_0 \quad \text{gegen} \quad H_1 : \gamma \neq \gamma_0,$$

wenn c_1 und c_2 so gewählt werden, daß

$$P_{\gamma_0}(T(X) \notin [c_1, c_2]) = \alpha \tag{20}$$

und

$$E_{\gamma_0}(T(X) \cdot 1_{\delta = d_1}(X) = \alpha E_{\gamma_0}(T(X)) \tag{21}$$

ist. Dabei ist $1_{\delta = d_1} : \mathcal{X} \to \mathbf{R}$ definiert durch

$$1_{\delta = d_1}(x) = \begin{cases} 0 & \delta(x) = d_0 \\ 1 & \delta(x) = d_1 \end{cases} \tag{22}$$

12.6   Beispiel: Zweiseitiger Test bei der Normalverteilung mit bekannter Varianz.

Das Testproblem laute:

$$H_0 : \mu = \mu_0 \quad \text{gegen} \quad H_1 : \mu \neq \mu_0.$$

Bei der Darstellung der Normalverteilung $N(\mu, \sigma^2)$ als Exponentialfamilie mit einfacher Gestalt erhält man (vgl. Beispiel 12.4) $\tau(x) = \frac{x}{\sigma}, b(\gamma) = \gamma$ mit $\gamma = \frac{\mu}{\sigma}$ und damit für die Stichprobe $X = (X_1, \ldots, X_n) : T(x) = \frac{1}{\sigma} \sum_{i=1}^{n} x_i$. Die genaue Bestimmung von c_1 und c_2 nach obigem Satz ist aufwendig. Da $\frac{1}{\sigma} \sum_{i=1}^{n} X_i$ den Erwartungswert $\frac{n\mu_0}{\sigma}$ beim Parameter μ_0 hat und die Normalverteilung symmetrisch ist, ist der Ansatz

$$c_1 = \frac{1}{\sigma} n\mu_0 - \sqrt{n}c \qquad c_2 = \frac{1}{\sigma} n\mu_0 + \sqrt{n}c \tag{23}$$

sinnvoll. Damit erhält man

$$
\begin{aligned}
P_I(\delta, \mu_0) &= P_{\mu_0}\left(\frac{\sum_{i=1}^{n} X_i}{\sigma} \notin [c_1, c_2]\right) \\
&= P_{\mu_0}\left(\frac{\sum_{i=1}^{n} X_i - n\mu_0}{\sigma} \notin [-\sqrt{n}c, \sqrt{n}c]\right) \\
&= P_{\mu_0}\left(\frac{\sum_{i=1}^{n} X_i - n\mu_0}{\sqrt{n}\sigma} \notin [-c, c]\right) \\
&= \Phi(-c) + (1 - \Phi(c)) \\
&= 1 - \Phi(c) + 1 - \Phi(c) \\
&= 2 - 2\Phi(c) = \alpha
\end{aligned}
\tag{24}
$$

für c mit $\Phi(c) = 1 - \frac{\alpha}{2}$.

Man erhält also den Test

$$
\delta(x) = \begin{cases} d_1 & |\sum_{i=1}^{n} x_i - n\mu_0| \geq \sqrt{n}\sigma u_{1-\frac{\alpha}{2}} \\ d_0 & \text{sonst,} \end{cases}
\tag{25}
$$

wobei $u_{1-\frac{\alpha}{2}}$ das $(1-\frac{\alpha}{2})$-Quantil der $N(0,1)$-Verteilung sei.

Forderung (20) wird von diesem Test nach Konstruktion von c erfüllt. Bei Forderung (21) berechnen wir zunächst die linke Seite

$$E_{\mu_0}(T(X) \cdot 1_{\delta=d_1}(X)). \tag{26}$$

Testfunktion ist $T(x) = \frac{1}{\sigma} \sum_{i=1}^{n} x_i$. $Z = \frac{1}{\sigma} \sum_{i=1}^{n} X_i$ ist bei Vorliegen des Parameters μ_0 $N(\frac{n\mu_0}{\sigma}, n)$-verteilt, also ist

$$f_Z(y) = \frac{1}{\sqrt{2\pi n}} e^{-\frac{(y-\frac{n\mu_0}{\sigma})^2}{2n}} \tag{27}$$

Dichtefunktion von $T(X)$. Damit gilt

$$
\begin{aligned}
E_{\mu_0}(T(X) \cdot 1_{\delta=d_1}(X)) &= \int_{y \notin [c_1, c_2]} y f_Z(y) dy \\
&= \int_{-\infty}^{c_1} y \frac{1}{\sqrt{2\pi n}} e^{-\frac{(y-\frac{n\mu_0}{\sigma})^2}{2n}} dy + \int_{c_2}^{\infty} y \frac{1}{\sqrt{2\pi n}} e^{-\frac{(y-\frac{n\mu_0}{\sigma})^2}{2n}} dy.
\end{aligned}
\tag{28}
$$

Mit der Substitution

$$x = \frac{y - \frac{n\mu_0}{\sigma}}{\sqrt{n}} \tag{29}$$

wird daraus

$$\int_{-\infty}^{-c} (\sqrt{n}x + \frac{n\mu_0}{\sigma}) \frac{1}{\sqrt{2\pi}} e^{-\frac{x^2}{2}} dx + \int_{c}^{\infty} (\sqrt{n}x + \frac{n\mu_0}{\sigma}) \frac{1}{\sqrt{2\pi}} e^{-\frac{x^2}{2}} dx \tag{30}$$

und wegen der Symmetrie der Dichte der Standardnormalverteilung ist

$$\int_{-\infty}^{-c} \sqrt{n}x \frac{1}{\sqrt{2\pi}} e^{-\frac{x^2}{2}} dx = -\int_{c}^{\infty} \sqrt{n}x \frac{1}{\sqrt{2\pi}} e^{-\frac{x^2}{2}} dx \tag{31}$$

und

$$\int\limits_{-\infty}^{-c} \frac{n\mu_0}{\sigma} \frac{1}{\sqrt{2\pi}} e^{-\frac{x^2}{2}} dx = \int\limits_{c}^{\infty} \frac{n\mu_0}{\sigma} \frac{1}{\sqrt{2\pi}} e^{-\frac{x^2}{2}} dx = \frac{n\mu_0}{\sigma}(1 - \phi(c)). \qquad (32)$$

Zusammenfassend ergibt sich für die linke Seite von (21)

$$E_{\mu_0}(T(X) \cdot 1_{\delta=d_1}(X)) = \frac{n\mu_0}{\sigma} 2(1 - \phi(c)) = \frac{n\mu_0}{\sigma} \alpha. \qquad (33)$$

Auf der rechten Seite haben wir mit $\alpha E_{\mu_0}(T(X)) = \alpha E(Z) = \alpha \frac{n\mu_0}{\sigma}$ offensichtlich denselben Wert.

Nach Satz 12.5 ist damit δ gleichmäßig bester unverfälschter Test zum Niveau α.

Ist die Varianz nicht bekannt, so ist der Parameterraum nicht mehr eindimensional, sondern zweidimensional. Ein Testproblem über den Mittelwert lautet dann beispielsweise:

$$H_0 : \mu \leq \mu_0, \sigma^2 > 0 \qquad \text{gegen} \qquad H_1 : \mu > \mu_0, \sigma^2 > 0, \qquad (34)$$

d.h. wir erhalten eine Unterteilung des Parameterraums $\Gamma = \mathbf{R} \times \mathbf{R}_{++}$ in $\Gamma_0 = \{\mu \in \mathbf{R} \mid \mu \leq \mu_0\} \times \mathbf{R}_{++} = \{(\mu, \sigma^2) \mid \mu \leq \mu_0, \sigma^2 > 0\}$ und $\Gamma_1 = \{\mu \in \mathbf{R} \mid \mu > \mu_0\} \times \mathbf{R}_{++} = \{(\mu, \sigma^2) \mid \mu > \mu_0, \sigma^2 > 0\}$.

Für r-parametrige Testprobleme zu einer Exponentialfamilie mit einfacher Gestalt liefert der folgende Satz eine Konstruktionsmöglichkeit für gleichmäßig beste unverfälschte Tests.

12.7   Satz[2]

Sei eine r-parametrige Exponentialfamilie mit einfacher Gestalt gegeben, wobei der Parameterraum $\Gamma \subset \mathbf{R}^k$ eine offene Teilmenge enthalte. Zu einem einseitigen Test bezüglich des ersten Parameters, also zum Testproblem

$$H_0 : \gamma_1 \leq \bar{\gamma}, \quad \gamma_2, \ldots, \gamma_k \text{ beliebig} \qquad (35)$$

---

[2]vgl. z.B. Lehmann (1986/1993), S. 145ff.

gegen

$$H_1 : \gamma_1 > \bar{\gamma}, \quad \gamma_2, \ldots, \gamma_k \text{ beliebig,} \tag{36}$$

gibt es eine Funktion $q : \mathbf{R}^{k-1} \to \mathbf{R}$, so daß die Entscheidungsfunktion

$$\delta(x) = \begin{cases} d_0 & T_1(x) \leq q(T_2(x), \ldots, T_k(x)) \\ \\ d_1 & T_1(x) > q(T_2(x), \ldots, T_k(x)) \end{cases} \tag{37}$$

gleichmäßig bester unverfälschter Test zum Niveau α ist, wobei sich α aus dem Maximum der Fehlerwahrscheinlichkeit 1. Art ergibt.

12.8 Beispiel

Dieser Satz liefert allerdings zum oben angeführten Testproblem über den Mittelwert einer Normalverteilung bei unbekannter Varianz nicht direkt ein Ergebnis, da durch die Reparametrisierung $\gamma_1 = \frac{\mu}{\sigma^2}$ und $\gamma_2 = -\frac{1}{2\sigma^2}$ das Testproblem zunächst nicht als Problem in γ_1 geschrieben werden kann. Allerdings ist für $\mu_0 = 0$ Test (34) gleichwertig zu

$$H_0 : \gamma_1 \leq 0, \gamma_2 < 0 \quad \text{gegen} \quad H_1 : \gamma_1 > 0, \gamma_2 < 0. \tag{38}$$

Da das Problem (34) durch die Transformation $y \to y - \mu_0$ in das Testproblem mit $\mu_0 = 0$ transformiert werden kann, können wir ohne Beschränkung der Allgemeinheit von $\mu_0 = 0$ ausgehen. Satz 12.7 liefert damit einen gleichmäßig besten unverfälschten Test. Die Bestimmung der Funktion q (man erhält $q(T_2(x))$

$= \sqrt{\sum_{i=1}^{n} x_i^2} C$ mit einer vom Niveau abhängigen Konstanten) ist mühsam und

basiert auf tieferliegenden theoretischen Sachverhalten.

Daher gehen wir im folgenden intuitiv vor:

Geht man vom gleichmäßig besten Test zum Niveau α bei bekannter Varianz (vgl. Beispiel 10.5)

$$\delta(x) = \begin{cases} d_0 & \bar{x} \leq \mu_0 + \frac{\sigma_0}{\sqrt{n}} u_{1-\alpha} \\ d_1 & \text{sonst} \end{cases} \tag{39}$$

aus, so liegt es nahe, die unbekannte Varianz σ_0 durch einen Schätzwert zu ersetzen. Als Schätzwert verwendet man die korrigierte Stichprobenstandardabweichung

$$S^*(x) = \sqrt{\frac{1}{n-1} \sum_{i=1}^{n} (x_i - \bar{x})^2}. \tag{40}$$

Zur Berechnung der Testschranke benötigen wir die Verteilung von

$$Z := \frac{\bar{X} - \mu_0}{\frac{S^*(X)}{\sqrt{n}}} \tag{41}$$

auf der Grundlage, daß $X_1, \ldots, X_n$ $N(\mu, \sigma^2)$-verteilt und unabhängig sind. Z ist dann *t-verteilt mit $n-1$ Freiheitsgeraden*, kurz *$t(n-1)$-verteilt* (vgl. Anhang A.4.). Zu gegebenem Niveau α benötigen wir demnach das $(1-\alpha)$-Quantil $t(n-1)_{1-\alpha}$ der $t(n-1)$-Verteilung:

$$P\left(\frac{\bar{X} - \mu_0}{\frac{S^*(X)}{\sqrt{n}}} \leq t(n-1)_{1-\alpha} \right) = 1 - \alpha. \tag{42}$$

Damit erhalten wir dann den „**einseitigen t-Test**"

$$\delta(x) = \begin{cases} d_0 & \frac{\bar{x}-\mu_0}{S^*(x)} \sqrt{n} \leq t(n-1)_{1-\alpha} \\ \\ d_1 & \text{sonst,} \end{cases} \tag{43}$$

um $\mu \leq \mu_0$ gegen $\mu > \mu_0$ bei unbekanntem σ^2 zu schätzen. Dieser Test ist gleichmäßig bester unverfälschter Test zum Niveau α.

Für das zweiseitige Testproblem $H_0 : \mu = \mu_0$ gegen $H_1 : \mu \neq \mu_0$ bei unbekannter Varianz verwendet man dieselbe Testgröße und erhält mit

$$\delta(x) = \begin{cases} d_0 & |\frac{\bar{x}-\mu_0}{S^*(x)} \sqrt{n}| \leq t(n-1)_{1-\frac{\alpha}{2}} \\ \\ d_1 & \text{sonst} \end{cases} \tag{44}$$

einen gleichmäßig besten unverfälschten Test zum Niveau α.

Für einen Test zur Varianz σ^2 einer Normalverteilung bei bekanntem Mittelwert μ_0 haben wir im einseitigen Fall ($\sigma^2 \leq \sigma_0^2$ gegen $\sigma^2 > \sigma_0^2$) den gleichmäßig besten Test zum Niveau α mit

$$\delta(x) = \begin{cases} d_0 & \sum_{i=1}^{n} \frac{(x_i - \mu_0)^2}{\sigma_0^2} \leq c_\alpha \\[2ex] d_1 & \text{sonst.} \end{cases} \tag{45}$$

Dabei ergibt sich c_α mit der $\chi^2(n)$-Verteilung aus der Forderung (vgl. 10.10 e)

$$F_{\chi^2(n)}(c_\alpha) = 1 - \alpha \tag{46}$$

mit Hilfe des $(1 - \alpha)$-Quantils.

Im zweiseitigen Fall $H_0 : \sigma^2 = \sigma_0^2$ gegen $H_1 : \sigma^2 \neq \sigma_0^2$ benutzt man dieselbe Testgröße und erhält nach Satz 12.5 Testschranken c_1 und c_2, die so zu bestimmen sind, daß

$$P_{\sigma_0^2}\left(\frac{\sum_{i=1}^{n}(X_i - \mu_0)^2}{\sigma_0^2} \notin [c_1, c_2] \right) = \alpha \tag{47}$$

und

$$\int_{x \notin [c_1, c_2]} x f_{\chi^2(n)}(x)dx = n\alpha, \tag{48}$$

ist, da n der Erwartungswert der $\chi^2(n)$-Verteilung ist. Die Berechnung von c_1 und c_2 aus diesen Forderungen ist mühsam, da die $\chi^2(n)$-Verteilung nicht symmetrisch ist. Daher benutzt man meist einen Test, bei dem die Forderungen (47) und (48) ersetzt werden durch die Bedingung, daß die Wahrscheinlichkeit für ein Unterschreiten von c_1 und für ein Überschreiten von c_2 bei σ_0 jeweils $\frac{\alpha}{2}$ ist:

$$P_{\sigma_0^2}\left(\frac{\sum_{i=1}^{n}(X_i - \mu_0)^2}{\sigma_0^2} < c_1 \right) = \frac{\alpha}{2} \tag{49}$$

und

$$P_{\sigma_0^2}\left(\frac{\sum_{i=1}^{n}(X_i - \mu_0)^2}{\sigma_0^2} > c_2\right) = \frac{\alpha}{2} \tag{50}$$

Die Wahrscheinlichkeit für den Fehler zweiter Art wird gleichmäßig auf die beiden Enden der Verteilung aufgeteilt („equal-tails-test", siehe Abbildung 12.1). Damit ist

$$c_1 = \chi^2(n)_{\frac{\alpha}{2}} \tag{51}$$

das $\frac{\alpha}{2}$-Quantil und

$$c_2 = \chi^2(n)_{1-\frac{\alpha}{2}} \tag{52}$$

das $(1 - \frac{\alpha}{2})$-Quantil der χ^2-Verteilung mit n Freiheitsgraden. Dies ist zwar nicht optimal, für große n aber nahezu übereinstimmend mit dem gleichmäßig besten unverfälschten Test.

Für das Problem

$$H_0 : \sigma_0^2 \leq \sigma^2 \leq \sigma_1^2 \quad \text{gegen} \quad H_1 : \sigma^2 < \sigma_1^2 \text{ oder } \sigma^2 > \sigma_2^2 \tag{53}$$

erhält man nach Satz 12.5 als gleichmäßig besten unverfälschten Test zum Niveau α

$$\delta(x) = \begin{cases} d_0 & \sum_{i=1}^{n}(x_i - \mu_0)^2 \in [d_1, d_2] \\ d_1 & \text{sonst} \end{cases} \tag{54}$$

mit der Forderung

$$P_{\sigma_1^2}(\sum_{i=1}^{n}(X_i - \mu_0)^2 \notin [d_1, d_2]) = P_{\sigma_2^2}(\sum_{i=1}^{n}(X_i - \mu_0)^2 \notin [d_1, d_2]) = \alpha \tag{55}$$

bzw.

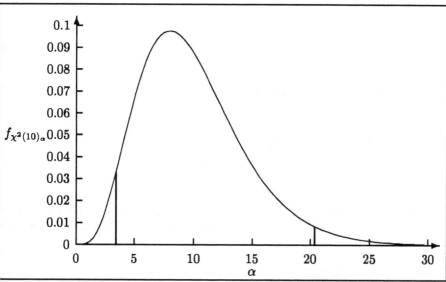

Abbildung 12.1: $\chi^2(n)$-Verteilung mit $\frac{\alpha}{2}$- und $(1-\frac{\alpha}{2})$-Quantil für $n = 10$.

$(\sum\limits_{i=1}^{n} \frac{(X_i-\mu_0)^2}{\sigma_1^2}$ und $\sum\limits_{i=1}^{n} \frac{(X_i-\mu_0)^2}{\sigma_2^2}$ sind bei σ_1^2 bzw. σ_2^2 $\chi^2(n)$-verteilt)

$$P\left(\frac{\sum\limits_{i=1}^{n}(X_i-\mu_0)^2}{\sigma_1^2} \notin [\frac{d_1}{\sigma_1^2},\frac{d_2}{\sigma_1^2}]\right) = P\left(\frac{\sum\limits_{i=1}^{n}(X_i-\mu_0)^2}{\sigma_2^2} \notin [\frac{d_1}{\sigma_2^2},\frac{d_2}{\sigma_2^2}]\right) = \alpha. \qquad (56)$$

Damit kann man mit Hilfe einer Tafel der χ^2-Verteilung versuchen, d_1 und d_2 zumindest näherungsweise zu bestimmen.

Bei unbekanntem Mittelwert ist μ_0 durch den Schätzwert $\bar{x}$ zu ersetzten. Die Statistik

$$T(X) = \frac{\sum\limits_{i=1}^{n}(X_i - \bar{X})^2}{\sigma^2} \qquad (57)$$

ist dann (X_i unabhängig, $N(\mu,\sigma^2)$-verteilt) $\chi^2(n-1)$-verteilt.

Daraus ergibt sich für das einseitige Testproblem

$$H_0 : \sigma^2 \leq \sigma_0^2, \mu \in \mathbf{R} \quad \text{gegen} \quad H_1 : \sigma^2 > \sigma_0^2, \mu \in \mathbf{R} \tag{58}$$

der gleichmäßig beste unverfälschte Test zum Niveau α:

$$\delta(x) = \begin{cases} d_0 & \sum_{i=1}^{n}(x_i - \bar{x})^2 \leq \sigma_0^2 \chi^2(n-1)_{1-\alpha} \\ d_1 & \text{sonst} \end{cases} \tag{59}$$

Man kann sogar zeigen, daß dieser Test gleichmäßig bester Test zum Niveau α ist (Lehmann, (1986/1993), S. 108ff. unter Verwendung maßtheoretischer Methoden).

Beim zweiseitigen Testproblem

$$H_0 : \sigma^2 = \sigma_0^2, \quad \mu \in \mathbf{R} \quad \text{gegen} \quad H_1 : \sigma^2 \neq \sigma_0^2, \quad \mu \in \mathbf{R} \tag{60}$$

verwendet man üblicherweise wieder einen „equal-tails-test", obwohl dieser nur näherungsweise dem gleichmäßig besten unverfälschten Test zum Niveau α entspricht:

$$\delta(x) = \begin{cases} d_0 & \dfrac{\sum_{i=1}^{n}(x_i - \bar{x})^2}{\sigma_0^2} \in [\chi^2(n-1)_{\frac{\alpha}{2}}, \chi^2(n-1)_{1-\frac{\alpha}{2}}] \\ \\ d_1 & \text{sonst} \end{cases} \tag{61}$$

An Abbildung 12.2 ist zu erkennen, daß der „equal-tails-test" nicht unverfälscht ist, da die Gütefunktion unter das Niveau α absinkt.

Der gleichmäßig beste unverfälschte Test zum Niveau α für das Testproblem

$$H_0 : \sigma^2 \in [\sigma_1^2, \sigma_2^2], \mu \in \mathbf{R} \quad \text{gegen} \quad H_1 : \sigma^2 \notin [\sigma_1^2, \sigma_2^2], \mu \in \mathbf{R} \tag{62}$$

ergibt sich ganz analog zum entsprechenden Testproblem bei bekanntem Mittelwert.

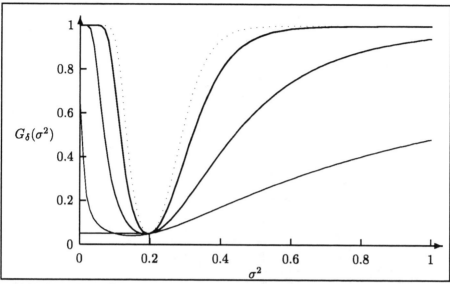

Abbildung 12.2: Gütefunktion des „equal-tails-test" für verschiedene Werte von n.

Die Tests zur Normalverteilung sind deswegen von besonderer Bedeutung, weil nach dem zentralen Grenzwertsatz

$$Z = \frac{\frac{1}{n}\sum_{i=1}^{n} X_i - \mu}{\sigma}\sqrt{n} \tag{63}$$

für unabhängige und identisch verteilte Zufallsvariable X_i mit Erwartungswert μ und Standardabweichung σ näherungsweise standardnormalverteilt ist. Um einen Test über den Erwartungswert durchzuführen, kann man also für eine beliebige Verteilungsannahme die Tests der Normalverteilung heranziehen, falls nur n genügend groß ist (meist wird hier $n \geq 30$ genannt).

Fassen wir also die Tests über den Mittelwert und die Varianz einer Normalverteilung in Kurzform zusammen. Diese Tests werden - bei unbekannter Varianz bzw. unbekanntem Mittelwert - wegen der darin auftretenden Verteilungen als t-Tests bzw. χ^2-Tests bezeichnet.

Tests zum Mittelwert einer Normalverteilung

H_0	H_1	σ² bekannt	Eigenschaft	σ² unbekannt	Eigenschaft
		Ablehnung der Nullhypothese, falls			
$\mu \leq \mu_0$	$\mu > \mu_0$	$\bar{x} \geq \mu_0 + \frac{\sigma}{\sqrt{n}} u_{1-\alpha}$	GBT	$\bar{x} \geq \mu_0 + \frac{S^*(x)}{\sqrt{n}} t(n-1)_{1-\alpha}$	GBUT
$\mu \geq \mu_0$	$\mu < \mu_0$	$\bar{x} \leq \mu_0 - \frac{\sigma}{\sqrt{n}} u_{1-\alpha}$	GBT	$\bar{x} \leq \mu_0 - \frac{S^*(x)}{\sqrt{n}} t(n-1)_{1-\alpha}$	GBUT
$\mu = \mu_0$	$\mu \neq \mu_0$	$\left|\bar{x} - \mu_0\right| \geq \frac{\sigma}{\sqrt{n}} u_{1-\frac{\alpha}{2}}$	GBUT	$\left|\bar{x} - \mu_0\right| \geq \frac{S^*(x)}{\sqrt{n}} t(n-1)_{1-\frac{\alpha}{2}}$	GBUT

Tests zur Varianz einer Normalverteilung

H_0	H_1	μ bekannt	Eigenschaft	μ unbekannt	Eigenschaft
		Ablehnung der Nullhypothese, falls			
$\sigma^2 \leq \sigma_0^2$	$\sigma^2 > \sigma_0^2$	$\sum_{i=1}^n (x_i - \mu)^2 \geq \chi^2(n)_{1-\alpha}\sigma_0^2$	GBT	$S^*(x)^2 \geq \frac{\sigma_0^2}{n-1}\chi^2(n-1)_{1-\alpha}$	GBT
$\sigma^2 \geq \sigma_0^2$	$\sigma^2 < \sigma_0^2$	$\sum_{i=1}^n (x_i - \mu)^2 \leq \chi^2(n)_{\alpha}\sigma_0^2$	GBT	$S^*(x)^2 \leq \frac{\sigma_0^2}{n-1}\chi^2(n-1)_{\alpha}$	GBUT
$\sigma^2 = \sigma_0^2$	$\sigma^2 \neq \sigma_0^2$	$\sum_{i=1}^n (x_i - \mu)^2 \leq \chi^2(n)_{\frac{\alpha}{2}}\sigma_0^2$ oder $\sum_{i=1}^n (x_i - \mu)^2 \geq \chi^2(n)_{1-\frac{\alpha}{2}}\sigma_0^2$	ETT	$S^*(x)^2 \leq \frac{\sigma_0^2}{n-1}\chi^2(n-1)_{\frac{\alpha}{2}}$ oder $S^*(x)^2 \geq \frac{\sigma_0^2}{n-1}\chi^2(n-1)_{1-\frac{\alpha}{2}}$	ETT

$$\bar{x} = \frac{1}{n}\sum_{i=1}^n x_i, \quad S^{*2}(x) = \frac{1}{n-1}\sum_{i=1}^n (x_i - \bar{x})^2, \quad S^*(x) = \sqrt{S^{*2}(x)}$$

GBT = Gleichmäßig bester Test, GBUT = Gleichmäßig bester unverfälschter Test, ETT = Equal-Tails-Test.

Übungsaufgaben zu § 12

Übungsaufgabe 12.1:

Eine Firma hat über 45 Wochen den Absatz eines ihrer Produkte ermittelt. Dabei ergab sich ein Stichprobenmittel $\bar{x} = 447000$ Stück/Woche. Die Firma weiß weiterhin aus langjähriger Erfahrung, daß der Absatz dieses Produktes normalverteilt ist mit dem Mittelwert μ und der Standardabweichung $\sigma = 20000$.

(a) Die Firma möchte nun mit Hilfe der Stichprobe die Hypothese

$$H_0 : \mu = 450000 \quad \text{gegen} \quad H_0 : \mu \neq 450000$$

testen.

- Geben Sie einen Test zum Niveau 0.05 an.
- Welche Entscheidung wird die Firma treffen?

(b) Wiederholen Sie Teil (a), falls die Standardabweichung nicht bekannt ist und aus der Stichprobe eine korrigierte Stichprobenstandardabweichung von $\hat{\sigma} = 19580$ berechnet wird.

(c) Die Firma hat nun eine Anzeigenkampagne gestartet. Bei einer darauffolgenden Untersuchung von 16 Wochen wird ein Stichprobenmittel von $\bar{x} = 460000$ festgestellt. Geben Sie einen Test zum Niveau 0.05 an und ermitteln Sie, ob die Anzeigenkampagne erfolgreich war.

Übungsaufgabe 12.2:

Im Rat der Gemeinde „Kalkhausen" gibt es zwischen den verschiedenen Parteien eine angeregte Diskussion über das Verkehrsaufkommen. Einig ist man sich lediglich darüber, daß man davon ausgehen kann, daß das tägliche Verkehrsaufkommen normalverteilt ist mit bekannter Varianz σ^2, aber unbekanntem Erwartungswert μ. Ein Abgeordneter der Partei A erklärt, daß vor kurzem an 25 Tagen eine Verkehrszählung durchgeführt wurde, bei der ein durchschnittliches Verkehrsaufkommen von 9608 Fahrzeugen/Tag festgestellt wurde. Damit wurde getestet, ob die Stichprobe die Annahme stützt, das mittlere Verkehrsaufkommen sei 10000 Fahrzeuge/Tag. Der Test zu einem Niveau von 0.05 ergab, daß das Stichprobenergebnis **gerade noch** die Annahme dieser Nullhypothese erlaube. Dem Abgeordneten ist jedoch das Mißgeschick unterlaufen, daß aus seinen Aufzeichnungen nichts mehr über die Varianz des täglichen Verkehrsaufkommens, die ja bekannt ist, hervorgeht.

(a) Rekonstruieren Sie den durchgeführten Test und bestimmen Sie damit die Varianz des täglichen Verkehrsaufkommens.

(b) Geben Sie zu einem Konfidenzniveau von 0.95 mit Hilfe der Stichprobe ein Vertrauensintervall für den wahren Erwartungswert μ der Normalverteilung an.

Übungsaufgabe 12.3:

Eine Maschine produziere Schrauben, deren Länge normalverteilt ist. Der Produktion wird eine Stichprobe vom Umfang $n = 12$ entnommen und die Länge gemessen (Angabe in mm):

$$20.3, 21.4, 21.3, 22.0, 20.9, 22.0, 19.9, 21.8, 21.2, 21.0, 20.7, 20.9$$

(a) Testen Sie zum Niveau $\alpha = 0.05$ die Hypothese

$$H_0 : \sigma^2 = 0.4 \quad \text{gegen} \quad H_1 : \sigma^2 \neq 0.4,$$

wobei σ^2 die Varianz der produzierten Schrauben angibt.

(b) Testen Sie zum gleichen Niveau die Hypothese

$$H_0 : \sigma^2 = 0.4 \quad \text{gegen} \quad H_1 : \sigma^2 \neq 0.4,$$

falls der Erwartungswert der Schraubenlänge mit $\mu = 21$ mm bekannt ist.

13 Der p-Wert

Die Vorgehensweise bei Testproblemen, wie sie in den letzten Paragraphen erörtert wurde, besteht darin, einen möglichst guten Test zu einem Niveau α auszuwählen und dann festzustellen, ob bei der vorliegenden Stichprobenrealisation die Nullhypothese abgelehnt wird. Dabei ist die Testgröße in den Beispielen unabhängig vom Niveau, dieses hängt nur von der Wahl der Testschranke(n) ab. Für die Durchführung eines Tests mit einem Computer ist diese Vorgehensweise umständlich: Es müßte zunächst eingegeben werden, welches Niveau oder welche Testschranke(n) gewünscht wird. Je nachdem, welches Ergebnis sich aus den Daten ergibt, besteht dann möglicherweise der Wunsch, denselben Test mit geändertem Niveau noch einmal durchzuführen, usw. Dabei wird man, wenn die Nullhypothese nicht abgelehnt wurde, das Niveau erhöhen. Ein größeres Niveau bedeutet, daß für den Fehler 1. Art eine höhere Wahrscheinlichkeit zugelassen wird, man sich also mit größerer Wahrscheinlichkeit für die Gegenhypothese entscheidet (auch wenn diese falsch ist), der Annahmebereich wird also kleiner. Analog kann man durch eine Verkleinerung des Niveaus erreichen, daß die Nullhypothese nicht abgelehnt wird, wenn sie zunächst abgelehnt wurde.

Statt nun herumzuprobieren (was als unsaubere Vorgehensweise angesehen werden muß, wenn dasselbe Stichprobenergebnis benutzt wird), kann man direkt feststellen, zu welchem Niveau die Nullhypothese gerade noch angenommen wird. Man maximiert also das Niveau unter der Bedingung, daß die Nullhypothese nicht abgelehnt wird. Dieses Niveau wird *p-Wert* genannt[1].

13.1 Beispiel:

Der monatliche Umsatz einer Lebensmittelfiliale wird als $N(\mu, \sigma^2)$ -verteilt angenommen. Für σ ist ein Wert von 10000 DM ermittelt worden. Bei 150 zufällig ausgewählten Filialen wurde ein durchschnittlicher Umsatz von 103000 DM festgestellt. Es soll getestet werden, ob der Umsatz gegenüber dem früher festgestellten Wert von $\mu_0 = 100000$ gestiegen ist. Es ist also

$$H_0 : \mu \le \mu_0 \quad \text{gegen} \quad H_1 : \mu > \mu_0 \tag{64}$$

zu testen.

---

[1]Bei einigen Autoren findet man dafür die Bezeichnung Signifikanzniveau (vgl. Rutsch (1987), S.394). Wegen der Verwechslungsgefahr mit dem Niveau eines Tests wird diese Bezeichnung im folgenden nicht verwendet. Häufig wird der p-Wert auch als das kleinste Niveau eingeführt, zu dem die Nullhypothese gerade noch abgelehnt wird. Dazu besteht kein wesentlicher Unterschied.

Gleichmäßig bester Test zum Niveau α ist

$$
\delta_\alpha = \begin{cases} d_1 & \frac{1}{n}\sum_{i=1}^n x_i > \mu_0 + \frac{\sigma}{\sqrt{n}}u_{1-\alpha} \\[2ex] d_0 & \frac{1}{n}\sum_{i=1}^n x_i \le \mu_0 + \frac{\sigma}{\sqrt{n}}u_{1-\alpha} \end{cases} \tag{65}
$$

und

$$
\mu_0 + \frac{\sigma}{\sqrt{n}}u_{1-\alpha} = 100000 + \frac{10000}{\sqrt{150}}u_{1-\alpha}. \tag{66}
$$

Z.B. ist für $\alpha = 0.05$ $u_{1-\alpha} = 1.645$ und Testschranke ist 101343. Die Gegenhypothese ist also bei diesem Niveau statistisch gesichert.

Bei welchem Niveau wird die Nullhypothese noch angenommen?
Dazu ist α so festzulegen, daß

$$
103000 = 100000 + \frac{10000}{\sqrt{150}}u_{1-\alpha}, \tag{67}
$$

also $u_{1-\alpha} = \frac{3}{10}\sqrt{150} = 3.674$ ist. Mit $1 - \Phi(3.674) = 1 - 0.9999 = 0.0001$ erhalten wir das gesuchte Niveau.

Man kann am p-Wert sofort erkennen, wie die Entscheidung zu vorgegebenem Niveau α ausfällt:

- $\alpha \le p$-Wert: Nullhypothese wird nicht abgelehnt.

- $\alpha > p$-Wert: Gegenhypothese wird angenommen.

Da mit kleiner werdendem α die Anforderung an die statistische Sicherheit bei einer Annahme der Gegenhypothese steigt, legt dies folgende Argumentationsweise nahe:

- Je kleiner der p-Wert, mit desto größerer Sicherheit ist die Gegenhypothese korrekt.

13.2 Bemerkung

Bei einem einseitigen Testproblem

$$H_0 : \gamma \leq \gamma_0 \text{ gegen } H_1 : \gamma > \gamma_0 \tag{68}$$

mit einer Entscheidungsfunktion (vgl. Folgerung 10.8) vom Typ

$$\delta(x) = \begin{cases} d_0 & T(x) \leq c_\alpha \\ d_1 & T(x) > c_\alpha \end{cases} \tag{69}$$

mit einer geeigneten Statistik T und einer vom Niveau abhängigen Testschranke c_α ist das Niveau des Tests gegeben durch

$$P_{\gamma_0}(T(X) > c_\alpha) = \alpha. \tag{70}$$

Ist t der beobachtete Wert der Statistik T, also die Realisation aufgrund der Stichprobe, dann wird die Nullhypothese gerade noch angenommen, wenn t mit der Testschranke zusammenfällt. Testniveau ist dann

$$P_{\gamma_0}(T(X) > t). \tag{71}$$

Damit ist der p-Wert gegeben durch diesen Ausdruck:

$$p\text{-Wert} = P_{\gamma_0}(T(X) > t). \tag{72}$$

Bei zweiseitigen Testproblemen vom Typ

$$H_0 : \gamma = \gamma_0 \qquad \text{gegen} \qquad H_1 : \gamma \neq \gamma_0 \tag{73}$$

ist die Entscheidungsfunktion nach Satz 12.5 häufig vom Typ

$$\delta(x) = \begin{cases} d_0 & c_{1,\alpha} \leq T(x) \leq c_{2,\alpha} \\ d_1 & \text{sonst} \end{cases} \tag{74}$$

mit einer geeigneten Statistik T. Das Niveau des Tests ergibt sich dabei aus

$$\alpha = P_{\gamma_0}(T(X) < c_{1,\alpha}) + P_{\gamma_0}(T(X) > c_{2,\alpha}). \tag{75}$$

Liegt nun ein Stichprobenergebnis x^0 mit $T(x^0) = t_0$ vor, so suchen wir das α bei dem die Nullhypothese gerade nicht mehr abgelehnt wird, d.h. α wird maximiert unter der Nebenbedingung $\delta(x^0) = d_0$. $\delta(x^0) = d_0$ ist aber gleichbedeutend mit $c_{1,\alpha} \leq t_0 \leq c_{2,\alpha}$. α wird nach (75) vergrößert, wenn $c_{1,\alpha}$ vergrößert und/oder $c_{2,\alpha}$ verkleinert wird. Daraus folgt, daß wir α solange vergrößern können bis

$$c_{1,\alpha} = t_0 \quad \text{oder} \quad c_{2,\alpha} = t_0 \tag{76}$$

ist. Sei α^* das zugehörige Niveau, so gilt also

$$\{c_{1,\alpha^*} = t_0 \quad \text{und} \quad c_{2,\alpha^*} \geq t_0\} \quad \text{oder} \quad \{c_{1,\alpha^*} \leq t_0 \quad \text{und} \quad c_{2,\alpha^*} = t_0\}. \tag{77}$$

Speziell bei einem „equal-tails-Test" ist

$$P_{\gamma_0}(T(X) > c_{2,\alpha}) = P_{\gamma_0}(T(X) < c_{1,\alpha}) = \frac{\alpha}{2}. \tag{78}$$

Damit ist im

Fall A: $c_{1,\alpha^*} = t_0$

$$\alpha^* = 2P_{\gamma_0}(T(X) < t_0) \tag{79}$$

und

$$P_{\gamma_0}(T(X) > t_0) \geq P_{\gamma_0}(T(X) > c_{2,\alpha^*}) = \frac{\alpha^*}{2}. \tag{80}$$

sowie im

Fall B: $c_{2,\alpha^*} = t_0$

$$\alpha^* = 2P_{\gamma_0}(T(X) > t_0) \tag{81}$$

und

$$P_{\gamma_0}(T(X) < t_0) \geq P_{\gamma_0}(T(X) < c_{1,\alpha^*}) = \frac{\alpha^*}{2}. \tag{82}$$

Damit gilt in beiden Fällen

$$\alpha^* = 2\min\{P_{\gamma_0}(T(X) < t_0), P_{\gamma_0}(T(X) > t_0)\} \tag{83}$$

Zusammenfassend ergibt sich damit der

p-Wert bei zweiseitigen „equal-tails"-Tests:

Bei einem „equal-tails"-Test der Form

$$\delta(x) = \begin{cases} d_0 & c_{1,\alpha} \le T(x) \le c_{2,\alpha} \\ d_1 & \text{sonst} \end{cases} \tag{84}$$

ist der p-Wert eines Stichprobenergebnisses x^0 mit $T(x^0) = t_0$ gegeben durch

$$p = 2\min\{P_{\gamma_0}(T(X) < t_0), P_{\gamma_0}(T(X) > t_0)\}. \tag{85}$$

Die Beurteilung der Datensituation auf der Grundlage des p-Werts ist nur oberflächlich betrachtet unproblematisch:

Offensichtlich ist der p-Wert davon abhängig, welche Stichprobe zufällig gezogen wurde, er ist also selbst eine Zufallsvariable. Wie lautet die Verteilung der Zufallsvariable?

Wir betrachten wieder ein einseitiges Testproblem mit Annahmebereich $\{x \in \mathcal{X} \mid T(x) \le c_\alpha\}$. Für ein Stichprobenergebnis x ergibt sich mit $T(x) = t$ der p-Wert

$$\begin{aligned} p &= P_{\gamma_0}(T(X) > t) = P_{\gamma_0}(T(X) > T(x)) \\ &= 1 - F_{T(X)}(T(x)), \end{aligned} \tag{86}$$

wobei mit $F_{T(X)}$ die Verteilungsfunktion von $T(X)$ bezeichnet sei. Ersetzen wir jetzt das Stichprobenergebnis x durch den Stichprobenvektor X, so erhalten wir die Zufallsvariable $1 - F_{T(X)}(T(X))$. Aus Lemma 7.8 folgt daraus im Fall der Stetigkeit von $T(X)$, daß $1 - F_{T(X)}(T(X))$ gleichverteilt auf dem Intervall $(0,1)$ ist. Ist $T(X)$ diskret, so gilt nach folgendem Lemma die zur Gleichverteilung analoge Beziehung $P(1 - F_{T(X)}(T(X)) \le \alpha) = \alpha$ für alle $\alpha \in (0,1)$, für die $1 - \alpha$ ein Wert der Verteilungsfunktion ist. Da aber t ein konkreter Wert beim Stichprobenergebnis x ist, gilt für jeden auftretenden p-Wert, daß $1 - p$ Wert der Verteilungsfunktion ist.

13.3   Lemma:

Sei Y eine diskrete Zufallsvariable mit Werten $(\eta_i)_{i\in \mathbb{Z}}$, $\eta_i < \eta_{i+1}$ und $P(Y = \eta_i) = p_i$ für alle $i \in \mathbb{Z}$. Sei F die Verteilungsfunktion von Y, dann gilt für die Zufallsvariable $F(Y)$ bzw. $1 - F(Y)$

$$P(F(Y) \leq \alpha) = \max\{F(t) \mid t \in \mathbf{R} : F(t) \leq \alpha\} \tag{87}$$

bzw.

$$P(1 - F(Y) \leq \alpha) = P(F(Y) \leq 1 - \alpha) = \max\{F(t) \mid t \in \mathbf{R} : F(t) \leq 1 - \alpha\} \tag{88}$$

Falls α bzw. $(1 - \alpha)$ ein Funktionswert von F ist, gilt

$$P(F(Y) \leq \alpha) = \alpha \tag{89}$$

bzw.

$$P(1 - F(Y) \leq \alpha) = P(F(Y) \geq 1 - \alpha) = 1 - \alpha. \tag{90}$$

Beweis:

Zu $k \in \mathbb{Z}$ sei $\alpha_k = \sum\limits_{i=-\infty}^{k} p_i$. Dann ist $F(t) = \alpha_k$ mit $k = \max\{i \mid \eta_i \leq t\}$. Daraus folgt für $k \in \mathbb{Z}$

$$P(F(Y) \leq \alpha_k) = P(Y \leq \eta_k) = \alpha_k. \tag{91}$$

Damit ist für $\alpha \in [0, 1]$:

$$P(F(Y) \leq \alpha) = P(F(Y) \leq \alpha_k) = \alpha_k \quad \text{mit} \quad k = \max\{i \mid \alpha_i \leq \alpha\} \tag{92}$$

und damit

$$\alpha_k = \max\{F(t) \mid t \in \mathbf{R} : F(t) \leq \alpha\}. \tag{93}$$

Die Beziehungen für $1 - F(Y)$ können analog hergeleitet werden.

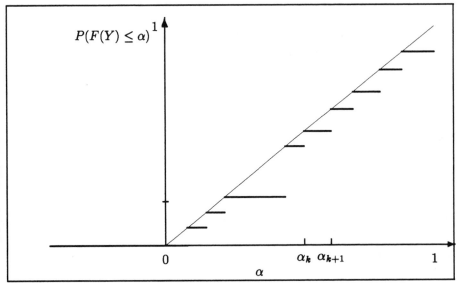

Abbildung 13.1: Verteilungsfunktion von $F(Y)$ bei diskretem Y.

Damit wird die Beurteilung der Datensituation zumindest bei großen p-Werten
widersprüchlich:

- Einerseits bedeutet ein kleines p eine hohe Evidenz gegen die Nullhypothese und damit für die Annahme der Gegenhypothese. Im Umkehrschluß
dazu hat dann ein großes p keine große Beweiskraft gegen die Nullhypothese, woraus sich der Schluß ergeben könnte, daß die Größe von p ein Maß
dafür ist, die Nullhypothese nicht abzulehnen. Sachs (1990), S. 132, formuliert dies wie folgt: „Im allgemeinen ist der p-Wert .... daher in gewissem
Sinne auch ein Maß dafür, inwieweit die Beobachtungen die Nullhypothese
stützen [H_0 ist fast wahr oder eher wahr] oder ihr wiedersprechen [H_0 ist
eher falsch].“

- Andererseits haben wir gesehen, daß zumindest bei Tests der Form

$$H_0 : \gamma = \gamma_0 \qquad \text{gegen} \qquad H_1 : \gamma > \gamma_0 \quad (\text{oder } \gamma < \gamma_0) \qquad (94)$$

mit stetiger Teststatistik T der p-Wert bei Gültigkeit der Nullhypothese auf dem Intervall $[0,1]$ gleichverteilt ist. Damit sind hohe und niedrige Werte bei Gültigkeit der Nullhypothese gleich plausibel. Unter der
Voraussetzung $\gamma = \gamma_0$ hat der p-Wert keinerlei Aussagekraft (statt den
p-Wert aus den Daten zu berechnen, hätte man ebenso gut aus einer Zu-
fallszahlentabelle eine Zahl auswählen können.) Vermutlich daher schreibt

Rutsch (1987, S.401): „**Das heißt nicht**, daß die Daten die Nullhypothese stützten[2] – und schon gar nicht nach Maßgabe der Höhe des Signifikanzniveaus[3] , daß also etwa $SN \geq 90\%$ die Hypothese außerordentlich absichert: das ist die schlimmste Fehlinterpretation des Signifikanzergebnisses."[4]

Wie auch immer man sich zu diesem Gegensatz stellt, auf jeden Fall kann man zu vorgegebenem Niveau α wie oben angegeben aus dem p-Wert die Entscheidung des Tests zum Niveau α ablesen. Dabei sollte dann das Niveau vor Beginn der Untersuchung festgelegt werden.

Übungsaufgaben zu § 13

Übungsaufgabe 13.1:

Eine Maschine produziere Schrauben, deren Länge normalverteilt ist mit der bekannten Standardabweichung von $\sigma = 0.7$ mm. Der Produktion wird eine Stichprobe von $n = 12$ entnommen und ihre Länge gemessen (Angabe in mm) (vgl. Übungsaufgabe 12.3):

$$20.3, 21.4, 21.3, 22.0, 20.9, 22.0, 19.9, 21.8, 21.2, 21.0, 20.7, 20.9$$

(a) Bestimmen Sie für dieses Stichprobenergebnis den p-Wert des einseitigen Tests

$$H_0 : \mu \geq 22 \ \text{mm} \quad \text{gegen} \quad H_1 : \mu < 22 \ \text{mm}$$

(b) Die Firma aus Aufgabe 12.1 hat über 45 Wochen den Absatz eines ihrer Produkte ermittelt. Es ergab sich das Stichprobenmittel von $\bar{X} = 447000$ Stück/Woche. Für den Absatz des Produktes wird eine Normalverteilung mit Erwartungswert μ und Standardabweichung $\sigma = 20000$ angenommen. Bestimmen Sie den p-Wert des zweiseitigen equal-tails-Tests

$$H_0 : \mu_0 = 450000 \quad \text{gegen} \quad H_1 : \mu_0 \neq 450000$$

---

[2] gemeint ist: bei einem verhältnismäßig großen p-Wert (Ergänzung des Autors).
[3] siehe Fußnote S. 201.
[4] Andererseits schreibt er aber weiter oben: „Ein astronomisch kleines SN stellt faktisch eine Widerlegung der auf dem Prüfstand befindlichen Hypothese dar." Also sieht er die Höhe des p-Werts auch zumindest als ein Maß für die Nichtablehnbarkeit an.

Übungsaufgabe 13.2:

Eine Stichprobe des Umfangs $n = 10$ ergab folgende Werte für das Gewicht [in Gramm] von Wollknäueln, welche von einer einzigen Maschine gewickelt wurden.

50.74   50.35   49.65   50.35   49.47   50.25   49.58   50.10   50.67   49.84

Es wird angenommen, daß die Zufallsgröße X: „Gewicht eines zufällig herausgegriffenen Knäuels" einer Normalverteilung mit den Parametern (μ, σ^2) genügt.

(a) Bestimmen Sie den p-Wert für den Test

$$H_0 : \mu_0 = 50 \quad \text{gegen} \quad H_1 : \mu_0 \neq 50.$$

(b) Bei welchen (anderen) Werten von μ_0 für den unbekannten Erwartungswert der Normalverteilung erhält man einen p-Wert von mindestens 5%, wenn die Stichprobenergebnisse verwendet werden.

14 Beziehungen zwischen Tests und Konfidenzintervallen

In Beispiel 7.3 haben wir aus der Feststellung, daß der Sollwert 10 nicht im 95 %-Konfidenzintervall [10.012, 10.036] liegt, gefolgert, daß die Maschine dejustiert ist. Wir haben also wie in einer Testsituation die Nullhypothese „Maschine korrekt eingestellt" auf der Grundlage eines Konfidenzintervalls verworfen.

Die Vorgehensweise können wir auch allgemein formulieren. Sei eine zweiseitige Testsituation ($\Gamma \subset \mathbf{R}$)

$$H_0 : \gamma = \gamma_0 \qquad \text{gegen} \qquad H_1 : \gamma \neq \gamma_0 \tag{1}$$

gegeben. Sei ferner

$$I_\alpha(x) = [\delta_{1,\alpha}(x), \delta_{2,\alpha}(x)] \tag{2}$$

ein $(1 - \alpha)$-Konfidenzintervall für den unbekannten Parameter γ. Entsprechend der Vorgehensweise oben ergibt sich dazu der Test

$$\delta_\alpha(x) = \begin{cases} d_0 & \gamma_0 \in I_\alpha(x) \\ d_1 & \gamma_0 \notin I_\alpha(x) \end{cases} \tag{3}$$

Welches Niveau hat dieser Test?

Mit

$$P_I(\delta_\alpha, \gamma_0) = P_{\gamma_0}(\gamma_0 \notin I_\alpha(X)) = \alpha \tag{4}$$

sehen wir, daß die Fehlerwahrscheinlichkeit 1.Art gerade α ist.

14.1 Satz:

Sei $I_\alpha(x)$ ein $(1 - \alpha)$-Konfidenzintervall für den Parameter $\gamma \in \Gamma \subset \mathbf{R}$, so ist der Test (3) ein Test zum Niveau α für $H_0 : \gamma = \gamma_0$ gegen $H_1 : \gamma \neq \gamma_0$.

14.2 Beispiel: Normalverteilung mit bekannter Varianz

In Beispiel 7.3 haben wir das $(1 - \alpha)$-Konfidenzintervall für den Mittelwert μ einer normalverteilten Zufallsvariablen bei bekannter Varianz ermittelt:

$$I_\alpha(x) = \left[\bar{x} - \frac{\sigma}{\sqrt{n}}u_{1-\frac{\alpha}{2}}, \bar{x} + \frac{\sigma}{\sqrt{n}}u_{1-\frac{\alpha}{2}}\right] \tag{5}$$

Dieses Intervall ist einerseits symmetrisch um $\bar{x}$, andererseits teilt sich die Nicht-überdeckungswahrscheinlichkeit auf die Bereiche links und rechts des Intervalls gleichmäßig auf. Das Annahmekriterium $\mu_0 \in I_\alpha(x)$ des Tests (3) läßt sich jetzt umformulieren in

$$\bar{x} - \frac{\sigma}{\sqrt{n}}u_{1-\frac{\alpha}{2}} \leq \quad \mu_0 \quad \leq \bar{x} + \frac{\sigma}{\sqrt{n}}u_{1-\frac{\alpha}{2}} \tag{6}$$

$$\Leftrightarrow \mu_0 - \frac{\sigma}{\sqrt{n}}u_{1-\frac{\alpha}{2}} \leq \quad \bar{x} \quad \leq \mu_0 + \frac{\sigma}{\sqrt{n}}u_{1-\frac{\alpha}{2}}.$$

Damit erhalten wir den gleichmäßig besten unverfälschten Test zum Niveau α (vgl. § 12).

Die Vorgehensweise läßt sich auch umkehren: Sei $\Gamma \subset \mathbf{R}$ und zu jedem $\gamma_0 \in \Gamma$ kennen wir einen Test zum Niveau α für

$$H_0 : \gamma = \gamma_0 \qquad \text{gegen} \qquad H_1 : \gamma \neq \gamma_0 \tag{7}$$

mit einer Testgröße $T(x)$ (und möglichst schönen Eigenschaften). In aller Regel wird der Annahmebereich ein Intervall sein, abhängig von γ_0 (und dem Niveau α):

$$A_{\gamma_0} = [a(\gamma_0), b(\gamma_0)]. \tag{8}$$

Unter dieser Voraussetzung können wir das Annahmeintervall als Funktion von γ_0 abtragen (siehe Abbildung 14.1) und es gilt für jedes γ_0

$$P_{\gamma_0}(a(\gamma_0) \leq T(X) \leq b(\gamma_0)) = 1 - \alpha, \tag{9}$$

da die Fehlerwahrscheinlichkeit 1. Art gerade das Niveau α ist.

Bei einem vorliegenden Beobachtungswert t der Testgröße ($T(x) = t$ beim Stichprobenergebnis x) und festgelegtem γ_0 können wir an der Grafik unmittelbar ablesen, ob die Nullhypothese abgelehnt wird oder nicht (siehe Abbildung 14.1).

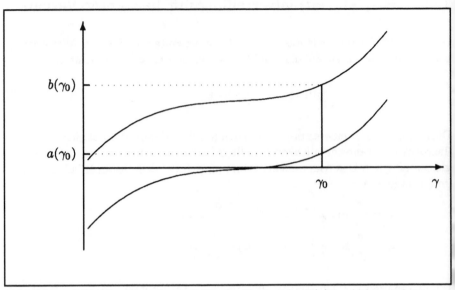

Abbildung 14.1: Annahmebereich für die Testgröße $T(x)$ in Abhängigkeit von γ_0.

In Abbildung 14.2 ist direkt zu erkennen, für welche Ausgangswerte γ_0 die Nullhypothese nicht abgelehnt wird, nämlich solange γ_0 zwischen $\delta_1(x)$ und $\delta_2(x)$ liegt. Das Intervall

$$[\delta_1(x), \delta_2(x)] \tag{10}$$

ist damit ein $(1 - \alpha)$-Konfidenzintervall für γ: Es ist

$$\delta_1(x) \leq \gamma_0 \leq \delta_2(x) \Leftrightarrow a(\gamma_0) \leq T(x) = t \leq b(\gamma_0) \tag{11}$$

und damit

$$P_{\gamma_0}(\delta_1(X) \leq \gamma_0 \leq \delta_2(X)) = P_{\gamma_0}(a(\gamma_0) \leq T(X) \leq b(\gamma_0)) = 1 - \alpha. \tag{12}$$

Dies gilt auch in ganz allgemeiner Form.

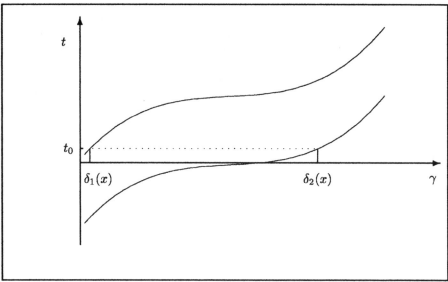

Abbildung 14.2: Bereich für γ_0 mit Nichtablehnung der Nullhypothese zu gegebenem t_0.

14.3   Satz

Sei $\Gamma \subset \mathbf{R}$. Für jedes $\gamma_0 \in \Gamma$ sei δ_{γ_0} ein Test zum Niveau α für $H_0 : \gamma = \gamma_0$ gegen $H_1 : \gamma \neq \gamma_0$. A_{γ_0} sei der Annahmebereich von δ_{γ_0}. Dann ist

$$V(x) = \{\gamma_0 \in \Gamma \mid x \in A_{\gamma_0}\} \tag{13}$$

ein $(1 - \alpha)$-Konfidenzbereich für den Parameter γ_0.

Beweis:

$$
\begin{aligned}
P_{\gamma_0}(\gamma_0 \in V(X)) &= P_{\gamma_0}(X \in A_{\gamma_0}) \\
&= P_{\gamma_0}(\delta_{\gamma_0}(X) = d_0) \\
&= 1 - P_I(\delta_{\gamma_0}, \gamma_0) \\
&= 1 - \alpha.
\end{aligned}
\tag{14}
$$

Über die Form von $V(x)$ sagt der Satz nichts aus, insbesondere auch nicht, ob $V(x)$ wie oben ausgeführt ein Intervall ist. Dies hängt davon ob, wie der Annahmebereich A_{γ_0} aussieht und wie er von γ_0 abhängt. Im allgemeinen wird es sich wie oben um ein Intervall handeln, dessen Grenzen monoton in γ_0 wachsen (bzw. fallen). In diesem Fall ist dann wie gesehen $V(x)$ ein Konfidenzintervall.

Wir sehen also, daß i.a. sich aus jedem zweiseitigen Test zum Niveau α ein $(1 - \alpha)$-Konfidenzintervall und aus jedem $(1 - \alpha)$-Konfidenzintervall ein zweiseitiger Test zum Niveau α ergibt. Damit kann jede Eigenschaft von Tests auch übertragen werden in eine Eigenschaft von Konfidenzintervallen und umgekehrt.

In analoger Weise entsprechen einseitigen Tests der üblichen Bauart Konfidenzhalbgeraden bzw. Konfidenzschranken. Mehr Details dazu sind z.B. bei Rohatgi (1976) oder Lehmann (1986/1994) zu finden.

14.4 Beispiel

In Beispiel 10.10 c) haben wir für den Parameter der Exponentialverteilung den gleichmäßig besten Test zum Niveau α

$$
\delta(x) = \begin{cases} d_0 & \sum_{i=1}^{n} x_i > c_{\lambda_0,\alpha} \\ d_1 & \sum_{i=1}^{n} x_i \leq c_{\lambda_0,\alpha} \end{cases} \tag{15}
$$

für das einseitige Testproblem

$$
H_0 : \lambda \leq \lambda_0 \quad \text{gegen} \quad H_1 : \lambda > \lambda_0 \tag{16}
$$

erhalten, wobei die Testschranke von α und λ_0 abhängt. Da $\sum_{i=1}^{n} X_i$ in diesem Fall Erlang-verteilt ist mit Stufenzahl n, ergibt sich $c_{\lambda_0,\alpha}$ wegen

$$
P_I(\delta, \lambda_0) = P_{\lambda_0}(\sum X_i \leq c_{\lambda_0,\alpha}) = \alpha \tag{17}
$$

als α-Quantil der Erlang-Verteilung mit Stufenzahl n und Parameter λ.

Nach Anhang A.4. ist

$$
c_{\lambda_0,\alpha} = \frac{\chi^2(2n)_\alpha}{2\lambda_0}, \tag{18}
$$

d.h. die Testschranke fällt monoton in λ_0. Setzen wir analog zu Satz 14.3

$$
V(x) = \{\lambda_0 \mid \sum_{i=1}^{n} x_i > c_{\lambda_0,\alpha}\}, \tag{19}
$$

so ergibt sich mit (s. Abb. 14.3)

$$\lambda(x) = \inf\{\lambda \mid \sum_{i=1}^{n} x_i > c_{\lambda_0,\alpha}\} \tag{20}$$

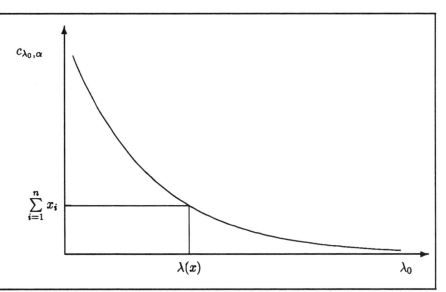

Abbildung 14.3: Testschranke $c_{\lambda_0,\alpha}$ in Abhängigkeit von λ_0.

$$V(x) = (\lambda(x), \infty) \tag{21}$$

und

$$
\begin{aligned}
P_{\lambda_0}(\lambda(X) < \lambda_0) &= P_{\lambda_0}(\sum_{i=1}^{n} X_i > c_{\lambda_0,\alpha}) \\
&= 1 - P_{\lambda_0}(\sum_{i=1}^{n} X_i \le c_{\lambda_0,\alpha}) \\
&= 1 - \alpha.
\end{aligned} \tag{22}
$$

Damit ist $(\lambda(x), \infty)$ ein $(1-\alpha)$-Konfidenzbereich, oder mit in entsprechender Formulierung $\lambda(x)$ eine untere Konfidenzschranke zum Konfidenzniveau $1-\alpha$.

A   Verteilung von Stichprobenfunktionen.

Wie sich in § 10 zeigt, benötigen wir zum Berechnen des Niveaus, also der maximalen Fehlerwahrscheinlichkeit 1. Art, die Verteilung der verwendeten Teststatistik, d.h. der Stichprobenfunktion, die für das Entscheidungskriterium benutzt wird. In den wichtigsten Anwendungsfällen ist dies eine der suffizienten und vollständigen Statistiken. Im folgenden werden wir für diese die Verteilungsfunktion angeben und Hinweise geben, wie man die benötigten Quantile finden kann. Wir betrachten dabei immer eine einfache Stichprobe mit Zurücklegen zu einer vorgegebenen Zufallsvariablen.

1.   Bernoulli-Verteilung

Für den Parameter p der Bernoulli-Verteilung erhalten wir bei einer einfachen Stichprobe mit Zurücklegen die suffiziente und vollständige Statistik $T(x) = \sum_{i=1}^{n} x_i$ und $\sum_{i=1}^{n} X_i$ ist (n, p)-binomialverteilt (s. z.B. Wahrscheinlichkeitstheorie, Übungsaufgabe 1 zu § 11.). Die Verteilungsfunktion von $\sum_{i=1}^{n} X_i$ ist damit

$$F(\alpha) = P_p(\sum_{i=1}^{n} X_i \leq \alpha) = \sum_{k=0}^{[\alpha]} \binom{n}{k} p^k (1 - p)^{n-k} \tag{1}$$

wobei $c = [\alpha]$ die größte ganze Zahl $\leq \alpha$ ist. Dieser Ausdruck wird üblicherweise mit $L_{n,c}(p)$ bezeichnet. Werte der Verteilungsfunktion findet man gelegentlich für nicht zu große Werte von n tabelliert (z.B. in Bamberg/Baur (1993) für Werte von p von 0.05 bis 0.5, Schrittweite 0.05, $n = 1$ bis 30 (bei $p = 0.05$ bis $n = 45$)), in den meisten Tabellenwerken unter der Bezeichnung „cumulative binomial distribution" (s. z.B. Owen (1962)). In manchen Büchern sind auch die Werte $\binom{n}{k} p^k (1 - p)^{n-k}$ tabelliert, so daß die Arbeit der Summation noch durchzuführen ist. Für die Arbeit mit Tabellen beachte man, daß

$$\begin{aligned}
L_{n,c}(1 - p) &= \sum_{k=0}^{c} \binom{n}{k} (1 - p)^k p^{n-k} \\
&= \sum_{k=0}^{c} \binom{n}{n - k} p^{n-k} (1 - p)^k \\
&= \sum_{i=n-c}^{n} \binom{n}{i} p^i (1 - p)^{n-i}
\end{aligned} \tag{2}$$

$$= 1 - L_{n,n-c-1}(p)$$

ist. Man erhält also beispielsweise den Wert $L_{10,3}(0.7)$ durch $1 - L_{10,6}(0.3)$.

Für größere Werte von n kann man die Beziehung zwischen Binomialverteilung und F-Verteilung benutzen. Es gilt:

$$F(c) = L_{n,c}(p) = 1 - F_{2(c+1),2(n-c)}\left(\frac{n-c}{c+1} \cdot \frac{p}{1-p}\right)$$

$$= 1 - F_{2(n-c),2(c+1)}\left(\frac{c+1}{n-c} \cdot \frac{1-p}{p}\right)$$

(3)

Diese Beziehung eignet sich allerdings weniger zur Bestimmung von α-Quantilen, als zur Bestimmung eines p_α mit $L_{n,c}(p_\alpha) = \alpha$ zu vorgegebenem α (s. Beispiel 7.5), wobei n und c fest vorgegeben sind. Daneben können noch die Näherungen mit der Poisson-Verteilung und der Normalverteilung herangezogen werden.

2. Binomialverteilung $(B(m,p))$

Für den Parameter p einer $B(m,p)$-Verteilung ist ebenfalls $\sum_{i=1}^{n} x_i$ suffizient und vollständig. Da jedes $x_i, i = 1, \ldots, n$ darstellbar ist als Summe von m unabhängigen Bernoulli-verteilten Zufallsvariablen, ist $\sum_{i=1}^{n} X_i$ als Summe von $n \cdot m$ unabhängigen Bernoulli-verteilten Zufallsvariablen darzustellen und damit $B(n \cdot m, p)$-verteilt.

3. Poisson-Verteilung

$\sum_{i=1}^{n} x_i$ ist eine vollständige und suffiziente Statistik für den Parameter λ einer Poisson-Verteilung. $\sum_{i=1}^{n} X_i$ ist Poisson-verteilt mit Parameter $n\lambda$ (s. Übungsaufgabe 1 zu § 13 in Wahrscheinlichkeitstheorie). Die Verteilungsfunktion der Poisson-Verteilung ist z.B. tabelliert in Bamberg/Baur (1993) für Parameterwerte von 0.1 bis 10.0. Nützlich ist hier die Beziehung zwischen der Poisson-Verteilung und der χ^2-Verteilung (zur Definition der χ^2-Verteilung s. A.4.). Für ganzzahliges c gilt:

$$F(c) = \sum_{k=0}^{c} \frac{\lambda^k}{k!} e^{-\lambda} = 1 - F_{\chi^2(2(c+1))}(2\lambda),\tag{4}$$

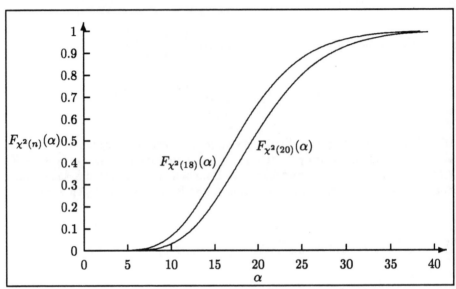

Abbildung A.1: Verteilungsfunktionen der $\chi^2(18)$- und $\chi^2(20)$-Verteilung.

wobei mit $F_{\chi^2(n)}$ die Verteilungsfunktion der χ^2-Verteilung mit n Freiheitsgraden bezeichnet sei. Für das α-Quantil c_α gilt:

$$c_\alpha = \min\{c \mid F(c) \geq \alpha\} = \min\{c \mid F_{\chi^2(2(c+1))}(2\lambda) \leq 1 - \alpha\}\tag{5}$$

Für die Verteilungsfunktionen der χ^2-Verteilung gilt:

$$F_{\chi^2(n)}(t) \geq F_{\chi^2(n+1)}(t)\tag{6}$$

Gesucht ist also der geradzahlige Freiheitsgrad n mit

$$F_{\chi^2(n)}(2\lambda) \geq 1 - \alpha\tag{7}$$

und

$$F_{\chi^2(n+2)}(2\lambda) < 1 - \alpha.\tag{8}$$

Für die $(1-\alpha)$-Quantile der $\chi^2(n)$- bzw. $\chi^2(n+2)$-Verteilung bedeutet dies

$$\chi^2(n)_{1-\alpha} \le 2\lambda < \chi^2(n+2)_{1-\alpha}. \tag{9}$$

In einer Tabelle der $(1-\alpha)$-Quantile der χ^2-Verteilung ist dieser Wert aufzufinden. Quantile der χ^2-Verteilung sind häufig tabelliert, s. z.B. Bamberg/Baur (1993), Hartung (1993), Owen (1962).

A.1 Beispiel

$n = 10, \lambda = 0.5$. Gesucht ist das 95%-Quantil von $\sum_{i=1}^{10} X_i$. Der Parameter von $\sum_{i=1}^{10} X_i$ ist $10 \cdot 0.5 = 5$. Damit ist das relevante $\lambda' = 5, 2\lambda' = 10$. Unter den 5%-Quantilen stellen wir fest, für welches n der Wert 10 überschritten wird. Dies ist für $n = 19$ der Fall. Wegen der Forderung nach Geradzahligkeit sind 18 und 20 die relevanten Freiheitsgrade (s. Abb. A.1). Für $2(c+1) = 20$ oder $c = 9$ überschreitet also $F(c)$ erstmals den Wert 0.95. Dies ergibt sich in diesem Fall aber auch direkt aus der Tabelle der Verteilungsfunktion. (s. z.B. Owen (1962), S.261)

4. Exponentialverteilung

$\sum_{i=1}^{n} x_i$ ist vollständig und suffizient für den Parameter λ der Exponentialverteilung. Die Dichtefunktion von $Z_n = \sum_{i=1}^{n} X_i$ ist durch sukzessive Faltung (s. Wahrscheinlichkeitstheorie, S. 182ff) zu ermitteln (f sei die Dichte der Exponentialverteilung).

$n = 2$:

$$
\begin{aligned}
f_{Z_2}(y) &= \int_{-\infty}^{+\infty} f(x)f(y-x)dx \\[2mm]
&= \int_{0}^{y} \lambda e^{-\lambda x} \lambda e^{-\lambda(y-x)} dx \\[2mm]
&= \int_{0}^{y} \lambda^2 e^{-\lambda y} dx \tag{10} \\[2mm]
&= \lambda^2 y e^{-\lambda y} \quad \text{für} \quad y > 0
\end{aligned}
$$

Angenommen es sei (Induktionsannahme)

$$f_{Z_n}(y) = \left\{ \begin{array}{ll} 0 & y \leq 0 \\ \frac{\lambda^n}{(n-1)!} y^{n-1} e^{-\lambda y} & y > 0 \end{array} \right. \tag{11}$$

dann ist für $y > 0$

$$\begin{aligned} f_{Z_{n+1}}(y) &= \int_{-\infty}^{+\infty} f_{Z_n}(x) f(y-x) dx \\ &= \int_0^y \frac{\lambda^n}{(n-1)!} x^{n-1} e^{-\lambda x} \lambda e^{-\lambda(y-x)} dx \tag{12} \\ &= \lambda^{n+1} e^{-\lambda y} \int_0^y \frac{x^{n-1}}{(n-1)!} dx = \lambda^n e^{-\lambda y} \frac{y^n}{n!} \end{aligned}$$

Die Verteilung mit Dichtefunktion (11) wird als Erlang-Verteilung mit Stufenzahl n bezeichnet. Die Verteilungsfunktion $F_{er(n),\lambda}$ der Erlang-Verteilung ist gegeben durch

$$F_{er(n),\lambda}(y) = \left\{ \begin{array}{ll} 0 & y \leq 0 \\ 1 - e^{-\lambda y} \sum_{k=0}^{n-1} \frac{(\lambda y)^k}{k!} & y > 0. \end{array} \right. \tag{13}$$

Erwartungswert ist $n\frac{1}{\lambda}$, Varianz $n\frac{1}{\lambda^2}$. Da $F_{er(n),\lambda}(y) = F_{er(n),1}(\lambda y)$ ist, genügt es die Verteilungsfunktion für den Parameter $\lambda = 1$ zu tabellieren. Aus dem allgemeineren Kontext der Gammaverteilung (siehe Anhang B.2.) ergibt sich, daß das α-Quantil der Erlang-Verteilung mit Stufenzahl n und Parameter $\lambda = 1$ gerade die Hälfte des α-Quantils der $\chi^2(2n)$-Verteilung ist. Zu $\lambda = 5$ erhalten wir damit das 95%-Quantil der Erlang-Verteilung mit Stufenzahl 20 wie folgt:

$$\chi^2(40)_{0.95} = 55.7585 \tag{14}$$

Also ist 27.8792 das 95%-Quantil zum Parameter $\lambda = 1$ und

$$\frac{27.8792}{5} = 5.5758 \tag{15}$$

ist das gesuchte 95%-Quantil.

5. Normalverteilung

Bei der Normalverteilung sind drei Fälle zu unterscheiden:

- μ unbekannt, σ^2 bekannt,

- μ bekannt, σ^2 unbekannt,

- μ und σ^2 unbekannt.

(a) μ unbekannt, σ^2 bekannt:

In diesem Fall ist $\sum_{i=1}^{n} x_i$ eine suffiziente und vollständige Statistik. $\sum_{i=1}^{n} X_i$ ist $N(n\mu, n\sigma^2)$-verteilt und damit

$$\frac{\sum_{i=1}^{n} X_i - n\mu}{\sqrt{n}\sigma} \tag{16}$$

standardnormalverteilt.

Sei u_α das α-Quantil der Standardnormalverteilung, so ist

$$n\mu + \sqrt{n}\sigma u_\alpha \tag{17}$$

das α-Quantil von $\sum_{i=1}^{n} X_i$. Die Normalverteilung ist in jedem Tabellenwerk tabelliert (s. z.B. Owen (1962), aber auch Bamberg/Baur (1993), Hartung (1993)).

(b) μ bekannt, σ^2 unbekannt:

Vollständige und suffiziente Statistik ist $\sum_{i=1}^{n}(x_i - \mu)^2$. Ist Y $N(\mu, \sigma^2)$-verteilt, so ist $\frac{Y-\mu}{\sigma}$ $N(0,1)$-verteilt. Für $n = 1$ erhalten wir also die Verteilung von $(X_1 - \mu)^2$ über $Z^2 = \frac{(X_1 - \mu)^2}{\sigma^2}$ als Verteilung des Quadrats einer Standardnormalverteilung. Nach Beispiel 7.4 der Wahrscheinlichkeitstheorie gilt für die Dichte von Z^2 für $\alpha > 0$

$$
\begin{aligned}
f_{Z^2}(\alpha) &= \frac{1}{2\sqrt{\alpha}}(f(\sqrt{\alpha}) + f(-\sqrt{\alpha})) \\
&= \frac{1}{2\sqrt{\alpha}}(\frac{1}{\sqrt{2\pi}}e^{-\frac{\alpha}{2}} + \frac{1}{\sqrt{2\pi}}e^{-\frac{\alpha}{2}}) \\
&= \frac{1}{\sqrt{2\pi\alpha}}e^{-\frac{\alpha}{2}}
\end{aligned}
\tag{18}
$$

und $f_{Z^2}(\alpha) = 0$ für $\alpha < 0$. Für $n > 1$ erhalten wir die Dichte von

$$S_n = \sum_{i=1}^{n} \frac{(X_i - \mu)^2}{\sigma^2} \tag{19}$$

durch Faltung. Die Dichte von S_n ist damit:

$$f(x) = \begin{cases} \frac{1}{\Gamma(\frac{n}{2})2^{\frac{n}{2}}} e^{-\frac{x}{2}} x^{\frac{n}{2}-1} & x > 0 \\[2mm] 0 & x \leq 0 \end{cases} \tag{20}$$

Diese Verteilung wird als χ^2-Verteilung mit n Freiheitsgraden bezeichnet.

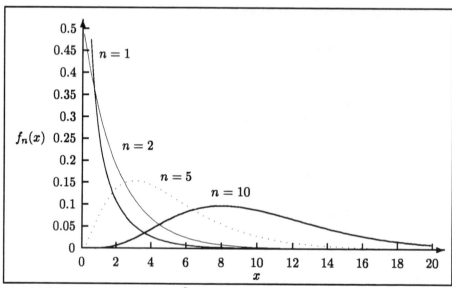

Abbildung A.2: Dichte der χ^2-Verteilung für verschiedene Freiheitsgrade $(n = 1, 2, 5, 10)$.

Erwartungswert dieser Verteilung ist n, ihre Varianz ist $2n$.

Man erhält also das α-Quantil von $\sum_{i=1}^{n}(X_i - \mu)^2$ in Abhängigkeit von σ^2 durch das α-Quantil $\chi^2(n)_\alpha$ der χ^2-Verteilung:

$$\alpha = P(\sum_{i=1}^{n} \frac{(X_i - \mu)^2}{\sigma^2} \leq \chi^2(n)_\alpha) \tag{21}$$

$$= P(\sum_{i=1}^{n}(X_i - \mu) \le \sigma^2 \chi^2(n)_\alpha).$$

(c) μ und σ^2 unbekannt:

In diesem Fall ist $(\sum_{i=1}^{n} x_i, \sum_{i=1}^{n} x_i^2)$ eine suffiziente und vollständige Statistik und die Testgröße hängt davon ab, ob ein Test für den Erwartungswert, die Varianz oder eine Kombination von beidem durchgeführt wird.

Bei einem Test auf den Erwartungswert, also z.B. $\mu \le \mu_0$ gegen $\mu > \mu_0$ oder $\mu = \mu_0$ gegen $\mu \ne \mu_0$, wird als Testgröße

$$T(x) = \frac{\bar{x} - \mu_0}{\frac{S^*(x)}{\sqrt{n}}} \tag{22}$$

verwendet, wobei $S^*(x)$ die korrigierte Stichprobenstandardabweichung sei. Benötigt wird die Verteilung von $T(X)$ unter der Voraussetzung, daß μ_0 der Mittelwert der normalverteilten Zufallsvariablen $X_i, i = 1, \ldots, n$ ist. Sei σ^2 die (unbekannte) Varianz, so ist

$$(n-1)\frac{S^{*2}(X)}{\sigma^2} \tag{23}$$

$\chi^2(n-1)$-verteilt (Beweis s. Rohatgi (1976), S. 322) und

$$\frac{\bar{X} - \mu_0}{\frac{\sigma}{\sqrt{n}}} \quad N(0,1)\text{-verteilt.} \tag{24}$$

Da X und $S^{*2}(X)$ unabhängig sind, ergibt sich, daß

$$T(X) = \frac{\sqrt{n}\frac{\bar{X}-\mu}{\sigma}}{\sqrt{(n-1)\frac{S^{*2}(X)}{\sigma^2}}} = \frac{\sqrt{n}(\bar{X} - \mu)}{S^*(X)} \tag{25}$$

t-verteilt ist mit $n-1$ Freiheitsgraden, aus folgendem Satz.

A.2 Satz:

Sei X $N(0,1)$-verteilt und Y $\chi^2(n)$-verteilt und seien X und Y unabhängig, dann ist

$$\frac{X}{\sqrt{\frac{Y}{n}}} \quad t\text{-verteilt mit } n \text{ Freiheitsgraden.} \tag{26}$$

Dichtefunktion der t-Verteilung mit n Freiheitsgraden (kurz $t(n)$-Verteilung) ist:

$$f_{t(n)}(x) = \frac{\Gamma(\frac{n+1}{2})}{\Gamma(\frac{n}{2})\sqrt{n\pi}}(1 + \frac{t^2}{n})^{-\frac{n+1}{2}} \tag{27}$$

Erwartungswert der $t(n)$-Verteilung ist 0, ihre Varianz ist für $n > 2$ $\frac{n}{n-2}$.

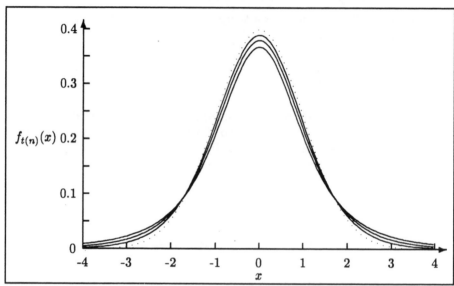

Abbildung A.3: Dichte der t-Verteilung für $n = 3, 5, 10$ und der Standardnormalverteilung.

An der Abbildung A.3 erkennen wir, daß für kleine n die t-Verteilung gegenüber der Standardnormalverteilung mehr Wahrscheinlichkeit für die äußeren Bereiche („tails") hat. Für $n \geq 30$ unterscheiden sich die beiden Verteilungen nur unmerklich. Für $n \to \infty$ gilt:

$$\lim_{n \to \infty} f_{t(n)}(x) = \frac{1}{\sqrt{2\pi}}e^{-\frac{x^2}{2}}. \tag{28}$$

Das α-Quantil der t-Verteilung mit n Freiheitsgraden bezeichnen wir mit $t(n)_\alpha$. Tabellen dieser Quantile findet man in den meisten Statistik-Büchern (s. z.B. Bamberg/Baur (1993), Hartung (1993)) und nahezu allen Tabellenwerken (s. z.B. Owen (1962)). Bei einem Test auf die Varianz bei unbekanntem Mittelwert μ ist $S^{*2}(x) = \frac{1}{n-1}\sum_{i=1}^{n}(x_i - \bar{x})^2$ Testgröße und

$\frac{1}{\sigma^2} S^{*2}(X)$ ist, wie bereits angegeben, $\chi^2(n-1)$-verteilt, so daß die weiteren Überlegungen analog zur Situation bei bekanntem Mittelwert angestellt werden können.

B   Weitere Verteilungen:

1. F-Verteilung

Beim Vergleich der Varianz von zwei normalverteilten Zufallsvariablen mit Hilfe von je einer Stichprobe vom Umfang n bzw. m dient bei unbekannten Mittelwerten als Testgröße der Quotient aus den korrigierten Stichprobenvarianzen: Seien $x_1, \ldots, x_n$ bzw. $y_1, \ldots, y_m$ die Stichprobenergebnisse, so ist also

$$\frac{S^{*2}(x)}{S^{*2}(y)} = \frac{\frac{1}{n-1} \sum_{i=1}^{n} (x_i - \bar{x})^2}{\frac{1}{m-1} \sum_{i=1}^{n} (y_i - \bar{y})^2} \tag{1}$$

diese Testgröße. Bei bekannten Mittelwerten μ_x bzw. μ_y werden die Schätzwerte $\bar{x}$ bzw. $\bar{y}$ durch diese Werte ersetzt und durch n bzw. m dividiert:

$$\frac{\frac{1}{n} \sum_{i=1}^{n} (x_i - \mu_x)^2}{\frac{1}{m} \sum_{i=1}^{m} (y_i - \mu_y)^2}. \tag{2}$$

Da bei übereinstimmender Varianz

$$\frac{S^{*2}(X)}{S^{*2}(Y)} = \frac{\frac{S^{*2}(X)}{\sigma^2}}{\frac{S^{*2}(Y)}{\sigma^2}}, \tag{3}$$

ist, erhält man den Quotienten von 2 Zufallsvariablen, die ohne den Faktor $\frac{1}{n-1}$ bzw. $\frac{1}{m-1}$ ($\frac{1}{n}$ bzw. $\frac{1}{m}$) $\chi^2(n-1)$ bzw. $\chi^2(m-1)$-verteilt ($\chi^2(n)$ bzw. $\chi^2(m)$-verteilt) sind. Es gilt:

B.1 Satz

Seien R und S unabhängig, R $\chi^2(n)$-verteilt und S $\chi^2(m)$-verteilt, so ist

$$\frac{\frac{R}{n}}{\frac{S}{m}} \tag{4}$$

F-verteilt mit (n, m) Freiheitsgraden. n heißt Freiheitsgrad des Zählers, m Freiheitsgrad des Nenners. Dichtefunktion der F-Verteilung ist [1]

$$f_{n,m}(x) = \begin{cases} \frac{\Gamma(\frac{n+m}{2})}{\Gamma(\frac{n}{2})\Gamma(\frac{m}{2})}(\frac{n}{m})(\frac{n}{m}x)^{\frac{n}{2}-1}(1+\frac{n}{m}x)^{-\frac{m+m}{2}} & x > 0 \\ \\ 0 & x \leq 0 \end{cases} \tag{5}$$

Eine detaillierte Tabelle der α-Quantile der F-Verteilung ist in Owen (1962) wiedergegeben.

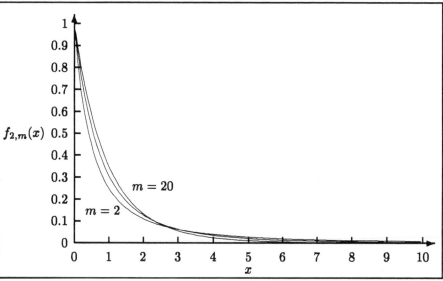

Abbildung B.1: Dichte der F-Verteilung für verschiedene Freiheitsgrade des Nenners $(2, 5, 20)$ bei Freiheitsgrad des Zählers von 2.

---

[1]Mit Γ sei hier die Gammafunktion bezeichnet: $\Gamma(z) = \int\limits_0^\infty t^{z-1}e^{-t}dt$. Für natürliche Zahlen z gilt $\Gamma(z+1) = z!$.

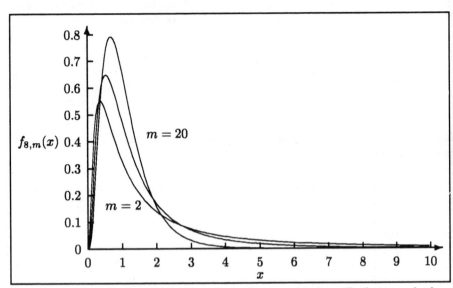

Abbildung B.2: Dichte der F-Verteilung für verschiedene Freiheitsgrade des Nenners $(2, 5, 20)$ bei Freiheitsgrad des Zählers von 8.

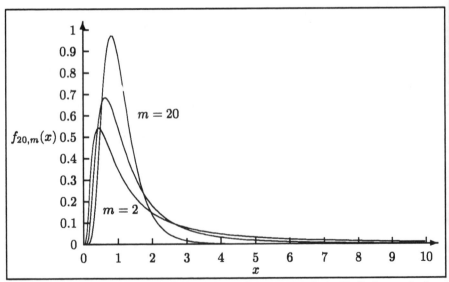

Abbildung B.3: Dichte der F-Verteilung für verschiedene Freiheitsgrade des Nenners $(2, 5, 20)$ bei Freiheitsgrad des Zählers von 20.

2.   Gammaverteilung

Exponentialverteilung, Erlang-Verteilung und χ^2-Verteilung sind Spezialfälle einer allgemeineren Klasse von Verteilungen, nämlich der Gammaverteilung.

Dichtefunktion der Gammaverteilung ($\Gamma(\alpha, \beta)$-Verteilung) mit den Parametern $\alpha > 0$ und $\beta > 0$ ist

$$f_{\Gamma(\alpha,\beta)}(x) = \begin{cases} 0 & x \leq 0 \\ \frac{1}{\Gamma(\alpha)\beta^\alpha} x^{\alpha-1} e^{-\frac{x}{\beta}} & x > 0 \end{cases} \tag{6}$$

Man sieht, daß

für $\alpha = 1$: die Exponentialverteilung mit Parameter $\frac{1}{\beta}$,

für $\alpha = n$: die Erlang-Verteilung mit Parameter $\frac{1}{\beta}$ und Stufenzahl n,

für $\alpha = \frac{n}{2}, \beta = 2$: die $\chi^2(n)$-Verteilung vorliegt.

Erwartungswert der $\Gamma(\alpha, \beta)$-Verteilung ist $\alpha\beta$, die Varianz beträgt $\alpha\beta^2$.

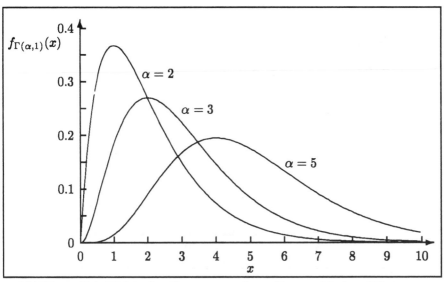

Abbildung B.4: Dichte der Gammaverteilung für verschiedene Werte von $\alpha(2, 3, 5)$ und festes $\beta(= 1)$

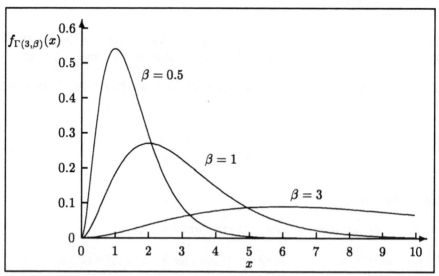

Abbildung B.5: Dichte der Gammaverteilung für festes $\alpha(= 3)$ für verschiedene Werte von $\beta(= 0.5, 1, 3)$

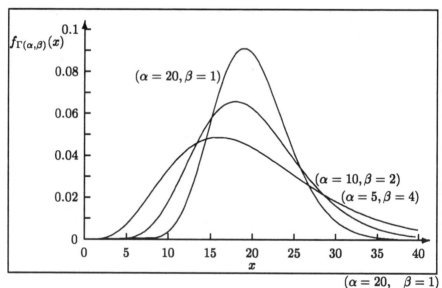

Abbildung B.6: Dichte der Gammaverteilung für festes $\alpha \cdot \beta$ $\begin{array}{ll}(\alpha = 20, & \beta = 1)\\(\alpha = 10, & \beta = 2)\\(\alpha = 5, & \beta = 4)\end{array}$

Die Gammaverteilung hat eine Reihe interessanter Eigenschaften (siehe Rohatgi (1976), S. 206ff), von denen einige für uns von Bedeutung sind.

B.2 Satz

Sind $X_1, \ldots, X_n$ unabhängig, X_j $\Gamma(\alpha_j, \beta)$-verteilt für $j = 1, \ldots, n$, so ist $S_n = \sum_{i=1}^{n} X_i$ $\Gamma(\sum_{j=1}^{n} \alpha_j, \beta)$-verteilt.

Zum Beweis genügt es, sich auf den Fall $n = 2$ zu beschränken. Für $n = 2$ folgt die Behauptung aus der Beziehung

$$B(z, w) := \frac{\Gamma(z)\Gamma(w)}{\Gamma(z + w)} = \int_0^1 t^{z-1}(1 - t)^{w-1} dt. \tag{7}$$

Die Funktion $B(z, w)$ heißt *Betafunktion.*

B.3 Folgerungen:

1. Die Summe von unabhängigen Erlang-verteilten Zufallsvariablen mit übereinstimmendem Parameter $\frac{1}{\beta}$ ist Erlang-verteilt. Die Stufenzahl der Summe ist die Summe der Stufenzahlen. Speziell folgt daraus auch, daß die Summe von n unabhängigen identischverteilten exponentialverteilten Zufallsvariablen Erlang-verteilt ist mit Stufenzahl n.

2. Die Summe von n unabhängigen $\chi^2(n_j)$-verteilten Zufallsvariablen ist $\chi^2(\sum_{j=1}^{n} n_j)$-verteilt.

B.4 Satz

Für die Verteilungsfunktion $F_{\Gamma(\alpha,\beta)}$ der Gammaverteilung gilt:

$$F_{\Gamma(\alpha,\beta)}(x) = F_{\Gamma(\alpha,1)}\left(\frac{x}{\beta}\right). \tag{8}$$

Beweis:

$$F_{\Gamma(\alpha,\beta)} = \int_0^x \frac{1}{\Gamma(\alpha)\beta^\alpha} y^{\alpha-1} e^{-\frac{y}{\beta}} dy \tag{9}$$

wird mit der Substitution $z = \frac{y}{\beta}$ zu

$$\int\limits_0^{\frac{x}{\beta}} \frac{1}{\Gamma(\alpha)\beta} z^{\alpha-1} e^{-z} \beta \, dz = \int\limits_0^{\frac{x}{\beta}} \frac{1}{\Gamma(\alpha)} z^{\alpha-1} e^{-z} dz = F_{\Gamma(\alpha,1)}(\frac{x}{\beta}). \qquad (10)$$

B.5 Folgerung:

Es genügt die Werte der Verteilungsfunktion für einen Parameterwert β zu kennen, z.B. $\beta = 2$. Die Quantile der Gammaverteilung für $\alpha = \frac{n}{2}, n = 1, 2, \ldots,$ lassen sich damit aus den Quantilen der $\chi^2(n)$-Verteilung ermitteln, die sehr gut tabelliert sind (vgl. Anhang A.4.).

C Lösungen der Übungsaufgaben

§ 1

1.1 **Beste Mannschaft**: Mannschaft, die nach Europapokalregelung gegen jede andere Mannschaft nicht verloren hat (bzw. nicht ausgeschieden ist).

Maximale Mannschaft: Es gibt keine Mannschaft, gegen die diese (maximale) Mannschaft in der regulären Spielzeit verloren hat (bzw. ausgeschieden ist).

Beste und Maximale Mannschaft stimmen in diesem Fall überein.

Beste (bzw. maximale) Mannschaft ist nicht unbedingt eindeutig, denn es kann mehrere maximale und damit beste Mannschaften geben.

Beispiel: 4 Mannschaften A,B,C,D

Diese bestreiten insgesamt 12 Spiele mit folgendem Ausgang:

$$\left.\begin{matrix} A-B \\ B-A \end{matrix}\right\} A \succ B \qquad \left.\begin{matrix} C-D \\ D-C \end{matrix}\right\} D \succ C$$

$$\left.\begin{matrix} A-C \\ C-A \end{matrix}\right\} A \succ C \qquad \left.\begin{matrix} B-D \\ D-B \end{matrix}\right\} D \succ B$$

$$\left.\begin{matrix} A-D \\ D-A \end{matrix}\right\} A \approx D \qquad \left.\begin{matrix} B-C \\ C-B \end{matrix}\right\} B \succ C$$

⤳ Maximale und beste Mannschaft A und D.

Es kann aber auch gar keine maximale (beste) Mannschaft geben!

Beispiel: 3 Mannschaften A,B,C.

Diese bestreiten 6 Spiele mit folgendem Ausgang

$$\left.\begin{matrix} A-B \\ B-A \end{matrix}\right\} A \succ B \qquad \left.\begin{matrix} B-C \\ C-B \end{matrix}\right\} B \succ C \qquad \left.\begin{matrix} A-C \\ C-A \end{matrix}\right\} C \succ A$$

Aus diesem Beispiel wird ersichtlich, daß die Europapokalregelung nicht transitiv ist.

1.2 $m^* \in M$

m^* ist bestes Element auf M bzgl. $\preceq$, d.h. $m^* \succeq x \quad \forall x \in M \Rightarrow \not\exists\, x \in M$ mit $x \succ m^*$, d.h. m^* ist maximal bzgl. $\preceq$.

1.3 Sei M eine Menge. $R \subset M \times M$ sei eine Präferenzrelation auf M. $m^* \in M$ heißt minimal, wenn folgende Eigenschaft bzgl. R (bzw. $\preceq$) erfüllt ist:

Es gibt kein $x \in M$ mit $x \prec m^*$.

$m^* \in M$ heißt schlechtestes (bzw. kleinstes) Element in M, wenn folgende Eigenschaft bzgl. R (bzw. $\preceq$) erfüllt ist: $m^* \preceq x$ für alle $x \in M$.

1.4 Weder die Relation in Beispiel 1.4 noch die Europapokalregelung sind Präferenzrelationen, da beide nicht transitiv sind. Es sind aber jeweils zwei Mannschaften stets vergleichbar. Damit sind beide Relationen vollständig, aber keine Präferenzordnung.

1.5 Sei M eine Menge und $\preceq$ sei Präferenzordnung auf M, d.h. für alle $x, y \in M$ gelte $x \preceq y$ oder $y \preceq x$. m^* ist maximales Element auf M bzgl. $\preceq$, d.h. $\not\exists\, x \in M$ mit $x \succ m^* \Rightarrow m^* \succeq x \; \forall x \in M$, d.h. m^* ist auch größtes Element auf M.

1.6 Es liegt keine a-priori-Verteilung vor, alle Zustände werden als gleichwahrscheinlich angesehen, d.h. $\pi = (\frac{1}{3}, \frac{1}{3}, \frac{1}{3})$.

$$E_\pi S(a_1, .) = \frac{1}{3}(3 + 2 + 5) = \frac{10}{3}$$

$$E_\pi S(a_2, .) = \frac{1}{3}(3 + 3 + \frac{5}{2}) = \frac{17}{6}$$

$$E_\pi S(a_3, .) = \frac{1}{3}(4 + 3 + 2) = 3$$

$$E_\pi S(a_4, .) = \frac{1}{3}(2 + 1 + 5) = \frac{8}{3}$$

Bei der Laplace-Regel erhält man

$$a_4 \succ a_2 \succ a_3 \succ a_1$$

1.7 Mit z_i bezeichnen wir den Zustand, daß die Konkurrenz die Entscheidung $d_i (i = 1, 2, 3)$ trifft.

Schadensmatrix $S(i, j)$:

	d_1	d_2	d_3			d_1	d_2	d_3
z_1	$-2 + 4$	$-3 + 3$	8		z_1	2	0	8
z_2	$-7 + 4$	$-2 + 3$	5	$=$	z_2	-3	1	5
z_3	$-15 + 4$	$-10 + 3$	0		z_3	-11	-7	0

(a) Minimax

$$\max_{z \in Z} S(z, d_1) = 2 \quad \max_{z \in Z} S(z, d_2) = 1 \quad \max_{z \in Z} S(z, d_3) = 8$$

$$\min_{d \in A} \max_{z \in Z} S(z, d) = 1 \rightsquigarrow \quad \text{wähle} \quad d_2$$

(b) Minimin

$$\min_{z\in Z} S(z,d_1) = -11 \quad \min_{z\in Z} S(z,d_2) = -7 \quad \min_{z\in Z} S(z,d_3) = 0$$

$$\min_{d\in A}\min_{z\in Z} S(z,d) = -11 \rightsquigarrow \quad \text{wähle} \quad d_1$$

1.8 (a) Minimax: $p = 20$; Minimin: $p = 100$;

   (b) $p = 100$.

§ 2

2.1 (a) Sei x (x=0 oder x=1) das Stichprobenergebnis. Wir erhalten vier
       Entscheidungsfunktionen δ_1, δ_2, δ_3, δ_4:

	δ_1	δ_2	δ_3	δ_4
$x = 0$	d_1	d_1	d_2	d_2
$x = 1$	d_1	d_2	d_1	d_2

   (b) $R(\gamma_j,\delta_k) = E(S(\gamma_j,\delta_k(X))) = \sum_{x\in\{0,1\}} S(\gamma_j,\delta_k(x)) \cdot P_{\gamma_j}(x)$

   $$P_{\gamma_1}(0) = 0.5 \Rightarrow P_{\gamma_1}(1) = 0.5, \quad P_{\gamma_2}(1) = 0.75 \Rightarrow P_{\gamma_2}(0) = 0.25$$

R	δ_1	δ_2	δ_3	δ_4
γ_1	0	1	1	2
γ_2	3	1.5	2.5	1

   z.B. $R(\gamma_2,\delta_3) = 1\cdot\frac{1}{4} + 3\cdot\frac{3}{4} = 2.5$

   (c) **Minimax**: $\min_{\delta_k}\max_{\gamma_j} R(\gamma_j,\delta_k) = \min(3,\frac{3}{2},\frac{5}{2},2) = \frac{3}{2} \Rightarrow \delta_2$

   Minimin: $\min_{\delta_k}\min_{\gamma_j} R(\gamma_j,\delta_k) = 0 \rightsquigarrow \delta_1$

   Hurwicz: $\min(\frac{3}{2},\frac{5}{4},\frac{7}{4},\frac{3}{2}) = \frac{5}{4} \rightsquigarrow \delta_2$

   (d) δ_3 kann ausgeschlossen werden, da δ_3 von δ_2 dominiert wird.

2.2 **Zustandsraum:**

$Z = \{\gamma_1,\gamma_2\}$

γ_1: hohe Aufnahmebereitschaft

γ_2: niedrige Aufnahmebereitschaft

Informationenraum:

$\mathcal{I} = \{0,1\}$

Verteilungen:

$P_{\gamma_1}(0) = 0.25, P_{\gamma_1}(1) = 0.75, P_{\gamma_2}(0) = 0.7, P_{\gamma_2}(1) = 0.3.$

Aktionenraum:

$A = \{d_1,d_2,d_3\}$

d_1: kleine Flugzeuge

d_2: große Flugzeuge

d_3: keine Flugzeuge

Zugelassene Entscheidungsfunktionen:

	δ_1	δ_2	δ_3
$i = 0$	d_3	d_3	d_1
$i = 1$	d_1	d_2	d_2

Schadensfunktion S: vgl. Aufgabenstellung
Risikofunktion:

$$R(\gamma_j, \delta_k) = \sum_{i=0}^{1} S(\gamma_j, \delta_k(i)) \cdot P_{\gamma_j}(i)$$

$R(\gamma_j, \delta_k)$	δ_1	δ_2	δ_3
γ_1	2	1.25	0.25
γ_2	0.6	0.9	2.3

Gesucht: Optimale Entscheidungsfunktion δ^*, wobei die Wahrscheinlichkeitsverteilung über Γ gegeben ist (a-priori-Verteilung) $\rightsquigarrow$ Bayes-Kriterium:

$$r(\delta^*) = \min_{\delta_k \in \Gamma} r(\delta_k) \text{ mit } r(\delta_k) = \sum_j R(\gamma_j, \delta_k) \cdot P(\gamma_j)$$

$r(\delta_k)$	δ_1	δ_2	δ_3	
$P(\gamma_1) = 0.1, P(\gamma_2) = 0.9$	0.74	0.935	2.095	$\rightsquigarrow \min = 0.74 \rightsquigarrow \delta_1$
$P(\gamma_1) = \frac{7}{12}, P(\gamma_2) = \frac{5}{12}$	$\frac{17}{12}$	$\frac{53}{48}$	$\frac{53}{48}$	$\rightsquigarrow \min = \frac{53}{48} \rightsquigarrow \delta_2 \, (\delta_3)$
$P(\gamma_1) = 0.8, P(\gamma_2) = 0.2$	1.72	1.18	0.66	$\rightsquigarrow \min = 0.66 \rightsquigarrow \delta_3$

r in Abhängigkeit von δ_k und $P(\gamma_1)$ dargestellt (mit $P(\gamma_2) = 1 - P(\gamma_1)$):

$$\begin{aligned}
r(\delta_1, P(\gamma_1)) &= 2 \cdot P(\gamma_1) + 0.6(1 - P(\gamma_1)) \\
&= 1.4 \cdot P(\gamma_1) + 0.6 \\
r(\delta_2, P(\gamma_1)) &= 0.35 \cdot P(\gamma_1) + 0.9 \\
r(\delta_3, P(\gamma_1)) &= -2.15 \cdot P(\gamma_1) + 2.3
\end{aligned}$$

2.3 Zustandsraum:

$\Gamma = \{\gamma_1, \gamma_2\}$

γ_1: schlechte Kenntnisse

γ_2: ausreichende Kenntnisse

Informationenraum:

Menge aller möglichen Informationswerte: $\mathcal{I} = \{0, 1\}$

0 = Aufgabe kann gelöst werden. 1 = Aufgabe kann nicht gelöst werden.

Verteilungen auf dem Informationenraum:

$P_{\gamma_1}(0) = 0.1, P_{\gamma_1}(1) = 0.9; P_{\gamma_2}(0) = 0.5, P_{\gamma_2}(1) = 0.5$

Aktionenraum (Menge der möglichen Entscheidungen):

$A = \{d_1, d_2, d_3\}$

Entscheidungsfunktionen:

δ_i	1	2	3	4	5	6	7	8	9
$i = 0$	d_1	d_1	d_1	d_2	d_2	d_2	d_3	d_3	d_3
$i = 1$	d_1	d_2	d_3	d_1	d_2	d_3	d_1	d_2	d_3

Risikofunktion:

R_j	1	2	3	4	5	6	7	8	9
γ_1	1	1.9	2.8	1.1	2	2.9	1.2	2.1	3
γ_2	0	0.25	0.75	0.25	0.5	1	0.75	1	1.5

Minimax: δ_1, Minimin: δ_1.

2.4 (a) Entscheidungsfunktionen

	δ_1	δ_2
-1	d_2	d_2
$X = \quad 0$	d_1	d_2
1	d_1	d_1

Schadensfunktion

S	d_1	d_2
γ_1	0	3
γ_2	3	0
γ_3	2	1

Risikofunktion: $R(\gamma_j, \delta_k) = \sum_X S(\gamma_j, \delta_k(X)) \cdot P_{\gamma_j}(X)$

mit

$$P_{\gamma_1}(-1) = 0.1, P_{\gamma_1}(0) = 0.3, P_{\gamma_1}(1) = 0.6$$
$$P_{\gamma_2}(-1) = 0.5, P_{\gamma_2}(0) = 0.3, P_{\gamma_2}(1) = 0.2$$
$$P_{\gamma_3}(-1) = 0.3, P_{\gamma_3}(0) = 0.3, P_{\gamma_3}(1) = 0.4$$

$R(\gamma_j, \delta_k)$	δ_1	δ_2
γ_1	0.3	1.2
γ_2	1.5	0.6
γ_3	1.7	1.4

$$
\begin{aligned}
R(\gamma_1, \delta_1) &= 3 \cdot 0.1 + 0 + 0 = 0.3 \\
R(\gamma_1, \delta_2) &= 3 \cdot 0.1 + 3 \cdot 0.3 + 0 = 1.2 \\
R(\gamma_2, \delta_1) &= 0 + 3 \cdot 0.3 + 3 \cdot 0.2 = 1.5 \\
R(\gamma_2, \delta_2) &= 0 + 0 + 3 \cdot 0.2 = 0.6 \\
R(\gamma_3, \delta_1) &= 1 \cdot 0.3 + 2 \cdot 0.3 + 2 \cdot 0.4 = 1.7 \\
R(\gamma_3, \delta_2) &= 1 \cdot 0.3 + 1 \cdot 0.3 + 2 \cdot 0.4 = 1.4
\end{aligned}
$$

(b) Minimax-Entscheidung

$$\min_{\delta_k} \max_{\gamma_j} R(\gamma_j, \delta_k) = \min(1.7; 1.4) = 1.4 \rightsquigarrow \text{ wähle } \delta_2$$

(c) $P(\gamma_1) = 0.3, P(\gamma_2) = 0.5, P(\gamma_3) = 0.2$

$r(\delta^*) = \min\limits_{\delta_k \in \Delta} r(\delta_k)$ mit $r(\delta_k) = \sum\limits_{j} R(\gamma_j, \delta_k)P(\gamma_j)$

$$
\begin{aligned}
r(\delta_1) &= 0.3 \cdot 0.3 + 1.5 \cdot 0.5 + 1.7 \cdot 0.2 = 1.18 \\
r(\delta_2) &= 1.2 \cdot 0.3 + 0.6 \cdot 0.5 + 1.4 \cdot 0.2 = 0.94
\end{aligned}
$$

	δ_1	δ_2
$r(\delta_k)$	1.18	0.94

$\rightsquigarrow$ wähle δ_2

§ 4

4.1 Grundgesamtheit: $\{\, 1, \ldots, N \,\}$

Geordnete Stichprobenwerte: $\min\limits_{i} n_i, \ldots, \max\limits_{i} n_i$,

$\hat{N} = \max\limits_{i} n_i, \quad i = 1, \ldots, k.$

$\hat{N}$ suffizient für $N \quad \Leftrightarrow \quad P((n_1, \ldots, n_k)|\hat{N} = x)$ unabhängig von N.

$P(\hat{N} = x)$:   Wahrscheinlichkeit, daß der höchste Stichprobenwert x ist:

$$
P(\hat{N} = x) = \frac{\binom{x-1}{k-1}}{\binom{N}{k}},
$$

da

$$
\binom{x-1}{k-1} \quad \text{die Anzahl der Stichproben mit } \max\limits_{i} n_i = x
$$

ist. Die verbleibenden $k - 1$ Stichprobeneinheiten sind nämlich aus $x - 1$ auszuwählen.

$$
P((n_1, \ldots, n_k)|\hat{N} = x) = \left\{ \begin{array}{ll} \frac{\frac{1}{\binom{N}{k}}}{\frac{\binom{x-1}{k-1}}{\binom{N}{k}}} = \frac{1}{\binom{x-1}{k-1}} & \text{für} \quad \max\limits_{i} n_i = x \\[2ex] 0 & \text{sonst} \end{array} \right.
$$

unabhängig von $N \rightsquigarrow \quad \hat{N}$ suffiziente Statistik!

4.2

$$
P(X = x) = a(p)h(x)e^{\sum\limits_{j=1}^{k} b_j(p)\tau_j(x)}
$$

mit

$$
\begin{aligned}
P(X = x) &= \binom{n}{x} \cdot p^x \cdot (1-p)^{n-x} \\
&= \binom{n}{x} \cdot e^{x \cdot \ln p} \cdot e^{(n-x) \cdot \ln(1-p)}
\end{aligned}
$$

$$= \binom{n}{x} \cdot e^{x \cdot \ln p + (n-x) \cdot \ln(1-p)}$$

$$= \binom{n}{x} \cdot e^{x \cdot \ln p + n \cdot \ln(1-p) - x \cdot \ln(1-p)}$$

$$= \binom{n}{x} \cdot e^{x(\ln p - \ln(1-p)) + n \cdot \ln(1-p)}$$

$$= \binom{n}{x} \cdot e^{n \cdot \ln(1-p)} \cdot e^{x \cdot (\ln p - \ln(1-p))}$$

$$\underbrace{\hspace{8cm}}$$

$a(p) = e^{n \ln(1-p)}$, $h(x) = \binom{n}{x}$, $\qquad b(p) = (\ln p - \ln(1-p))$,
$\tau(x) = x$.

4.3 $\qquad f_Y(y) = 3\alpha \cdot y^2 \cdot e^{-\alpha y^3} \cdot 1(y)$

mit

$$1(y) = \begin{cases} 1 & \text{für } y > 0 \\ 0 & \text{sonst} \end{cases}$$

X Stichprobe vom Umfang n zu Y:

$$f_X(x) = \prod_{i=1}^{n} \left(1(x_i) \cdot 3\alpha \cdot x_i^2 \cdot e^{-\alpha x_i^3}\right)$$

$$= \underbrace{\prod_{i=1}^{n} \left(1(x_i) \cdot x_i^2\right)}_{h(x)} \cdot \underbrace{(3\alpha)^n}_{a(\alpha)} \cdot \exp(\underbrace{-\alpha}_{b(\alpha)} \cdot \underbrace{\sum_{i=1}^{n} x_i^3}_{\tau(x)})$$

$\tau(x) = \sum\limits_{i=1}^{n} x_i^3$ ist suffiziente Statistik bzgl. α.

$b(\Gamma)$ besitzt ein offenes Intervall in $\mathbf{R}$:
$\Gamma = \{\alpha \in \mathbf{R} \mid \alpha > 0\}$, $\quad b(\alpha) = -\alpha$,
$b(\Gamma) = \{b(\alpha) \mid \alpha > 0\} = \{-\alpha \mid \alpha > 0\}$

$\rightsquigarrow \tau(x) = \sum\limits_{i=1}^{n} x_i^3$ ist vollständige und suffiziente Statistik bzgl. α.

4.4 (a)

$$f(y) = \begin{cases} \frac{1}{\Gamma(\alpha)} \lambda^\alpha y^{\alpha-1} e^{-\lambda y} & 0 < y \\ 0 & y \leq 0 \end{cases}$$

$$f(y) = a(\alpha, \lambda) h(y) e^{b_1(\alpha, \lambda) \tau_1(y) + b_2(\alpha, \lambda) \tau_2(y)}$$

$$= \frac{1}{\Gamma(\alpha)} \lambda^\alpha e^{(\alpha-1) \ln y} e^{-\lambda y} \quad \text{für } 0 \leq y$$

mit $a(\alpha, \lambda) = \frac{1}{\Gamma(\alpha)} \cdot \lambda^\alpha$, $h(y) = \begin{cases} 0 & y \leq 0 \\ 1 & y > 0 \end{cases}$

$$b_1(\alpha, \lambda) = \alpha - 1 \qquad \tau_1(y) = \ln y$$
$$b_2(\alpha, \lambda) = -\lambda \qquad \tau_2(y) = y$$

(b) $T(x) = (\sum\limits_{i=1}^{n} \ln x_i, \ \sum\limits_{i=1}^{n} x_i)$ ist vollständig und suffizient für (α, λ).

$(B = \{(\alpha - 1, -\lambda) \mid \alpha > 0, \lambda > 0\}$ enthält ein Rechteck.)

§ 5

5.1 (a)

$$\begin{aligned} E(T) &= E(aT_1 + bT_2) = aE(T_1) + bE(T_2) \\ &= a\mu + b\mu = \mu(a + b) \end{aligned}$$

$\leadsto T$ ist erwartungstreu für $\mu \Leftrightarrow a + b = 1$

(b) $Var(T) = Var(aT_1 + bT_2) = a^2 Var(T_1) + b^2 Var(T_2)$ (da T_1 und T_2 unkorreliert)

$$\begin{aligned} Var(T) &= a^2 Var(T_1) + (1-a)^2 Var(T_2) \\ &= a^2\sigma_1^2 + (1 - 2a + a^2)\sigma_2^2 \\ &= a^2(\sigma_1^2 + \sigma_2^2) + \sigma_2^2 - 2a\sigma_2^2 \end{aligned}$$

$$\frac{\partial Var(T)}{\partial a} = 2a(\sigma_1^2 + \sigma_2^2) - 2\sigma_2^2 = 0$$

$$\leadsto a^* = \frac{\sigma_2^2}{\sigma_1^2 + \sigma_2^2}$$

$$\frac{\partial^2 Var(T)}{\partial a^2} = 2(\sigma_1^2 + \sigma_2^2) > 0 \leadsto \text{Minimalstelle}$$

(c)

$$\begin{aligned} Var(T(a^*)) &= \frac{\sigma_2^4}{(\sigma_1^2 + \sigma_2^2)^2}(\sigma_1^2 + \sigma_2^2) + \sigma_2^2 - 2\frac{\sigma_2^4}{\sigma_1^2 + \sigma_2^2} \\ &= \frac{\sigma_2^4}{\sigma_1^2 + \sigma_2^2} + \sigma_2^2 - \frac{2\sigma_2^4}{\sigma_1^2 + \sigma_2^2} \\ &= \frac{\sigma_2^4 + \sigma_2^2(\sigma_1^2 + \sigma_2^2) - 2\sigma_2^4}{\sigma_1^2 + \sigma_2^2} \\ &= \frac{\sigma_1^2\sigma_2^2}{\sigma_1^2 + \sigma_2^2} \end{aligned}$$

5.2 (a)

$$\begin{aligned} E(z_\alpha(X,Y)) &= E(\bar{Y} + \alpha(\bar{\xi} - \bar{X})) \\ &= E(\bar{Y}) + \alpha(\bar{\xi} - E(\bar{X})) \\ &= \bar{\eta} + \alpha(\bar{\xi} - \bar{\xi}) = \bar{\eta} \end{aligned}$$

$\Rightarrow z_\alpha$ ist erwartungstreu für $\bar{\eta}$.

(b)

$$
\begin{aligned}
Var(z_\alpha(X,Y)) &= Var(\bar{Y} + \alpha(\bar{\xi} - \bar{X})) \\
&= Var(\bar{Y}) + \alpha^2 Var(\bar{\xi} - \bar{X}) + 2\alpha Cov(\bar{Y}, \bar{\xi} - \bar{X}) \\
&= Var(\bar{Y}) + \alpha^2 Var(\bar{X}) - 2\alpha Cov(\bar{Y}, \bar{X}) \\
&= \frac{\sigma_\eta^2}{n} + \alpha^2 \frac{\sigma_\xi^2}{n} - 2\alpha \cdot \frac{1}{n}\sigma_{\eta\xi}
\end{aligned}
$$

(c)

$$
\frac{\partial Var(z_\alpha(X,Y))}{\partial \alpha} = 2\alpha\sigma_\xi^2 \cdot \frac{1}{n} - \frac{2}{n} \cdot \sigma_{\eta\xi} \overset{!}{=} 0
$$

$$
\Rightarrow \alpha^* = \frac{\sigma_{\xi\eta}}{\sigma_\xi^2}
$$

$$
\frac{\partial^2 Var(z_\alpha(X,Y))}{\partial \alpha^2} = 2\sigma_\xi^2 \cdot \frac{1}{n} > 0 \rightsquigarrow \text{Minimalstelle}
$$

5.3 Um den Satz von Lehmann/Scheffé anwenden zu können, wird eine Statistik T und eine Schätzfunktion δ^* gesucht mit:

(1) $T(x)$ ist vollständig und suffizient für γ,

(2) $\delta^*(x)$ ist eine Funktion, die nur von $T(x)$ abhängt,

(3) $\delta^*(x)$ ist erwartungstreu.

$\Rightarrow \delta^*(x)$ ist gleichmäßig beste erwartungstreue Schätzfunktion.

$\lambda = 1$:

$$
f_Y(y) = \begin{cases} \frac{1}{\Gamma(\alpha)} y^{\alpha-1} e^{-y} & \text{für} \quad y > 0 \\ 0 & \text{sonst} \end{cases}
$$

Darstellung als einparametrige Exponentialfamilie (vgl. auch Übungsaufgabe 4.4):

$$
\begin{aligned}
f_Y(y) &= a(\alpha)h(y)e^{b(\alpha)\tau(y)} \\
&= \frac{1}{\Gamma(\alpha)} e^{(\alpha-1)\ln y} e^{-y},
\end{aligned}
$$

$$
a(\alpha) = \frac{1}{\Gamma(\alpha)}, \quad h(y) = \begin{cases} 0 & y \leq 0 \\ e^{-y} & y > 0 \end{cases},
$$

$$
b(\alpha) = \alpha - 1, \quad \tau(y) = \ln(y).
$$

$T(x) = \sum_{i=1}^{n} \ln x_i$ ist vollständig und suffizient für α, da $B = \{(\alpha - 1) \mid \alpha > 0\}$ ein Intervall enthält.

$$
E(\frac{1}{n}\sum_{i=1}^{n} X_i) = \frac{1}{n}\sum_{i=1}^{n} E(X_i) = \frac{1}{n}n\alpha = \alpha,
$$

also ist $\bar{X} = \frac{1}{n} \sum_{i=1}^{n} X_i$ erwartungstreu.

Da aber $T(x) = \sum_{i=1}^{n} \ln X_i$ vollständig und suffizient für α ist, muß jede gleichmäßig beste erwartungstreue Schätzfunktion die Statistik $T(x) = \sum_{i=1}^{n} \ln X_i$ benutzen, d.h. von der Gestalt $f(\sum_{i=1}^{n} \ln X_i)$ sein. $\frac{1}{n} \sum_{i=1}^{n} X_i$ ist jedoch nicht von dieser Gestalt $\leadsto \bar{X}$ ist nicht gleichmäßig beste erwartungstreue Schätzfunktion für α.

5.4 (a)

$$P_\gamma(j) = \begin{cases} \gamma_j & j = 1, 2, 3 \\ 1 - \sum_{i=1}^{3} \gamma_i & j = 0 \end{cases}$$

$$\Gamma = \{(\gamma_1, \gamma_2, \gamma_3) \mid \gamma_1, \gamma_2, \gamma_3 \in (0, 1), \sum_{i=1}^{3} \gamma_i < 1\}$$

Ergebnis einer Stichprobe vom Umfang n sei $(x_1, \ldots, x_n)$.

$$P_\gamma(X_i = x_i) = \begin{cases} \gamma_j & x_i = j \\ 1 - \sum_{i=1}^{3} \gamma_i & x_i = 0 \end{cases}$$

Vermutung für eine gleichmäßig beste erwartungstreue Schätzfunktion:

$$\delta_j(x) = \frac{1}{n} \sum_{i=1}^{n} 1_j(x_i) \quad \text{mit} \quad 1_j(x_i) = \begin{cases} 1 & \text{für} \quad x_i = j \\ 0 & \text{für} \quad x_i \neq j \end{cases}$$

Beweis nach Satz von Lehmann/Scheffé:

Statistik $T(x) = (T_1(x), T_2(x), T_3(x))$ mit $T_j(x) = \sum_{i=1}^{n} 1_j(x_i)$

$$P_\gamma(X = x) = \prod_{i=1}^{n} P_\gamma(X_i = x_i)$$

$$= \left(1 - \sum_{i=1}^{3} \gamma_i\right)^{n - \sum_{i=1}^{3} T_i(x)} \gamma_1^{T_1(x)} \gamma_2^{T_2(x)} \gamma_3^{T_3(x)}$$

$$= \left(1 - \sum_{i=1}^{3} \gamma_i\right)^{n} \left(1 - \sum_{i=1}^{3} \gamma_i\right)^{-\sum_{i=1}^{3} T_i(x)} \gamma_1^{T_1(x)} \gamma_2^{T_2(x)} \gamma_3^{T_3(x)}$$

$$= (1 - \sum_{i=1}^{3} \gamma_i)^n \left(\frac{\gamma_1}{1 - \sum_{i=1}^{3} \gamma_i} \right)^{T_1(x)} \left(\frac{\gamma_2}{1 - \sum_{i=1}^{3} \gamma_i} \right)^{T_2(x)} \left(\frac{\gamma_3}{1 - \sum_{i=1}^{3} \gamma_i} \right)^{T_3(x)}$$

$$= (1 - \sum_{i=1}^{3} \gamma_i)^n e^{\left[\sum_{j=1}^{3} T_j(x) \cdot \ln \left(\frac{\gamma_j}{1 - \sum_{i=1}^{3} \gamma_i} \right) \right]}$$

Damit liegt eine 3-parametrige Exponentialfamilie vor mit

$$a(\gamma) = (1 - \sum_{i=1}^{3} \gamma_i)^n, h(x) = 1, \tau_j(x) = T_j(x) = \sum_{i=1}^{n} 1_j(x_i),$$

$$b_j(\gamma) = \ln \left(\frac{\gamma_j}{1 - \sum_{i=1}^{3} \gamma_i} \right) \quad \text{für } j = 1, 2, 3.$$

$\Rightarrow T(x) = (T_1(x), T_2(x), T_3(x))$ ist suffiziente Statistik für $\gamma \in \mathbf{R}^3$.

$$B = \left\{ b(\gamma) \in \mathbf{R}^3 \mid b_j(\gamma) = \ln \left(\frac{\gamma_j}{1 - \sum_{i=1}^{3} \gamma_i} \right), \gamma_j \in (0,1), j = 1, 2, 3 \right\}$$

$$= \mathbf{R}^3 \backslash 0,$$

da das Gleichungssystem

$$\frac{\gamma_j}{1 - \sum_{i=1}^{3} \gamma_i} = e^{x_j}, j = 1, 2, 3$$

für jeden Punkt (x_1, x_2, x_3) eine Lösung mit $\gamma_j > 0$ für $j = 1, 2, 3$ und $\sum_{i=1}^{3} \gamma_i < 1$ hat.

$\Rightarrow T(x)$ vollständig.

$\delta_j(x) = \frac{1}{n} \sum_{i=1}^{n} 1_j(x_i) = \frac{1}{n} T_j(x)$ ist Funktion von $T_j(x)$,

$$E_\gamma(\delta_j(x)) = E_\gamma [\frac{1}{n} \sum_{i=1}^{n} 1_j(x_i)] = \frac{1}{n} \sum_{i=1}^{n} E_\gamma[1_j(x_i)] = \frac{1}{n} n \gamma_j = \gamma_j.$$

$\Rightarrow \delta_j$ ist erwartungstreu und damit $\delta = (\delta_1, \delta_2, \delta_3)$ gleichmäßig beste erwartungstreue Schätzfunktion für γ.

(b)

$$\hat{\gamma}_1 = \frac{6}{15}, \hat{\gamma}_2 = \frac{4}{15}, \hat{\gamma}_3 = \frac{2}{15}, \hat{\gamma}_0 = \frac{3}{15}.$$

§ 6

6.1 (a) Likelihood-Funktion:

$$L_x(\gamma) = \prod_{i=1}^{n} P_\gamma(X_i = x_i)$$

gibt die Wahrscheinlichkeit an, daß das Stichprobenergebnis $x = (x_1, \ldots, x_n)$ realisiert wird bei Vorliegen des Parameters γ.
Hier:

$$L_x(\lambda) = \prod_{i=1}^{n} \frac{\lambda^{x_i}}{x_i!} \cdot e^{-\lambda} \quad \text{mit } \lambda \in [0; \infty)$$

$$= e^{-n \cdot \lambda} \cdot \lambda^{\sum\limits_{i=1}^{n} x_i} \cdot \prod_{i=1}^{n} \frac{1}{x_i!} \to \max$$

$$\ln(L_x(\lambda)) = -n\lambda + \sum_{i=1}^{n} x_i \cdot \ln \lambda + \ln \prod_{i=1}^{n} \frac{1}{x_i!} \to \max$$

$$\frac{\partial \ln L_x(\lambda)}{\partial \lambda} = -n + \frac{\sum\limits_{i=1}^{n} x_i}{\lambda} \overset{!}{=} 0 \quad \Rightarrow \hat{\lambda} = \frac{1}{n} \cdot \sum_{i=1}^{n} x_i$$

$$\frac{\partial^2 L_x(\lambda)}{\partial \lambda^2} = -\frac{\sum\limits_{i=1}^{n} x_i}{\lambda^2} < 0$$

$\Rightarrow \hat{\lambda} = \bar{x}$ ist ML-Schätzer.
$\Rightarrow \hat{\lambda} = \bar{x} = 0.82$.

(b) Gesucht ist ein Schätzer $\hat{p}$ für $p = P(X > 2)$.
Unter Annahme der Poisson-Verteilung gilt:

$$p = P_\lambda(X > 2) = 1 - P_\lambda(X \leq 2) = 1 - \sum_{x=0}^{2} \frac{\lambda^x}{x!} \cdot e^{-\lambda}.$$

Mittels Ersetzung von λ durch den Schätzer $\hat{\lambda}$ gilt:

$$\hat{p}_1 = 1 - \sum_{x=0}^{2} \frac{0.82^x}{x!} \cdot e^{-0.82} = 0.051.$$

Ohne die Verteilungsannahme erhält man als Schätzer

$$\hat{p}_2 = \frac{1}{50} \cdot \sum_{x>2} h(x) = \frac{5}{50} = 0.10.$$

(Bemerkung: Dies ist der Schätzer gemäß Multinomialverteilung, vgl. Übungsaufgabe 5.4.)
Man sieht: $\hat{p}_2$ ist fast doppelt so groß wie $\hat{p}_1$.

$\hat{p}_1$ ist vorzuziehen, falls man von der Verteilungsannahme über-
zeugt ist, da hier mehr Information verarbeitet wird. Hat man
Zweifel an der Verteilungsannahme, ist $\hat{p}_2$ vorzuziehen (Kann
durch Anpassungstest nachgeprüft werden.).

6.2 (a) $m = 200$, X: Anzahl fehlerhafter Kisten, $B(200, p)$-verteilt:

$$P(X = x) = \binom{m}{x} p^x (1 - p)^{m-x}.$$

Zu schätzen: $p \in \Gamma = [0, 1]$ mit einer Stichprobe vom Umfang
$n = 12$.

$$L_x(p) = \prod_{i=1}^{n} \binom{m}{x_i} p^{x_i} (1 - p)^{m-x_i}$$

$$= \prod_{i=1}^{n} \binom{m}{x_i} p^{\sum\limits_{i=1}^{n} x_i} (1 - p)^{nm - \sum\limits_{i=1}^{n} x_i} \to \max$$

$$\ln L_x(p) = \ln(\prod_{i=1}^{n} \binom{m}{x_i}) + \sum_{i=1}^{n} x_i \ln p + (nm - \sum_{i=1}^{n} x_i) \ln(1 - p)$$

$$\frac{\partial \ln L_x(p)}{\partial p} = \sum_{i=1}^{n} x_i \frac{1}{p} - (nm - \sum_{i=1}^{n} x_i) \frac{1}{1 - p} \overset{!}{=} 0$$

$$\Rightarrow \quad \hat{p}_{12} = \frac{\frac{1}{n} \sum\limits_{i=1}^{n} x_i}{m} = \frac{\bar{x}}{m} = 0.0442.$$

$$\frac{\partial^2 \ln L_x(p)}{\partial p^2} < 0 \ \forall p \in [0, 1] \rightsquigarrow \text{Maximalstelle.}$$

(b) Neuer ML-Schätzer $\hat{p}_{13} > \hat{p}_{12}$:

$$\hat{p}_{12} = \frac{\frac{1}{12} \sum\limits_{i=1}^{12} x_i}{m}, \ \hat{p}_{13} = \frac{\frac{1}{13}(\sum\limits_{i=1}^{12} x_i + x_{13})}{m},$$

$$\hat{p}_{13} > \hat{p}_{12} \Leftrightarrow x_{13} > \frac{13}{12} \sum_{i=1}^{12} x_i - \sum_{i=1}^{12} x_i \Leftrightarrow x_{13} > 9.$$

6.3 (a) Y $N(\mu, \sigma^2)$-verteilt mit $\mu = 4.5$:

$$f_Y(y) = \frac{1}{\sqrt{2\pi}\sigma} e^{-\frac{(y-\mu)^2}{2\sigma^2}}, \ y \in \mathbb{R}$$

Stichprobenergebnis $x = (x_1, \ldots, x_n)$ mit $n = 8$ zu Y.
ML-Schätzfunktion:

$$L_x(\sigma^2) = \prod_{i=1}^{n} \frac{1}{\sqrt{2\pi}\sigma} e^{-\frac{(x_i-\mu)^2}{2\sigma^2}} = (\frac{1}{2\pi\sigma^2})^{\frac{n}{2}} e^{-\frac{1}{2\sigma^2} \sum\limits_{i=1}^{n}(x_i-\mu)^2}$$

$$\ln L_x(\sigma^2) = \frac{n}{2} \ln(\frac{1}{2\pi\sigma^2}) - \frac{1}{2\sigma^2} \sum_{i=1}^{n} (x_i - \mu)^2$$

$$\frac{\partial \ln L_x(\sigma^2)}{\partial(\sigma^2)} \;=\; -\frac{n}{2\sigma^2} + \frac{1}{2\sigma^4}\sum_{i=1}^{n}(x_i-\mu)^2 \stackrel{!}{=} 0$$

$$\Leftrightarrow \widehat{\sigma^2} \;=\; \frac{1}{n}\sum_{i=1}^{n}(x_i-\mu)^2 = 6$$

$$\left.\frac{\partial^2 \ln L_x(\sigma^2)}{\partial(\sigma^2)^2}\right|_{\widehat{\sigma^2}} \;=\; \left.\frac{n}{2\sigma^4} - \frac{1}{\sigma^6}\sum_{i=1}^{n}(x_i-\mu)^2\right|_{\widehat{\sigma^2}} < 0 \rightsquigarrow \text{Max.}$$

Damit ist $\widehat{\sigma^2} = 6$ der gesuchte Schätzwert.

(b) Mit Hilfe des Satzes von Lehmann/Scheffé kann nachgewiesen werden, daß

$S^{\sim 2}(x) = \frac{1}{n}\sum_{i=1}^{n}(x_i-\mu)^2$ gleichmäßig beste erwartungstreue Schätz funktion für σ^2 ist (vgl. 5.15 2.).

(c) $c_1)$ $\widehat{\sigma^2}_{ML}(x) = \frac{1}{n}\sum_{i=1}^{n}(x_i-\bar{x})^2$ mit $\bar{x} = \frac{1}{n}\sum_{i=1}^{n}x_i.$

$c_2)$ Gleichmäßig beste erwartungstreue Schätzfunktion für σ^2 ist jedoch (vgl. 5.15 3.)

$S^{*2}(x) = \frac{1}{n-1}\sum_{i=1}^{n}(x_i-\bar{x})^2;\ \widehat{\sigma^2}_{ML}(x)$ ist nicht erwartungstreu.

6.4 $\beta = 2$

$$L_x(\alpha) \;=\; (2\alpha)^n \prod_{i=1}^{n} x_i e^{-\alpha \sum_{i=1}^{n} x_i^2}$$

$$\ln L_x(\alpha) \;=\; n\ln(2\alpha) + \ln\left(\prod_{i=1}^{n} x_i\right) - \alpha\sum_{i=1}^{n} x_i^2$$

$$\frac{\partial \ln L_x(\alpha)}{\partial\alpha} = \frac{2n}{2\alpha} - \sum_{i=1}^{n} x_i^2 = 0 \rightsquigarrow \hat{\alpha} = \frac{n}{\displaystyle\sum_{i=1}^{n} x_i^2}$$

$$\frac{\partial^2 \ln L_x(\alpha)}{\partial\alpha^2} = -\frac{n}{\alpha^2} < 0 \rightsquigarrow \text{Maximalstelle.}$$

6.5 $\alpha = 2$:

$$L_y(\lambda) \;=\; \left(\frac{1}{\Gamma(2)}\right)^n \lambda^{2n} \prod_{i=1}^{n} y_i \cdot e^{-\lambda \sum_{i=1}^{n} y_i}$$

$$\ln L_y(\lambda) \;=\; n\cdot\ln\left(\frac{1}{\Gamma(2)}\right) + 2n\ln\lambda + \ln\left(\prod_{i=1}^{n} y_i\right)$$

$$-\lambda \sum_{i=1}^{n} y_i$$

$$\frac{\partial L_y(\lambda)}{\partial \lambda} = \frac{2n}{\lambda} - \sum_{i=1}^{n} y_i \overset{!}{=} 0$$

$$\frac{\partial^2 L_y(\lambda)}{\partial \lambda^2} = -\frac{2n}{\lambda^2} < 0 \rightsquigarrow \text{Maximalstelle.}$$

$$\rightsquigarrow \hat{\lambda} = \frac{2n}{\sum\limits_{i=1}^{n} y_i} = \frac{2}{\bar{y}}$$

§ 7

7.1 (a) Tschebyscheffsche Ungleichung:

$$P(|Y - \mathbf{E}(Y)| \ge r \cdot Var(Y)) \le \frac{1}{r^2}$$

Schätzung des Erwartungswerts durch das arithmetische Mittel $(E(\bar{X}) = E(Y))$

$$P(|\bar{X} - E(Y)| \ge \underbrace{r \cdot \sqrt{Var(\bar{X})}}_{0.5}) \le \underbrace{\frac{1}{r^2}}_{5\%} \quad \rightsquigarrow r = \sqrt{20}$$

$$Var(\bar{X}) \overset{!}{=} \left(\frac{1}{2\sqrt{20}}\right)^2 = \frac{1}{80}.$$

$$Var(\bar{X}) = \frac{1}{n} \cdot Var(Y) = \frac{4}{n} \overset{!}{=} \frac{1}{80} \quad \rightsquigarrow \quad n = 320$$

(b) $$P(-0.5 \le \bar{X} - \mu_{\bar{X}} \le 0.5) \overset{!}{\ge} 0.95$$

$$
\begin{aligned}
& P(\mu_{\bar{X}} - 0.5 \le \bar{X} \le \mu_{\bar{X}} + 0.5) \\
&= F_{\bar{X}}(\mu_{\bar{X}} + 0.5) - F_{\bar{X}}(\mu_{\bar{X}} - 0.5) \\
&= \Phi\left(\frac{0.5}{\sigma_Y}\sqrt{n}\right) - \Phi\left(-\frac{0.5}{\sigma_Y}\sqrt{n}\right) \\
&= 2\Phi\left(\frac{0.5}{\sigma_Y}\sqrt{n}\right) - 1 \ge 0.95 \\
\rightsquigarrow \quad & \Phi\left(\frac{0.5}{\sigma_Y}\sqrt{n}\right) \ge 0.975
\end{aligned}
$$

$$\frac{0.5}{\sigma_Y}\sqrt{n} \ge \Phi^{-1}(0.975) = 1.96 \quad \rightsquigarrow \quad n \ge 61.46$$

$$\rightsquigarrow \quad n = 62.$$

Oder Konfidenzintervall zum Niveau $(1 - \alpha)$, vgl. Beispiel 7.3:

$$\left[\bar{X} - u_{1-\frac{\alpha}{2}} \underbrace{\frac{\sigma_Y}{\sqrt{n}}}_{\substack{! \\ \leq 0.5}}; \bar{X} + u_{1-\frac{\alpha}{2}} \frac{\sigma_Y}{\sqrt{n}} \right]$$

$$\Rightarrow 1.96 \cdot \frac{2}{\sqrt{n}} \leq 0.5 \rightsquigarrow n \geq 61.46.$$

7.2 (a) X_i Bernoulli-verteilt mit Parameter $p \Rightarrow E(X_i) = p$, $\text{Var}(X_i) = p(1-p)$.

Schätzung der unbekannten Varianz durch $\widehat{\sigma^2} = \bar{x}(1 - \bar{x})$ mit $\bar{x} = \frac{22}{250} = 0.088$.

$$P(|\bar{X} - p| \leq r) \geq \frac{\sigma_{\bar{X}}^2}{r^2}$$

$$\frac{\sigma_{\bar{X}}^2}{r^2} = \frac{0.08}{n \cdot r^2} \stackrel{!}{=} 0.05 \quad \Rightarrow \quad r = \sqrt{\frac{0.08}{250 \cdot 0.05}} = 0.0801.$$

$\Rightarrow$ „Tschebyscheff'sches Konfidenzintervall" zum Niveau $(1-\alpha)$:

$$[\bar{x} - 0.0801; \bar{x} + 0.0801] = [0.0078; 0.1681]$$

(b)

$$p_o = \frac{(x+1)F_{2(x+1),2(n-x)}^{-1}(1 - \frac{\alpha}{2})}{n - x + (x+1)F_{2(x+1),2(n-x)}^{-1}(1 - \frac{\alpha}{2})},$$

$$p_u = \frac{xF_{2x,2(n-x+1)}^{-1}(\frac{\alpha}{2})}{(n - x + 1) + xF_{2x,2(n-x+1)}^{-1}(\frac{\alpha}{2})}$$

$$= \frac{x}{x + (n - x + 1)F_{2(n-x+1),2x}^{-1}(1 - \frac{\alpha}{2})}.$$

$n = 250, x = 22, \alpha = 0.05$

$$p_o = \frac{23F_{46,456}^{-1}(0.975)}{228 + 23F_{46,456}^{-1}(0.975)} = \frac{23 \cdot 1.46}{228 + 23 \cdot 1.46} = 0.1284$$

$$p_u = \frac{22}{22 + 229F_{456,46}^{-1}(0.975)} = \frac{22}{22 + 23 + 229 \cdot 1.57} = 0.0577$$

Exaktes Konfidenzintervall zum Niveau $1 - \alpha = 0.95$:

$$[p_u, p_o] = [0.0577, 0.1284]$$

7.3 (a) $\hat{\mu} = \bar{x} = 185.36$, $\frac{1}{n}\sum\limits_{i=1}^{n} X_i$ ist $N(\mu, \frac{\sigma^2}{n})$-verteilt.

$$\rightsquigarrow P\left(\bar{X} - \frac{\sigma}{\sqrt{n}}u_{1-\frac{\alpha}{2}} \leq \mu \leq \bar{X} + \frac{\sigma}{\sqrt{n}}u_{1-\frac{\alpha}{2}}\right) = 1 - \alpha$$

$$\rightsquigarrow \left[\bar{x} - \frac{\sigma}{\sqrt{n}}u_{1-\frac{\alpha}{2}}; \bar{x} + \frac{\sigma}{\sqrt{n}}u_{1-\frac{\alpha}{2}}\right]$$

$$= \left[185.36 - \sqrt{\frac{3.4}{10}}u_{1-\frac{\alpha}{2}}; 185.36 + \sqrt{\frac{3.4}{10}}u_{1-\frac{\alpha}{2}}\right]$$

Mit $u_{0.975} = 1.96,$ $u_{0.995} = 2.575$ ergibt sich
95%-Konfidenzintervall:

$$[185.36 - 1.143; 185.36 + 1.143] = [184.217; 186.503]$$

99%-Konfidenzintervall:

$$[185.36 - 1.501; 185.36 + 1.501] = [183.86; 186.86]$$

(b) Konfidenzintervall bei unbekannter Varianz σ^2:

$$\left[\bar{x} - \frac{\hat{\sigma}}{\sqrt{n}} t(n-1)_{1-\frac{\alpha}{2}}; \bar{x} + \frac{\hat{\sigma}}{\sqrt{n}} t(n-1)_{1-\frac{\alpha}{2}} \right]$$

Mit $t(9)_{0.975} = 2.2622,$ $t(9)_{0.995} = 3.2498$ und

$$\widehat{\sigma^2} = S^{*2}(x) = \frac{1}{n-1} \sum_{i=1}^{10} (x_i - \bar{x})^2 = 2.538:$$

95%-Konfidenzintervall:

$$[185.36 - 1.140; 185.36 + 1.140] = [184.22; 186.50]$$

99%-Konfidenzintervall:

$$[185.36 - 1.6373; 185.36 + 1.6373] = [183.72; 187.00]$$

(c) Bei $N(\mu, \sigma^2)$-verteilten Zufallsvariablen ist

$$T(X) = \frac{1}{\sigma^2} \sum_{i=1}^{n} (X_i - \bar{X})^2 = \frac{n-1}{\sigma^2} S^{*2}(X)$$

$\chi^2(n-1)$-verteilt mit

$$S^{*2}(X) = \frac{1}{n-1} \sum_{i=1}^{n} (X_i - \bar{X})^2.$$

Konfidenzintervall für die Varianz bei unbekanntem Erwartungswert:

$$\left[\frac{(n-1)S^{*2}(x)}{\chi^2(n-1)_{1-\frac{\alpha}{2}}}; \frac{(n-1)S^{*2}(x)}{\chi^2(n-1)_{\frac{\alpha}{2}}} \right]$$

Hier:

$$\chi^2(9)_{0.975} = 19.02, \quad \chi^2(9)_{0.995} = 23.59$$
$$\chi^2(9)_{0.025} = 2.70, \quad \chi^2(9)_{0.005} = 1.73$$

95%-Konfidenzintervall: $[1.2; 8.46]$
99%-Konfidenzintervall: $[0.97; 13.203]$

(d) $T(X) = \frac{1}{\sigma^2} \sum_{i=1}^{n} (X_i - \mu)^2 = \frac{n}{\sigma^2} S^2(X)$ ist $\chi^2(n)$-verteilt.

Konfidenzintervall für die Varianz bei bekanntem Erwartungswert:

$$\left[\frac{nS^2(x)}{\chi^2(n)_{1-\frac{\alpha}{2}}}; \frac{nS^2(x)}{\chi^2(n)_{\frac{\alpha}{2}}} \right]$$

Hier:

$$\chi^2(10)_{0.975} = 20.48, \quad \chi^2(10)_{0.995} = 25.19,$$
$$\chi^2(10)_{0.025} = 3.25, \quad \chi^2(10)_{0.005} = 2.16,$$

$$\widehat{\sigma^2} = S^{\sim 2}(x) = \frac{1}{n} \sum_{i=1}^{n} (x_i - \mu)^2 = 2.2844.$$

95%-Konfidenzintervall: [1.39; 8.752]

99%-Konfidenzintervall: [1.13; 13.17]

7.4 (a) Tschebyscheff:

$$P(|\bar{X} - \mu| \ge r) \le \underbrace{\frac{Var(\bar{X})}{r^2}}_{\overset{!}{=} 5\%}$$

$\sigma = 8.1$ bekannt, $n = 25, \bar{x} = 27,$

$$\frac{Var(\bar{X})}{r^2} = \frac{\sigma^2}{n \cdot r^2} = 0.05 \quad \leadsto r = \frac{\sigma}{\sqrt{n \cdot 0.05}} = 7.24.$$

Abschätzung eines 95%-Konfidenzintervalls:

$$[\bar{x} - 7.24; \bar{x} + 7.24] = [19.76; 34.24]$$

(b) $P(|\bar{X} - \mu| \le r) \ge 1 - \alpha$:

$$P(\mu - r \le \bar{X} \le \mu + r)$$

$$= \Phi\left(\frac{\mu + r - \mu}{\sigma}\sqrt{n}\right) - \Phi\left(\frac{\mu - r - \mu}{\sigma}\sqrt{n}\right)$$

$$= \Phi\left(\frac{r}{\sigma}\sqrt{n}\right) - \Phi\left(-\frac{r}{\sigma}\sqrt{n}\right)$$

$$= 2\Phi\left(\frac{r}{\sigma}\sqrt{n}\right) - 1 \overset{!}{\ge} 1 - \alpha$$

$$\Phi\left(\frac{r}{\sigma}\sqrt{n}\right) \ge 1 - \frac{\alpha}{2}$$

$$\frac{r}{\sigma}\sqrt{n} \ge \Phi^{-1}\left(1 - \frac{\alpha}{2}\right)$$

$$r \ge \Phi^{-1}\left(1 - \frac{\alpha}{2}\right) \cdot \frac{\sigma}{\sqrt{n}}$$

Konfidenzintervall zum Niveau $(1 - \alpha)$:

$$\left[\bar{x} - \Phi^{-1}\left(1 - \frac{\alpha}{2}\right) \cdot \frac{\sigma}{\sqrt{n}}; \bar{x} + \Phi^{-1}\left(1 - \frac{\alpha}{2}\right) \cdot \frac{\sigma}{\sqrt{n}}\right]$$

$\alpha = 0.05$:

$$\left[27 - 1.96 \cdot \frac{8.1}{\sqrt{25}}; 27 + 1.96 \cdot \frac{8.1}{\sqrt{25}}\right] = [23.82; 30.18].$$

(c) Schätzen der (unbekannten) Varianz durch die korrigierte Stich-probenvarianz $S^{*2}(x)$:

$$\Rightarrow \frac{\bar{X} - \mu}{S^*(X)}\sqrt{n} \quad \text{ist} \quad t(n - 1)\text{-verteilt.}$$

Damit ergibt sich als Konfidenzintervall zum Niveau $(1 - \alpha)$:

$$\left[\bar{x} - t(n - 1)_{1 - \frac{\alpha}{2}} \cdot \frac{\sigma}{\sqrt{n}}; \bar{x} + t(n - 1)_{1 - \frac{\alpha}{2}} \cdot \frac{\sigma}{\sqrt{n}}\right]$$

$\alpha = 0.05$:
$$\left[27 - 2.064 \cdot \frac{8.1}{\sqrt{25}}; 27 + 2.064 \cdot \frac{8.1}{\sqrt{25}} \right] = [23.66; 30.34].$$

§ 8

8.1 (a) $X_1, \ldots, X_n$ sind unabhängige identisch verteilte Zufallsvariablen, wobei X_i den Zuschauerrückgang im Film i bezeichnet. Es muß eine Entscheidung getroffen werden, ob der durchschnittliche Zuschauerrückgang μ größer oder kleiner als 8% ist:

$$H_0 : \mu \geq 8 \quad \text{gegen} \quad H_1 : \mu < 8.$$

(b) Es sind 4 Fälle zu unterscheiden:

Entscheidung für Wirklichkeit	$\mu \geq 8$	$\mu < 8$
$\mu \geq 8$	richtig	falsch: Verlust an Umsatz **(Fehler 1. Art)**
$\mu < 8$	falsch: entgangener Gewinn **(Fehler 2. Art)**	richtig

(c) Fehler 1. Art: H_0 wird abgelehnt, obwohl H_0 gilt.
Fehler 2. Art: H_0 wird nicht abgelehnt, obwohl H_0 nicht gilt.
Diese Fehler werden beim Testen unterschiedlich gewichtet:
Fehler 1. Art soll auf jeden Fall vermieden werden!
↝ Entsprechende Wahl von H_0 und H_1!
Hier: Verlust an Umsatz ist schlimmer als entgangener Gewinn!
Daher: $H_0 : \mu \geq 8$, $H_1 : \mu < 8$.
Dies entspricht der Formulierung „Preiserhöhung nur, wenn die Umsatzreduzierung (statistisch gesichert) < 8% ist".
Die Wahl der Nullhypothese beeinflußt die Entscheidung des Testverfahrens, da man jeweils in unterschiedlicher Richtung „vorsichtig" ist, d.h. Fehler vermeiden will.

8.2 Die Zufallsvariable X beschreibe den Untersuchungsbefund:
$X = 0$ infiziert, $X = 1$ nicht infiziert.
Parameterraum:
$\Gamma = \{\gamma_0, \gamma_1\}$ γ_0: krank, γ_1: nicht krank
Verteilungen:

$$P_{\gamma_0}(X = 0) = 0.95 \quad \Rightarrow \quad P_{\gamma_0}(X = 1) = 0.05$$
$$P_{\gamma_1}(X = 0) = 0.01 \quad \Rightarrow \quad P_{\gamma_1}(X = 1) = 0.99$$

Testproblem:

$$H_0 : \gamma = \gamma_0 \qquad H_1 : \gamma = \gamma_1$$

Mögliche Entscheidungen:

d_0: Patient behandeln d_1: Patient nicht behandeln

Entscheidungsfunktionen:

	$X = 0$	$X = 1$	Kommentar
δ_1	d_0	d_0	immer behandeln
δ_2	d_0	d_1	nur Infizierte behandeln
δ_3	d_1	d_0	nur Nichtinfizierte behandeln (nicht sinnvoll)
δ_4	d_1	d_1	nie behandeln

$$P_I(\delta_i) = P_{\gamma_0}(\delta_i(X) = d_1) \quad (H_0 \text{ ablehnen, obwohl richtig})$$

$$P_{II}(\delta_i) = P_{\gamma_1}(\delta_i(X) = d_0) \quad (H_0 \text{ annehmen, obwohl falsch})$$

	$P_I(\delta_i)$	$P_{II}(\delta_i)$
δ_1	0	1
δ_2	0.05	0.01
δ_3	0.95	0.99
δ_4	1	0

Zusammenhang:

Risiko und Fehlerwahrscheinlichkeit

$$R(\gamma, \delta) = \sum_{x \in \mathcal{X}} S(\gamma, \delta(x)) \cdot P_\gamma(X = x)$$

$R(\gamma_0, \delta_i)$

$$= \underbrace{S(\gamma_0, d_0) \cdot P_{\gamma_0}(\delta_i(X) = d_0)}_{0} + S(\gamma_0, d_1) \cdot P_{\gamma_0}(\delta_i(X) = d_1)$$

$$= 5 \cdot \underbrace{P_{\gamma_0}(\delta_i(X) = d_1)}_{P_I(\delta_i)}$$

analog:

$R(\gamma_1, \delta_i)$

$$= S(\gamma_1, d_0) \cdot P_{\gamma_1}(\delta_i(X) = d_0) + \underbrace{S(\gamma_1, d_1) \cdot P_{\gamma_1}(\delta_i(X) = d_1)}_{0}$$

$$= 1 \cdot \underbrace{P_{\gamma_1}(\delta_i(X) = d_0)}_{P_{II}(\delta_i)}$$

Bemerkung: Bei der Schadensfunktion

	γ_0	γ_1
d_0	1	0
d_1	0	1

ist das Risiko gleich der Fehlerwahrscheinlichkeit.

8.3 Bernoulli-Verteilung mit $P(X = 1) = p, P(X = 0) = 1 - p$.

$$H_0 : p = p_0 = 0.5, \quad H_1 : p = p_1 = 0.3.$$

Stichprobe vom Umfang $4 : X_1, X_2, X_3, X_4$ mit

$$P(X_i = x_i) = \left\{ \begin{array}{ll} p & \text{für } x_i = 1 \\ 1 - p & \text{für } x_i = 0 \end{array} \right.$$

$T(x) = \sum\limits_{i=1}^{4} x_i$ ist suffiziente Statistik für p, also sollte $T(x)$ als Testkriterium verwendet werden.

$$P(\sum_{i=1}^{4} X_i = k) = \binom{4}{k} p^k (1 - p)^{4-k} \quad \text{für} \quad k = 0, \ldots, 4.$$

$\sum\limits_{i=1}^{4} X_i$	$P_{p_0}(\sum\limits_{i=1}^{4} X_i = k)$	$P_{p_1}(\sum\limits_{i=1}^{4} X_i = k)$
0	0.0625	0.2401
1	0.25	0.4116
2	0.375	0.2646
3	0.25	0.0756
4	0.0625	0.0081

Fehler 1. Art eines Tests δ mit kritischem Bereich K:

$$P_I(\delta) = P_{p_0}(\sum_{i=1}^{4} X_i \in K).$$

Niveau $\alpha = 0.32 \rightsquigarrow 10$ mögliche kritische Bereiche

$$\emptyset, \{0\}, \{1\}, \{3\}, \{4\}, \{0,1\}, \{0,3\}, \{0,4\}, \{1,4\}, \{3,4\},$$

da $\sum\limits_{k \in K} P_{p_0}(\sum\limits_{i=1}^{4} X_i = k) \leq 0.32$ gefordert ist.

Nicht alle dieser kritischen Bereiche sind sinnvoll! Ziel ist für den Annahmebereich A:

$$P_{II}(\delta) = \sum_{k \in A} P_{p_1}(\sum_{i=1}^{4} X_i = k) \rightarrow \min$$

d.h. man bildet für jeden der 10 kritischen Bereiche den Annahmebereich und berechnet den Fehler 2. Art.

$P_{II}(\delta)$ ist minimal für $A = \{2, 3, 4\}$

$$P_{II}(\sum_{i=1}^{4} X_i \in \{2, 3, 4\}) = 0.3483$$

$$\rightsquigarrow \delta^*(x) = \begin{cases} d_1 & \text{für } \sum_{i=1}^{4} x_i \in \{0, 1\} \\ d_0 & \text{für } \sum_{i=1}^{4} x_i \in \{2, 3, 4\} \end{cases}$$

§ 9

9.1 (a) Die Zufallsvariable Y ist Poisson-verteilt: $P_\lambda(Y = y) = e^{-\lambda}\frac{\lambda^y}{y!}$.

$H_0 : \lambda = \lambda_0 = 1 \qquad H_1 : \lambda = \lambda_1 = 3.$

Stichprobe vom Umfang n=6: X Zufallsvektor, x Stichprobenergebnis.

Test: $\delta_k(x) = \begin{cases} d_1 & \text{für } Q(x) = \frac{P_{\lambda_1}(X=x)}{P_{\lambda_0}(X=x)} > k \\ d_0 & \text{für } Q(x) = \frac{P_{\lambda_1}(X=x)}{P_{\lambda_0}(X=x)} \leq k \end{cases}$

$$P_I(\delta_k, \lambda_0) = P_{\lambda_0}(Q(X) > k) \leq \alpha!$$

$$\begin{aligned} P_{\lambda_0}(Q(X) > k) &= 1 - P_{\lambda_0}(Q(X) \leq k) \\ &= 1 - P_{\lambda_0}(e^{-n(\lambda_1-\lambda_0)}(\frac{\lambda_1}{\lambda_0})^{\sum_{i=1}^{n} X_i} \leq k) \\ &= 1 - P_{\lambda_0}((\frac{\lambda_1}{\lambda_0})^{\sum_{i=1}^{n} X_i} \leq \frac{k}{e^{-n(\lambda_1-\lambda_0)}}) \\ &= 1 - P_{\lambda_0}(\sum_{i=1}^{n} X_i \leq \frac{\ln k + n(\lambda_1 - \lambda_0)}{\ln(\frac{\lambda_1}{\lambda_0})}) \\ &= 1 - P_{\lambda_0}(\sum_{i=1}^{n} X_i \leq \underbrace{\frac{\ln k + 2n}{\ln 3}}_{z_k}) \leq 0.06! \end{aligned}$$

$\sum_{i=1}^{n} X_i$ ist $(n\lambda)$-poissonverteit.

$$P_I(\delta_k, \lambda_0) = 1 - P_{\lambda_0}(\sum_{i=1}^{n} X_i \leq z_k)$$

$$= 1 - \sum_{x=0}^{z_k} e^{-n\lambda_0} \frac{(n\lambda_0)^x}{x!}$$

$$= 1 - \sum_{x=0}^{z_k} e^{-n} \frac{n^x}{x!} \leq 0.06!$$

z_k	0	1	2	3	4	5	6
$P_I(\delta_k)$	0.9975	0.9827	0.9380	0.8488	0.7149	0.5543	0.3937

z_k	7	8	9	10	11	12
$P_I(\delta_k)$	0.2560	0.1528	0.0864	0.0426	0.0201	0.0088

$$\leadsto \delta_k(x) = \begin{cases} d_1 \text{ für } \sum_{i=1}^{n} x_i > 10 \\ d_0 \text{ für } \sum_{i=1}^{n} x_i \leq 10 \end{cases}$$

δ_k ist bester Test zum Niveau 0.0426.

Fehler 2. Art für diesen Test:

$$P_{II}(\delta_k, \lambda_1) = \sum_{x=0}^{z_k} e^{-3n} \frac{(3n)^x}{x!} = \sum_{x=0}^{10} e^{-18} \frac{18^x}{x!} = 0.03037.$$

(b) $\qquad P_{\lambda_0}(Q(X) > k) = 1 - P_{\lambda_0} \underbrace{(e^{-n(\lambda_1 - \lambda_0)} (\frac{\lambda_1}{\lambda_0})^{\sum_{i=1}^{n} X_i} \leq k)}_{Q(X)} \leq \alpha$

$$e^{-n(\lambda_1 - \lambda_0)} (\frac{\lambda_1}{\lambda_0})^{\sum_{i=1}^{n} X_i} \leq k$$

$$e^{-12} \cdot 3^{\sum_{i=1}^{n} X_i} \leq 0.363$$

$$\sum_{i=1}^{n} X_i \leq \frac{\ln 0.363 + 12}{\ln 3}$$

$$\sum_{i=1}^{n} X_i \leq 10$$

$$P_{\lambda_0}(\sum_{i=1}^{n} X_i \leq 10) = 0.9574 \geq 1 - \alpha \leadsto \alpha \leq 0.0426.$$

$1 - P_{\lambda_0}(\sum\limits_{i=1}^{n} X_i \leq 10) = 0.0426$, d.h. mit einer Wahrscheinlichkeit von höchstens 4.26 % wird bei diesem Test ein Fehler 1. Art begangen.

9.2 (a)

$$\delta_k(x) = \begin{cases} d_0 & Q(x) \leq k \\ d_1 & Q(x) > k \end{cases}$$

$$P_I(\delta_k, \gamma_0) = P_{\gamma_0}(Q(X) > k) = 1 - P_{\gamma_0}(Q(X) \leq k) \leq \alpha$$

Hier:

$$Q(x) = \frac{f_{X,\mu_1}(x)}{f_{X,\mu_0}(x)} = \frac{\prod\limits_{i=1}^{n} \frac{1}{\sqrt{2\pi}\sigma} e^{-\frac{1}{2}(\frac{x_i-\mu_1}{\sigma})^2}}{\prod\limits_{i=1}^{n} \frac{1}{\sqrt{2\pi}\sigma} e^{-\frac{1}{2}(\frac{x_i-\mu_0}{\sigma})^2}}$$

$$= \frac{(\frac{1}{\sqrt{2\pi}\sigma})^n e^{-\frac{1}{2\sigma^2}\sum\limits_{i=1}^{n} x_i^2} e^{-\frac{1}{2\sigma^2}(-2\mu_1 \sum\limits_{i=1}^{n} x_i + n\mu_1^2)}}{(\frac{1}{\sqrt{2\pi}\sigma})^n e^{-\frac{1}{2\sigma^2}\sum\limits_{i=1}^{n} x_i^2} e^{-\frac{1}{2\sigma^2}(-2\mu_0 \sum\limits_{i=1}^{n} x_i + n\mu_0^2)}}$$

$$= e^{\frac{1}{\sigma^2}(\mu_1-\mu_0)\sum\limits_{i=1}^{n} x_i - \frac{n}{2\sigma^2}(\mu_1^2-\mu_0^2)}$$

Wegen $\mu_1 > \mu_0$:

$$Q(x) > k \Leftrightarrow \bar{x} = \frac{1}{n}\sum\limits_{i=1}^{n} x_i > \underbrace{\frac{2\sigma^2 \ln k + n(\mu_1^2 - \mu_0^2)}{2n(\mu_1 - \mu_0)}}_{k'}$$

$$\begin{aligned} P_{\mu_0}(Q(X) > k) &= P_{\mu_0}(\bar{X} > k') = 1 - P_{\mu_0}(\bar{X} \leq k') \\ &= 1 - \Phi(\frac{k' - \mu_0}{\sigma}\sqrt{n}) = \alpha \\ \Leftrightarrow k' &= \mu_0 + \frac{\sigma}{\sqrt{n}}\Phi^{-1}(1-\alpha) \end{aligned}$$

$$\rightsquigarrow \delta_k(x) = \begin{cases} d_0 & \bar{x} \leq \mu_0 + \frac{\sigma}{\sqrt{n}}\Phi^{-1}(1-\alpha) \\ d_1 & \bar{x} > \mu_0 + \frac{\sigma}{\sqrt{n}}\Phi^{-1}(1-\alpha) \end{cases}$$

(b)

$$\delta_k(x) = \begin{cases} d_0 & \bar{x} \leq 3.90374 \\ d_1 & \bar{x} > 3.90374 \end{cases}$$

$\bar{x} = 4 \rightsquigarrow$ Entscheidung für Alternativhypothese $H_1 : \mu = \mu_1 = 5$.

9.3 Binomialverteilung mit unbekanntem Parameter p

$H_0 : p = p_0 = 0.15 \qquad H_1 : p = p_1 = 0.05$

Für $X = (X_1, \ldots, X_n)$ sei (Neymann/Pearson-Test)

$$\delta(x) = \begin{cases} d_1 & \text{für} \quad Q(x) = \frac{P_{p_1}(X=x)}{P_{p_0}(X=x)} > k \\ d_0 & \text{für} \quad Q(x) \leq k \end{cases}$$

Bei einer Stichprobe vom Umfang $n = 30$ gilt:

$$P_p(x) = p^{\sum\limits_{i=1}^{n} x_i} (1-p)^{30 - \sum\limits_{i=1}^{n} x_i}$$

$$\Rightarrow Q(x) = \frac{p_1^{\sum\limits_{i=1}^{n} x_i} (1-p_1)^{30 - \sum\limits_{i=1}^{n} x_i}}{p_0^{\sum\limits_{i=1}^{n} x_i} (1-p_0)^{30 - \sum\limits_{i=1}^{n} x_i}} = (\frac{p_1}{p_0})^{\sum\limits_{i=1}^{n} x_i} (\frac{1-p_0}{1-p_1})^{\sum\limits_{i=1}^{n} x_i}$$

Da $\sum\limits_{i=1}^{n} X_i$ suffizient ist für p, folgt hieraus:

$$\delta(x) = \begin{cases} d_1 & \text{für} \quad \sum\limits_{i=1}^{n} x_i < c \\ d_0 & \text{für} \quad \sum\limits_{i=1}^{n} x_i \geq c \end{cases}$$

ist gleichmäßig bester Test zum Niveau

$$P_{p_0}(\sum\limits_{i=1}^{n} X_i < c).$$

Fehlerwahrscheinlichkeit 1. Art:

$$P_{p_0}(\sum\limits_{i=1}^{n} X_i < c) \leq 0.10 \qquad \text{(Testniveau } \alpha \leq 10 \text{ \%).}$$

Aus einer Tabelle mit $n = 30$ und $p = 0.15$:

$$P_{p_0}\left(\sum_{i=1}^{n} X_i < 1\right) \;=\; 0.0076,$$

$$P_{p_0}\left(\sum_{i=1}^{n} X_i < 2\right) \;=\; 0.0480 < 10\%,$$

$$P_{p_0}\left(\sum_{i=1}^{n} X_i < 3\right) \;=\; 0.1514 > 10\%.$$

$$\delta(x) = \begin{cases} d_1 & \text{für} \quad \sum\limits_{i=1}^{n} x_i < 2 \\[2mm] d_0 & \text{für} \quad \sum\limits_{i=1}^{n} x_i \geq 2 \end{cases}$$

ist gleichmäßig bester Test zum Niveau $\alpha = 4.8\ \%$.

9.4 Sei X der Stichprobenvektor mit Zurücklegen vom Umfang n und $Q(x)$ der Wahrscheinlichkeitsquotient zu diesem Testproblem, d.h.

$$Q(x) = \frac{P_{\gamma_1}(X = x)}{P_{\gamma_0}(X = x)}$$

bzw.

$$Q(x) = \frac{f_{X,\gamma_1}(x)}{f_{X,\gamma_0}(x)} \quad \text{im stetigen Fall.}$$

Der Neyman-Pearson-Test läßt sich dann schreiben als

$$\delta(x) = \begin{cases} d_0 & Q(x) \leq k \\ d_1 & Q(x) > k. \end{cases}$$

Sei nun T eine suffiziente Statistik, so existieren Funktionen g und h mit

$$P_\gamma(X = x) = g(T(x), \gamma)h(x)$$

bzw.

$$f_{X,\gamma}(x) = g(T(x), \gamma)h(x)$$

für alle $\gamma \in \Gamma$.

Damit ist $Q(x) = \frac{g(T(x),\gamma_1)}{g(T(x),\gamma_0)}$ und aus $T(x^1) = T(x^2)$ folgt

$$Q(x^1) = Q(x^2)$$

und damit

$$\delta(x^1) = \delta(x^2).$$

§ 10

10.1 (a) Die Lebensdauer einer Leuchtstoffröhre in h wird als Zufallsvariable X angesehen, $N(\mu, \sigma^2)$-verteilt. Das Testproblem lautet:

$$H_0 : \mu \leq \mu_0 = 1500 \qquad H_1 : \mu > \mu_0 = 1500$$

Stichprobe vom Umfang $n = 10$.

$T(x) = \sum\limits_{i=1}^{n} x_i$ ist suffiziente Statistik für μ bei bekannten σ^2.

$$\sum_{i=1}^{n} X_i \quad \text{ist} \quad N(n\mu, n\sigma^2)\text{-verteilt}$$

$$\delta_k(x) = \begin{cases} d_1 & T(x) > k \\ d_0 & T(x) \leq k \end{cases}$$

$$\begin{aligned} P_I(\delta_k, \mu_0) &= P_{\mu_0}(\delta_k(X) = d_1) \\ &= P_{\mu_0}(T(X) > k) \\ &= 1 - P_{\mu_0}(\sum_{i=1}^{n} X_i \leq k) = \alpha \end{aligned}$$

$$\Leftrightarrow P_{\mu_0}(\sum_{i=1}^{n} X_i \leq k) = 1 - \alpha$$

$$\Leftrightarrow P_{\mu_0}(\frac{\sum\limits_{i=1}^{n} X_i - n\mu_0}{\sqrt{n}\sigma} \leq \frac{k - \mu_0 n}{\sqrt{n}\sigma}) = \Phi(\frac{k - \mu_0 n}{\sqrt{n}\sigma}) = 0.95$$

$$\Leftrightarrow \frac{k - \mu_0 n}{\sqrt{n}\sigma} = \Phi^{-1}(0.95)$$

$$\Leftrightarrow k = \Phi^{-1}(0.95)\sigma\sqrt{n} + \mu_0 n = 15521.8$$

$$\Rightarrow \delta_k(x) = \begin{cases} d_1 & \text{für} \quad \sum\limits_{i=1}^{10} x_i > 15521.8 \\ d_0 & \text{für} \quad \sum\limits_{i=1}^{10} x_i \leq 15521.8 \end{cases}$$

(b) $\sum\limits_{i=1}^{10} x_i = 15120 \rightsquigarrow \delta_k(x) = d_0$ und damit kann die Nullhypothese aufgrund der Stichprobenergebnisse nicht abgelehnt werden.

10.2 (a) Zufallsvariable Y: Körpergröße in cm, Y $N(\mu, \sigma^2)$-verteilt mit unbekanntem σ^2. Testproblem ist:

$$H_0 : \mu \leq 175 = \mu_0 \qquad H_1 : \mu > 175 = \mu_0.$$

X Stichprobenvektor (vom Umfang n), x Stichprobenergebnis:

$T(X) = \frac{\bar{X} - \mu_0}{\frac{S^*(X)}{\sqrt{n}}}$ ist t-verteilt mit $n - 1$ Freiheitsgraden, wobei

$$S^*(x) = \sqrt{\frac{1}{n-1} \sum_{i=1}^{n} (x_i - \bar{x})^2} \quad \text{ist.}$$

$$\delta_k(x) = \begin{cases} d_1 & T(x) > k \\ d_0 & T(x) \leq k \end{cases}$$

ist gleichmäßig bester Test zum Niveau

$$\begin{aligned} P_I(\delta_k, \mu_0) &= P_{\mu_0}(T(X) > k) \\ &= 1 - P_{\mu_0}(T(X) \leq k) = \alpha. \end{aligned}$$

Daraus folgt

$$P_{\mu_0}(T(X) \leq k) = 1 - \alpha.$$

Mit

$$P_{\mu_0}\left(\frac{\bar{X} - \mu_0}{S^*(X)} \sqrt{n} \leq t(n-1)_{1-\alpha}\right) = 1 - \alpha$$

gilt

$$\frac{\bar{X} - \mu_0}{S^*(x)} \sqrt{n} \leq t(n-1)_{1-\alpha}, \quad \Leftrightarrow \quad \bar{X} \leq \frac{S^*(x)}{\sqrt{n}} t(n-1)_{1-\alpha} + \mu_0$$

und damit

$$\delta_k(x) = \begin{cases} d_1 & \bar{x} > \mu_0 + \frac{S^*(x)}{\sqrt{n}} t(n-1)_{1-\alpha} \\ d_0 & \bar{x} \leq \mu_0 + \frac{S^*(x)}{\sqrt{n}} t(n-1)_{1-\alpha} \end{cases}$$

(b) $\bar{x} = \frac{1}{n} \sum\limits_{i=1}^{n} x_i = 179.55; \quad S^*(x) = \sqrt{\frac{1}{n-1} \sum\limits_{i=1}^{n} (x_i - \bar{x})^2} = 7.797$

$$\mu_0 + \frac{S^*(x)}{\sqrt{n}} t(n-1)_{1-\alpha} = 175 + \frac{7.707}{\sqrt{20}} t(19)_{0.95} = 178.01$$

mit $\quad t(19)_{0.95} = 1.729$. Wegen $\bar{x} > 178.01$ ist $\delta_k(x) = d_1$.

10.3 Die Zufallsvariable Y gebe die Füllmenge eines Waschmittelpakets an. Y ist $N(\mu, \sigma^2)$-verteilt.

(a) Testproblem ist:

$$H_0 : \sigma^2 \geq \sigma_0^2 = 140^2 \qquad H_1 : \sigma^2 < \sigma_0^2 = 140^2$$

mit unbekanntem μ. Sei X der Stichprobenvektor, dann ist

$$T(X) = \frac{\sum\limits_{i=1}^{n}(X_i - \bar{X})^2}{\sigma_0^2} \qquad \chi^2(n-1)\text{-verteilt.}$$

Die Entscheidungsfunktion lautet damit:

$$\delta(x) = \begin{cases} d_0 & \frac{\sum\limits_{i=1}^{n}(x_i - \bar{x})^2}{\sigma_0^2} \geq \chi^2(n-1)_\alpha \\[3mm] d_1 & \frac{\sum\limits_{i=1}^{n}(x_i - \bar{x})^2}{\sigma_0^2} < \chi^2(n-1)_\alpha \end{cases}$$

Mit $\bar{x} = 999.3$ ist

$$T(x) = \frac{\sum\limits_{i=1}^{10}(x_i - \bar{x})^2}{\sigma_0^2} = \frac{1266.1}{140} = 9.044$$

und mit $\chi^2(9)_{0.05} = 3.325$ folgt

$$T(x) > \chi^2(9)_{0.95} \quad \text{und damit} \quad \delta(x) = d_0.$$

(b) Falls der Erwartungswert μ bekannt ist mit $\mu = 1000$, ist

$$T(X) = \frac{\sum\limits_{i=1}^{n}(X_i - \mu)^2}{\sigma_0^2} \qquad \chi^2(n)\text{-verteilt.}$$

Die Entscheidungsfunktion lautet jetzt:

$$\delta(x) = \begin{cases} d_0 & \frac{\sum\limits_{i=1}^{n}(x_i - \mu)^2}{\sigma_0^2} \geq \chi^2(n)_\alpha \\[3mm] d_1 & \frac{\sum\limits_{i=1}^{n}(x_i - \mu)^2}{\sigma_0^2} < \chi^2(n)_\alpha \end{cases}$$

Mit

$$T(x) = \frac{\sum\limits_{i=1}^{n}(x_i - \mu)^2}{\sigma_0^2} = \frac{1271}{140} = 9.079$$

und

$$\chi^2(10)_{0.05} = 3.940, \quad T(x) > \chi^2(10)_{0.05}$$

folgt ebenfalls $\delta(x) = d_0$.

§ 11

11.1 (a) $H_0 : p \leq 0.4 \qquad H_1 : p > 0.4,$

$\Gamma_0 = [0, 0.4] \qquad \Gamma_1 = (0.4, 1].$

(b) $\delta(x) = \begin{cases} d_0 & \text{für} \quad \sum\limits_{i=1}^{n} x_i \leq c \\ d_1 & \text{für} \quad \sum\limits_{i=1}^{n} x_i > c \end{cases}$

$\text{mit} \quad x_i = \begin{cases} 1 & \text{Fahrer zum Kauf bereit} \\ 0 & \text{sonst} \end{cases}$

OC-Funktion:

$$P(\sum_{i=1}^{n} X_i \leq c) = L_{n,c}(p) = \sum_{k=0}^{c} \binom{n}{k} p^k (1-p)^{n-k}$$

Gütefunktion:

$$P(\sum_{i=1}^{n} X_i > c) = G_{n,c}(p)$$

$$= 1 - L_{n,c}(p) = \sum_{k=c+1}^{n} \binom{n}{k} p^k (1-p)^{n-k}$$

(vgl. Beispiel 7.5).

(c)

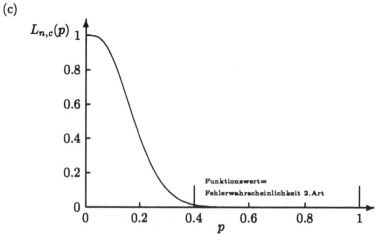

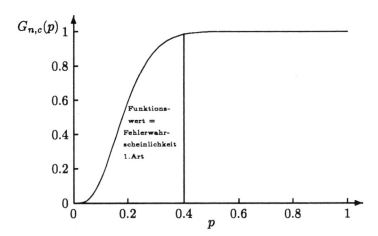

(d) Die Wahrscheinlichkeit, höchstens c potentielle Kunden zu finden, wird mit steigender Zahl befragter Autofahrer kleiner. Mit wachsendem n nimmt also die OC-Funktion für alle $p \in [0,1]$ ab, d.h. die Güte-Funktion steigt für alle $p \in [0,1]$, damit auch für alle $p \in [0,0.4]$. Die Fehlerwahrscheinlichkeit 1. Art nimmt zu.

(e) Variation der Parameter n und c in konstantem Verhältnis.

Zu (d) und (e) betrachte man auch die Abbildung 11.2.

11.2 Sei Y die Füllmenge, also $N(\mu, \sigma^2)$-verteilt mit $\sigma^2 = 9$. Dann ist die Forderung:

$$P(Y \geq 1000) = 1 - P(Y \leq 1000) = 0.90.$$

$$P(Y \leq 1000) = P(\frac{Y - \mu}{\sigma} \leq \frac{1000 - \mu}{\sigma}) = \Phi(\frac{1000 - \mu}{\sigma}) = 0.10$$

$$\Leftrightarrow \frac{1000 - \mu}{\sigma} = u_{0.10} = -1.28$$

Mit $\sigma = 3$ folgt daraus $\mu = 1000 + 3.84 = 1003.84$.

Da σ bekannt ist, verwenden wir $\bar{x}$ als Testgröße. Da ferner ein Fehlalarm nur mit einer Wahrscheinlichkeit von 0.01 erfolgen soll, formulieren wir die Thesen wie folgt:

$$H_0 : \mu \geq 1003.84 \quad H_1 : \mu < 1003.84.$$

Gleichmäßig bester Test zum Niveau $\alpha = 0.01$ für diese Aufgabe ist

$$\delta(x) = \begin{cases} d_1 & \text{für} \quad \bar{x} < 1003.84 - \frac{3}{\sqrt{5}} u_{1-0.01} = 1000.71 \\ d_0 & \text{für} \quad \bar{x} \geq 1003.84 - \frac{3}{\sqrt{5}} u_{1-0.01} = 1000.71 \end{cases}$$

Die OC-Funktion lautet damit:

$$L(\mu) := P(\bar{X} \geq 1000.71) \;=\; 1 - \Phi(\frac{1000.71 - \mu}{\sigma}\sqrt{n})$$

$$=\; 1 - \Phi(\frac{1000.71 - \mu}{3}\sqrt{5})$$

Die Gütefunktion ergibt sich daraus mit

$$G(\mu) = 1 - L(\mu) = \Phi(\frac{1000.71 - \mu}{3}\sqrt{5}).$$

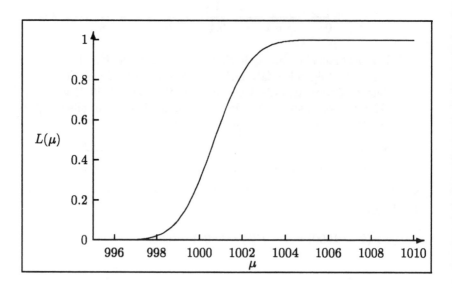

§ 12

12.1 Normalverteilung:

$$X_i \quad \text{sei} \quad N(\mu, \sigma^2)\text{-verteilt für} \quad i = 1, \ldots, n$$

$$\Rightarrow \sum_{i=1}^{n} X_i \quad \text{ist} \quad N(n\mu, n\sigma^2)\text{-verteilt}$$

$$\text{und} \quad \frac{1}{n}\sum_{i=1}^{n} X_i \quad \text{ist} \quad N(\mu, \frac{\sigma^2}{n})\text{-verteilt.}$$

$\sum_{i=1}^{n} x_i, \frac{1}{n}\sum_{i=1}^{n} x_i$ sind suffizient für μ und bieten sich daher als Teststatistiken an.

(a) Zweiseitiger Test: $H_0 : \mu = \mu_0 = 450000 \quad H_1 : \mu \neq 450000$

$$\delta(x) = \begin{cases} d_1 & \text{für } T(x) < c_1 \text{ oder } T(x) > c_2 \\ d_0 & \text{für } c_1 \leq T(x) \leq c_2 \end{cases}$$

mit $T(x) = \bar{x} = \frac{1}{n} \sum_{i=1}^{n} x_i$.

$$\begin{aligned}
P_I(\delta, \mu_0) &= 1 - P_{\mu_0}(\overbrace{\mu_0 - d}^{c_1} \leq \bar{X} \leq \overbrace{\mu_0 + d}^{c_2}) \\
&= 1 - [P_{\mu_0}(\bar{X} \leq \mu_0 + d) - P_{\mu_0}(\bar{X} \leq \mu_0 - d)] \\
&= 1 - [\phi\left(\frac{\mu_0 + d - \mu_0}{\sigma} \cdot \sqrt{n}\right) - \phi\left(\frac{\mu_0 + d - \mu_0}{\sigma} \cdot \sqrt{n}\right)] \\
&\overset{!}{=} \alpha \\
&\Leftrightarrow 2\phi\left(\frac{d}{\sigma} \cdot \sqrt{n}\right) - 1 \overset{!}{=} 1 - \alpha.
\end{aligned}$$

Mit $\alpha = 0.05$

$$\phi(\frac{d}{20000} \cdot \sqrt{45}) = 1 - \frac{\alpha}{2} = 0.975$$

$$\Leftrightarrow \frac{d}{20000} \cdot \sqrt{45} = 1.96 \Leftrightarrow d = 5843.6.$$

Also:

$$\delta(x) = \begin{cases} d_1 & \text{für } \bar{x} < 444156.4 \text{ oder } \bar{x} > 455843.6 \\ d_0 & \text{für } 444156.4 \leq \bar{x} \leq 455843.6 \end{cases}$$

Für $\bar{x} = 447000$ wird H_0 also nicht abgelehnt.

(b) σ unbekannt, Schätzwert $\hat{\sigma} = S^*(x) = \sqrt{\frac{1}{n-1} \sum_{i=1}^{n} (x_i - \bar{x})^2}$

$$T(X) = \frac{\bar{X} - \mu_0}{\frac{S^*(X)}{\sqrt{n}}} \quad \text{ist} \quad t(n-1)\text{-verteilt.}$$

$$H_0 : \mu = \mu_0 = 450000 \qquad \mu \neq \mu_0 = 450000$$

Gleichmäßig bester unverfälschter Test zum Niveau $\alpha = 0.05$

$$\delta(x) = \begin{cases} d_0 & |\frac{\bar{x} - \mu_0}{S^*(x)} \sqrt{n}| \leq t(n-1)_{1 - \frac{\alpha}{2}} \\ d_1 & \text{sonst} \end{cases}$$

$$|T(x)| = \left| \frac{\bar{x} - \mu_0}{\frac{S^*(x)}{\sqrt{n}}} \right| = |-1.028| \leq t(44)_{0.975} = 2.0161 \rightsquigarrow \delta(x) = d_0.$$

(c) Einseitiger Test: $H_0 : \mu \leq \mu_0 = 450000; \quad H_1 : \mu > 450000$

$$\delta(x) = \begin{cases} d_1 & \text{für } \bar{x} > c \\ d_0 & \text{für } \bar{x} \leq c \end{cases}$$

$$\begin{aligned} P_I(\delta, \mu_0) = P_{\mu_0}(\bar{X} > c) &= 1 - P_{\mu_0}(\bar{X} \leq c) \\ &= 1 - \phi\Big(\frac{c - \mu_0}{\sigma} \cdot \sqrt{n}\Big) \overset{!}{=} 0.05 \\ &\Leftrightarrow \phi\Big(\frac{c - \mu_0}{\sigma} \cdot \sqrt{n}\Big) = 0.95 \\ &\Leftrightarrow \frac{c - \mu_0}{\sigma} \cdot \sqrt{n} = 1.645 \\ &\Leftrightarrow c = 458225 \end{aligned}$$

$$\Rightarrow \delta(x) = \begin{cases} d_1 & \text{für } \bar{x} > 458225 \\ d_0 & \text{für } \bar{x} \leq 458225 \end{cases}$$

Hier ist $\bar{x} = 460000$, also spricht das Ergebnis für einen Erfolg der Anzeigenkampagne.

12.2 (a) Zweiseitiger Test:

$$H_0 : \mu = \mu_0 = 10000 \qquad H_1 : \mu \neq 10000$$

Bei

$$T(x) = \frac{1}{n} \sum_{i=1}^{n} x_i = \bar{x} = 9608$$

wird die Nullhypothese gerade noch angenommen, d.h. 9608 ist eine (folglich die untere) der Testschranken, der Test lautet damit

$$\delta(x) = \begin{cases} d_1 & \text{für} \quad \bar{x} < 9608 \text{ oder } \bar{x} > 10392 \\ d_0 & \text{für} \quad 9608 \leq \bar{x} \leq 10392 \end{cases}$$

Das Niveau dieses Tests ist mit $c = 392$

$$\begin{aligned} P_I(\delta(x), \mu_0) &= 1 - P_{\mu_0}(\mu_0 - c \leq \bar{X} \leq \mu_0 + c) = \alpha = 0.05 \\ &\Leftrightarrow 2\Phi(\frac{c}{\sigma}\sqrt{n}) - 1 = 1 - \alpha \\ &\Leftrightarrow \Phi(\frac{c}{\sigma}\sqrt{n}) = 0.975 \\ &\Leftrightarrow \frac{c}{\sigma}\sqrt{n} = 1.96 \end{aligned}$$

$n = 25 \Rightarrow \sigma = 1000 \quad und \quad \sigma^2 = 1000^2$.

(b) $\left[\bar{x} - \frac{\sigma}{\sqrt{n}} \cdot u_{1-\frac{\alpha}{2}}; \bar{x} + \frac{\sigma}{\sqrt{n}} \cdot u_{1-\frac{\alpha}{2}}\right]$

$$= [9608 - 392; 9608 + 392] = [9216; 10000]$$

12.3 (a) Die Zufallsvariable Y beschreibe die Länge einer Schraube, Y ist
      $N(\mu, \sigma^2)$-verteilt mit unbekanntem μ, X sei Stichprobenvektor (vom
      Umfang n) zu Y, x das Stichprobenergebnis.

$$T(X) = \frac{\sum_{i=1}^{n}(X_i - \bar{X})^2}{\sigma^2} \quad \text{ist} \quad \chi^2(n-1)\text{-verteilt.}$$

$$H_0 : \sigma^2 = 0.4 \qquad H_1 : \sigma^2 \neq 0.4$$

Equal-tails-Test:

$$\delta(x) = \left\{ \begin{array}{ll} d_0 & \frac{\sum_{i=1}^{n}(x_i - \bar{x})^2}{\sigma_0^2} \in [\chi^2(n-1)_{\frac{\alpha}{2}}; \chi^2(n-1)_{1-\frac{\alpha}{2}}] \\ d_1 & \text{sonst} \end{array} \right.$$

$$\bar{x} = 21.117; \qquad \chi^2(11)_{0.025} = 3.82; \quad \chi^2(11)_{0.975} = 21.92;$$

$$\sum_{i=1}^{n}(x_i - \bar{x})^2 = 4.577;$$

$$\frac{\sum_{i=1}^{n}(x_i - \bar{x})^2}{\sigma_0^2} = 11.4425 \in [3.82; 21.92]$$

$$\rightsquigarrow \delta(x) = d_0$$

(b) Y ist $N(\mu, \sigma^2)$-verteilt mit $\mu = 21$ mm:

$$T(X) = \frac{\sum_{i=1}^{n}(X_i - \mu_0)^2}{\sigma_0^2} \quad \text{ist} \quad \chi^2(n)\text{-verteilt.}$$

$$H_0 : \sigma^2 = 0.4 \qquad H_1 : \sigma^2 \neq 0.4$$

Equal-tails-Test:

$$\delta(x) = \left\{ \begin{array}{ll} d_0 & \frac{\sum_{i=1}^{n}(x_i - \mu_0)^2}{\sigma_0^2} \in [\chi^2(n)_{\frac{\alpha}{2}}; \chi^2(n)_{1-\frac{\alpha}{2}}] \\ d_1 & \text{sonst} \end{array} \right.$$

$$\sum_{i=1}^{12}(x_i - \mu_0)^2 = 4.74;$$

$$\frac{\sum_{i=1}^{n}(x_i - \mu_0)^2}{\sigma_0^2} = \frac{4.74}{0.4} = 11.85;$$

$$\chi^2(12)_{0.025} = 4.4; \qquad \chi^2(12)_{0.975} = 23.34;$$

$$11.85 \in [4.4; 23.34] \rightsquigarrow \delta(x) = d_0.$$

§ 13

13.1 (a) Die Zufallsvariable Y beschreibe die Länge einer produzierten Schraube. Y ist $N(\mu, \sigma^2)$-verteilt mit $\sigma = 0.7$. Sei X Stichprobenvektor (vom Umfang n) zu Y. Damit ist $\bar{X} = \frac{1}{n} \sum_{i=1}^{n} X_i$

$N(\mu, \frac{\sigma^2}{n})$-verteilt; Stichprobenergebnis ist: $\bar{x} = 21.117$.

$$
\begin{aligned}
P_I(\delta, \mu_0) &= P_{\mu_0}(T(X) \le \bar{x}) = P_{\mu_0}(\bar{X} \le \bar{x}) = \Phi(\frac{\bar{x} - \mu}{\sigma}\sqrt{n}) \\
&= \Phi(\frac{21.117 - 22}{0.7}\sqrt{12}) = \Phi(-4.37) = 0.000012.
\end{aligned}
$$

Das Stichprobenergebnis spricht hochsignifikant gegen die Nullhypothese, die Nullhypothese ist abzulehnen.

(b) p-Wert $= P_I(\delta, \mu_0)$, wobei δ der equal-tails-Test ist, bei dem die Nullhypothese gerade noch angenommen wird, d.h. für die Testschranken gilt $\bar{x} = \mu_0 - d$ oder $\bar{x} = \mu_0 + d$. $\mu_0 + d$ kommt offensichtlich nicht in Frage. Damit ist der p-Wert $= P_{\mu_0}(\bar{X} \notin [\mu_0 - d, \mu_0 + d])$ mit $d = \mu_0 - \bar{x}$.

$$
\begin{aligned}
p\text{-Wert} &= 1 - \left[P_{\mu_0}(\mu_0 - d \le \bar{X} \le \mu_0 + d) \right] \\
&= 1 - \left[P_{\mu_0}(\bar{X} \le \mu_0 + d) - P(\bar{X} \le \mu_0 - d) \right] \\
&= 1 - \left[\Phi(\frac{\mu_0 + d - \mu_0}{\sigma}\sqrt{n}) - \Phi(\frac{\mu_0 - d - \mu_0}{\sigma}\sqrt{n}) \right] \\
&= 1 - \left[\Phi(\frac{d}{\sigma}\sqrt{n}) - \Phi(-\frac{d}{\sigma}\sqrt{n}) \right] \\
&= 1 - \left[2\Phi(\frac{d}{\sigma}\sqrt{n}) - 1 \right] = 2 - 2\Phi(\frac{d}{\sigma}\sqrt{n}) \\
&= 2 - 2\Phi(\frac{3000}{20000}\sqrt{45}) = 2 - 2\Phi(1.01) \\
&= 2 - 2 \cdot 0.8438 = 0.3124
\end{aligned}
$$

$\rightsquigarrow H_0$ kann nicht abgelehnt werden.

Oder nach Beziehung (85):

$\bar{X}$ ist $N(\mu, \frac{\sigma^2}{n})$-verteilt mit $n = 45$ und $\sigma^2 = 20000^2$.

$$
\begin{aligned}
P_{\mu_0}(\bar{X} < \bar{x}) &= \Phi(\frac{\bar{x} - \mu_0}{\sigma}\sqrt{n}) = \Phi(-\frac{3000}{20000}\sqrt{45}) \\
&= \Phi(-1.01) = 0.1562
\end{aligned}
$$

$P_{\mu_0}(\bar{X} > \bar{x}) = 1 - P_{\mu_0}(\bar{X} < \bar{x}) = 0.8438.$

p-Wert $= 2\min\{P_{\mu_0}(\bar{X} < \bar{x}), P_{\mu_0}(\bar{X} > \bar{x})\} = 0.3124$

13.2 (a) Y sei $N(\mu, \sigma^2)$-verteilt, X der zugehörige Stichprobenvektor;

$\bar{x} = \frac{1}{n} \sum\limits_{i=1}^{n} x_i = 50.1$; $S^{*2}(x) = \frac{1}{n-1} \sum\limits_{i=1}^{n} (x_i - \bar{x})^2 = 0.202$. Die Test-

statistik $T(X) = \frac{\bar{X} - \mu}{S^*(x)} \sqrt{n}$ ist t-verteilt mit $n - 1$ Freiheitsgraden,

$T(x) = \frac{0.1}{0.4496} \sqrt{10} = 0.703$. ist Testschranke. Damit gilt:

p-Wert $= P_I(\delta, \mu_0)$

$$= 1 - P_{\mu_0}(-0.703 \le \frac{\bar{X} - \mu_0}{S^*(X)} \sqrt{n} \le 0.703)$$

$$= 1 - [F_{t(n-1)}(0.703) - F_{t(n-1)}(-0.703)]$$

$$= 1 - [F_{t(n-1)}(0.703) - (1 - F_{t(n-1)}(0.703))]$$

$$= 1 - [2F_{t(n-1)}(0.703) - 1]$$

$$= 1 - [2F_{t(9)}(0.703) - 1] = 1 - [1.5 - 1] = 0.5,$$

wobei $F_{t(n)}(x)$ den Wert der Verteilungsfunktion der t-Verteilung mit n Freiheitsgraden an der Stelle x angibt.

Oder nach Beziehung (85):

$$P_{\mu_0}(T(X) < t_0) = P_{\mu_0}(T(X) < 0.703) = F_{t(9)}(0.703) = 0.75$$

$$P_{\mu_0}(T(X) > t_0) = 1 - F_{t(9)}(0.703) = 0.25$$

p-Wert $= 2\min\{P_{\mu_0}(T(X) < 0.703), P_{\mu_0}(T(X) > 0.703)\} = 0.5$.

(b) p-Wert $= P_I(\delta, \mu_0) = 1 - [2F_{t(n-1)}(\frac{d}{S^*(x)}\sqrt{n}) - 1] \ge 0.05 = \alpha$

$\Leftrightarrow F_{t(n-1)}(\frac{d}{S^*(x)}\sqrt{n}) \le 1 - \frac{\alpha}{2}$ mit $d = |\bar{x} - \mu_0|$.

(1) $\bar{x} > \mu_0 \rightsquigarrow d = \bar{x} - \mu_0$: $\frac{\bar{x} - \mu_0}{S^*(x)} \sqrt{n} \le t(n-1)_{1-\frac{\alpha}{2}}$

(2) $\bar{x} < \mu_0 \rightsquigarrow d = \mu_0 - \bar{x}$:

$$F_{t(n-1)}(\frac{\mu_0 - \bar{x}}{S^*(x)} \sqrt{n}) = 1 - F_{t(n-1)}(\frac{\bar{x} - \mu_0}{S^*(x)} \sqrt{n}) \le 1 - \frac{\alpha}{2}$$

$$\rightsquigarrow F_{t(n-1)}(\frac{\bar{x} - \mu_0}{S^*(x)} \sqrt{n}) \ge \frac{\alpha}{2} \quad \rightsquigarrow \quad \frac{\bar{x} - \mu_0}{S^*(x)} \sqrt{n} \ge t(n-1)_{\frac{\alpha}{2}}$$

Zusammen ergibt sich die Forderung:

$$t(9)_{0.025} \le \frac{\bar{x} - \mu_0}{S^*(x)} \sqrt{n} \le t(9)_{0.975}$$

bzw.

$$-2.262 \le \frac{\bar{x} - \mu_0}{S^*(x)} \sqrt{n} \le 2.262.$$

Daraus folgt

$$\mu_0 \geq \bar{x} - 2.262 \frac{S^*(x)}{\sqrt{n}} = 49.778,$$

$$\mu_0 \leq \bar{x} + 2.262 \frac{S^*(x)}{\sqrt{n}} = 50.4216,$$

$$\mu_0 \in [49.778; 50.4216].$$

D Tabellen

Standardnormalverteilung: $\Phi(x) = \int\limits_{-\infty}^{x} \frac{1}{\sqrt{2\pi}} e^{-\frac{z^2}{2}} dz$

	0.00	0.01	0.02	0.03	0.04	0.05	0.06	0.07	0.08	0.09
0.0	0.5000	0.5040	0.5078	0.5120	0.5160	0.5199	0.5239	0.5279	0.5319	0.5359
0.1	0.5398	0.5438	0.5478	0.5517	0.5557	0.5596	0.5636	0.5675	0.5714	0.5753
0.2	0.5793	0.5832	0.5871	0.5910	0.5948	0.5987	0.6026	0.6064	0.6103	0.6141
0.3	0.6179	0.6217	0.6255	0.6293	0.6331	0.6368	0.6406	0.6443	0.6480	0.6517
0.4	0.6554	0.6591	0.6628	0.6664	0.6700	0.6736	0.6772	0.6808	0.6844	0.6879
0.5	0.6915	0.6950	0.6985	0.7019	0.7054	0.7088	0.7123	0.7157	0.7190	0.7224
0.6	0.7257	0.7291	0.7324	0.7357	0.7389	0.7422	0.7454	0.7486	0.7517	0.7549
0.7	0.7580	0.7611	0.7642	0.7673	0.7703	0.7734	0.7764	0.7794	0.7823	0.7852
0.8	0.7881	0.7910	0.7939	0.7967	0.7995	0.8023	0.8051	0.8078	0.8106	0.8133
0.9	0.8159	0.8186	0.8212	0.8238	0.8264	0.8289	0.8315	0.8340	0.8365	0.8389
1.0	0.8413	0.8438	0.8461	0.8485	0.8508	0.8531	0.8554	0.8577	0.8600	0.8621
1.1	0.8643	0.8665	0.8686	0.8708	0.8729	0.8749	0.8770	0.8790	0.8810	0.8830
1.2	0.8849	0.8869	0.8888	0.8907	0.8925	0.8944	0.8962	0.8980	0.8997	0.9015
1.3	0.9032	0.9049	0.9065	0.9082	0.9099	0.9115	0.9131	0.9147	0.9162	0.9177
1.4	0.9192	0.9207	0.9222	0.9236	0.9251	0.9265	0.9279	0.9292	0.9306	0.9319
1.5	0.9332	0.9345	0.9357	0.9370	0.9382	0.9394	0.9406	0.9418	0.9429	0.9441
1.6	0.9452	0.9463	0.9474	0.9484	0.9495	0.9505	0.9515	0.9525	0.9535	0.9545
1.7	0.9554	0.9564	0.9573	0.9582	0.9591	0.9599	0.9608	0.9616	0.9625	0.9633
1.8	0.9641	0.9649	0.9656	0.9664	0.9671	0.9678	0.9686	0.9693	0.9699	0.9706
1.9	0.9713	0.9719	0.9726	0.9732	0.9738	0.9744	0.9750	0.9756	0.9761	0.9767
2.0	0.9772	0.9778	0.9783	0.9788	0.9793	0.9798	0.9803	0.9807	0.9812	0.9817
2.1	0.9821	0.9826	0.9830	0.9834	0.9838	0.9842	0.9846	0.9850	0.9854	0.9857
2.2	0.9861	0.9864	0.9867	0.9871	0.9875	0.9878	0.9881	0.9884	0.9887	0.9890
2.3	0.9893	0.9896	0.9898	0.9901	0.9904	0.9906	0.9909	0.9911	0.9913	0.9916
2.4	0.9918	0.9920	0.9922	0.9925	0.9927	0.9929	0.9931	0.9932	0.9934	0.9936
2.5	0.9938	0.9940	0.9941	0.9943	0.9945	0.9946	0.9948	0.9949	0.9951	0.9952
2.6	0.9953	0.9955	0.9956	0.9957	0.9958	0.9959	0.9961	0.9962	0.9963	0.9964
2.7	0.9965	0.9966	0.9967	0.9968	0.9969	0.9970	0.9971	0.9972	0.9973	0.9974
2.8	0.9974	0.9975	0.9976	0.9977	0.9977	0.9978	0.9979	0.9979	0.9980	0.9981
2.9	0.9981	0.9982	0.9982	0.9983	0.9984	0.9984	0.9985	0.9985	0.9986	0.9986
3.0	0.9987	0.9987	0.9987	0.9988	0.9988	0.9989	0.9989	0.9989	0.9990	0.9990
3.1	0.9990	0.9991	0.9991	0.9991	0.9992	0.9992	0.9992	0.9993	0.9993	0.9993
3.2	0.9993	0.9993	0.9994	0.9994	0.9994	0.9994	0.9994	0.9995	0.9995	0.9995
3.3	0.9995	0.9995	0.9995	0.9996	0.9996	0.9996	0.9996	0.9996	0.9996	0.9997
3.4	0.9997	0.9997	0.9997	0.9997	0.9997	0.9997	0.9997	0.9997	0.9997	0.9998
3.5	0.9998	0.9998	0.9998	0.9998	0.9998	0.9998	0.9998	0.9998	0.9998	0.9998
4.0	0.9999	0.9999	0.9999	0.9999	0.9999	0.9999	0.9999	0.9999	0.9999	0.9999
4.4	0.9999	0.9999	0.9999	0.9999	0.9999	0.9999	0.9999	0.9999	0.9999	0.9999

Quantile der t-Verteilung

$t(n)_\alpha$ ist das α-Quantil der $t(n)$-Verteilung: $\quad F_{t(n)}(t(n)_\alpha) = \alpha$

α n	90%	95%	97.5%	99%	99.5%
1	3.0776	6.3137	12.7062	31.8205	63.6568
2	1.8856	2.9200	4.3027	6.9646	9.9248
3	1.6377	2.3534	3.1824	4.5407	5.8409
4	1.5332	2.1318	2.7764	3.7469	4.6041
5	1.4759	2.0150	2.5706	3.3649	4.0321
6	1.4398	1.9432	2.4469	3.1427	3.7074
7	1.4149	1.8946	2.3646	2.9980	3.4995
8	1.3968	1.8595	2.3060	2.8965	3.3554
9	1.3830	1.8331	2.2622	2.8214	3.2498
10	1.3721	1.8125	2.2281	2.7638	3.1693
11	1.3634	1.7959	2.2010	2.7181	3.1058
12	1.3562	1.7823	2.1788	2.6810	3.0545
13	1.3502	1.7709	2.1604	2.6503	3.0123
14	1.3450	1.7613	2.1448	2.6245	2.9768
15	1.3406	1.7531	2.1314	2.6025	2.9467
16	1.3368	1.7459	2.1199	2.5835	2.9208
17	1.3334	1.7396	2.1098	2.5669	2.8982
18	1.3304	1.7341	2.1009	2.5524	2.8784
19	1.3277	1.7291	2.0930	2.5395	2.8609
20	1.3253	1.7247	2.0860	2.5280	2.8453
21	1.3232	1.7207	2.0796	2.5176	2.8314
22	1.3212	1.7171	2.0739	2.5083	2.8188
23	1.3195	1.7139	2.0687	2.4999	2.8073
24	1.3178	1.7109	2.0639	2.4922	2.7969
25	1.3163	1.7081	2.0595	2.4851	2.7874
26	1.3150	1.7056	2.0555	2.4786	2.7787
27	1.3137	1.7033	2.0518	2.4727	2.7707
28	1.3125	1.7011	2.0484	2.4671	2.7633
29	1.3114	1.6991	2.0452	2.4620	2.7564
30	1.3104	1.6973	2.0422	2.4573	2.7500
34	1.3070	1.6909	2.0322	2.4412	2.7284
40	1.3031	1.6839	2.0211	2.4233	2.7045
50	1.2987	1.6759	2.0086	2.4033	2.6778
60	1.2958	1.6706	2.0003	2.3901	2.6603
70	1.2938	1.6669	1.9944	2.3808	2.6479
80	1.2922	1.6641	1.9901	2.3739	2.6387
90	1.2910	1.6620	1.9867	2.3685	2.6316
100	1.2901	1.6602	1.9840	2.3642	2.6259

Quantile der χ^2-Verteilung

$\chi^2(n)_\alpha$ ist das α-Quantil der $\chi^2(n)$-Verteilung: $\quad F_{\chi^2(n)}(\chi^2(n)_\alpha) = \alpha$

α n	0.5%	1%	2.5%	5%	10%	50%	90%	95%	97.5%	99%	99.5%
1	0.00	0.00	0.00	0.00	0.02	0.45	2.71	3.84	5.02	6.63	7.88
2	0.01	0.02	0.05	0.10	0.21	1.39	4.61	5.99	7.38	9.21	10.60
3	0.07	0.11	0.22	0.35	0.58	2.37	6.25	7.81	9.35	11.34	12.84
4	0.21	0.30	0.48	0.71	1.06	3.36	7.78	9.49	11.14	13.28	14.86
5	0.41	0.55	0.83	1.15	1.61	4.35	9.24	11.07	12.83	15.09	16.75
6	0.68	0.87	1.24	1.64	2.20	5.35	10.64	12.59	14.45	16.81	18.55
7	0.99	1.24	1.69	2.17	2.83	6.35	12.02	14.07	16.01	18.48	20.28
8	1.34	1.65	2.18	2.73	3.49	7.34	13.36	15.51	17.53	20.09	21.95
9	1.73	2.09	2.70	3.33	4.17	8.34	14.68	16.92	19.02	21.67	23.59
10	2.16	2.56	3.25	3.94	4.87	9.34	15.99	18.31	20.48	23.21	25.19
11	2.60	3.05	3.82	4.57	5.58	10.34	17.28	19.68	21.92	24.73	26.76
12	3.07	3.57	4.40	5.23	6.30	11.34	18.55	21.03	23.34	26.22	28.30
13	3.57	4.11	5.01	5.89	7.04	12.34	19.81	22.36	24.74	27.68	29.82
14	4.07	4.66	5.63	6.57	7.79	13.34	21.06	23.68	26.12	29.14	31.32
15	4.60	5.23	6.26	7.26	8.55	14.34	22.31	24.99	27.49	30.58	32.80
16	5.14	5.81	6.91	7.96	9.31	15.34	23.54	26.30	28.85	32.00	34.27
17	5.70	6.41	7.56	8.67	10.09	16.34	24.77	27.59	30.19	33.41	35.72
18	6.26	7.01	8.23	9.39	10.86	17.34	25.99	28.87	31.53	34.81	37.16
19	6.84	7.63	8.91	10.12	11.65	18.34	27.20	30.14	32.85	36.19	38.58
20	7.43	8.26	9.59	10.85	12.44	19.34	28.41	31.41	34.17	37.57	40.00
21	8.03	8.90	10.28	11.59	13.24	20.34	29.62	32.67	35.48	38.93	41.40
22	8.64	9.54	10.98	12.34	14.04	21.34	30.81	33.92	36.78	40.29	42.80
23	9.26	10.20	11.69	13.09	14.85	22.34	32.01	35.17	38.08	41.64	44.18
24	9.89	10.86	12.40	13.85	15.66	23.34	33.20	36.42	39.36	42.98	45.56
25	10.52	11.52	13.12	14.61	16.47	24.34	34.38	37.65	40.65	44.31	46.93
26	11.16	12.20	13.84	15.38	17.29	25.34	35.56	38.89	41.92	45.64	48.29
27	11.81	12.88	14.57	16.15	18.11	26.34	36.74	40.11	43.19	46.96	49.65
28	12.46	13.56	15.31	16.93	18.94	27.34	37.92	41.34	44.46	48.28	50.99
29	13.12	14.26	16.05	17.71	19.77	28.34	39.09	42.56	45.72	49.59	52.34
30	13.79	14.95	16.79	18.49	20.60	29.34	40.26	43.77	46.98	50.89	53.67
40	20.71	22.16	24.43	26.51	29.05	39.34	51.81	55.76	59.34	63.69	66.77
50	27.99	29.71	32.36	34.76	37.69	49.33	63.17	67.50	71.42	76.15	79.49
60	35.50	37.46	40.47	43.19	46.46	59.34	74.39	79.08	83.30	88.40	91.98
70	43.25	45.42	48.75	51.74	55.33	69.34	85.52	90.53	95.03	100.44	104.24
80	51.14	53.52	57.15	60.39	64.28	79.34	96.57	101.88	106.63	112.34	116.35
90	59.17	61.74	65.64	69.13	73.29	89.33	107.60	113.14	118.14	124.13	128.32
100	67.30	70.05	74.22	77.93	82.36	99.33	118.50	124.34	129.56	135.82	140.19

Literaturverzeichnis[1]

Bamberg, G; Baur, F. (1993) Statistik. 8.Auflage, Oldenbourg.

Bamberg, G; Coenenburg, A.G. (1992) Betriebswirtschaftliche Entscheidungstheorie. .Auflage, .

Blackwell, D. (1947) Conditional expectation and unbiased sequential estimation. Ann. Math. Statist. 18, 105-110.

Bol, G. (1993) Deskriptive Statistik. 2. Auflage, Oldenbourg.

Bol, G. (1994) Wahrscheinlichkeitstheorie, Einführung. 2.Aufl., Oldenbourg.

Bosch, K. (1993) Statistik-Taschenbuch, 2.Auflage, Oldenbourg.

Büning, H.; Trenkler, G. (1994) Nichtparametrische statistische Methoden. 2. Auflage, de Gruyter.

Egle, K. (1975) Entscheidungstheorie. Birkhäuser.

Fisher, R.A. (1920) A mathematical examination of the methods of determining the accuracy of an observation by the mean error and by the mean square error. Monthly Notices R. Astron. Society 80, 758-770.

Fisher, R.A. (1922) On the mathematical foundations of theoretical statistics. Phil. Trans. Roy. Soc. Ser. A 222, 309-368.

Fisher, R.A. (1925) Theory of statistical estimation. Proc. Cambridge Phil. Soc. 22, 700-725.

Fisher, R.A. (1934) Two new properties of mathematical likelihood. Proc. R. Soc. A. 144, 285-307.

Gauß, C.F. (1821) Theoria combinationis observationum erroribus minimis obnoxiae.

---

[1]Die Literaturangaben beschränken sich auf die im Text erwähnten Stellen. Bei diesen ging es um einige historische Hinweise (vgl. dazu die Bemerkungen in Lehmann (1983/1991) und (1986/1994)) sowie Verweise auf weiterführende Monographien. Ausführliche Literaturhinweise sind z.B. in Bamberg/Baur (1993), Hartung (1993), Lehmann (1983/1991) und (1986/1994) und Rohatgi (1976) zu finden.

Goldstein,B.; Steinmetz,V. (ohne Angabe) Schätztheorie.
Unveröffentliches Manuskript.

Hartung,J. (1993) Statistik. 9.Auflage, Oldenbourg.

Henn, R.; Kischka, P. (1981) Statistik Teil 2. Athenäum.

Hipp, Ch. (1974) Sufficient statistics and exponential families.
Ann. of Statistics 2, 1283-1292.

Huber, P.J. (1981) Robust statistics. Wiley.

Lehmann, E.L. (1983/1991) Theory of point estimation.
Wiley 1983, Wadsworth & Brooks 1991.

Lehmann, E.L. (1986/1994), Testing statistical hypotheses. 2nd edition,
Wiley 1986, Chapman & Hall 1994.

Lehmann, E.L.; Scheffé, H. (1950)(1955),(1956) Completness, similar regions,
and unbiased estimation.
Sankhya 10, 305-340; 15, 219-236; correction 17, 250.

Neyman, J. (1935) Sur un teorema concernante le cosidette statistiche sufficienti. Giorn. Ist. Ital. Att. 6, 320-334.

Neyman, J. (1937) Outline of a theory of statistical estimation based on the
classical theory of probability.
Phil. Trans. Roy. Soc. Ser. A, 236, 333-380

Neyman, J. (1938) L'estimation statistique traitée comme une problème classique de probabilité. Actualitée Sci. et. Ind. 739, 25-57.

Neyman, J. (1941) Fiducial argument and the theory of confidence intervals.
Biometrika 33, 128-150.

Neyman, J.; Pearson, E.S. (1928) On the use and interpretation of certain test
criteria. Biometrika 20A, 175-240, 263-294.

Neyman, J.; Pearson, E.S. (1933) On the problem of the most efficient tests of
statistical hypotheses. Phil. Trans. Roy. Soc. Ser. A. 231, 289-337.

Neyman, J.; Pearson, E.S. (1936a), (1938) Contributions to the theory of testing statistical hypotheses. Statist. Res. Mem. 1, 1-37. 2, 25-57.

Neyman, J.; Pearson, E.S. (1936b) Sufficient statistics and uniformly most powerful tests of statistical hypotheses. Statist. Res. Mem. 1, 113-137.

Niehans, J. (1948) Zur Preisbildung bei ungewissen Erwartungen.
Schweizerische Zeitschrift für Volksw. u. Stat., 433-456.

Owen, D.B. (1962), Handbook of Statistical Tables. Addison-Wesley.

Pfohl, H.-Chr.; Braun, G.E. (1981) Entscheidungstheorie. moderne industrie.

Rao, C. R. (1945) Information and the accuracy attainable in the estimation of
statistical parameters. Bull. Calc. Math. Soc. 37, 81-91.

Rohatgi, A.K. (1976) An Introduation to Probability Theory and
Mathematical Statistics, Wiley.

Rutsch, M. (1987) Statistik 2, Daten modellieren.
Birkhäuser.

Sachs, L. (1990), Statistische Methoden 2, Planung und Auswertung.
Springer.

Savage, L.J. (1951) The theory of statistical decision.
J. A. Stat. Ass. 46, 55-67.

Wald, A. (1945) Statistical decision functions which minimize maximum risk.
Annals of Mathematics 46, 265-280.

Wilson, E.B. (1927) Probable inference, the law of succession, and statistical
inference. J. A. Stat. Ass. 22, 209-212.

Namen- und Sachregister

(Die Lösungen der Übungsaufgaben (Anhang C) sind nicht berücksichtigt.)